KB268070

홍승보의
좋은 이름 쉽게 짓기

묵재 **홍승보**

경북 고령 출생(본명 홍순업)
부산광역시 공무원(1981~1983)
역학 및 작명학 입문(1983)
대한역학인연합회 이사장 역임(2004~2005)
고려역학, 역술인협회 자문위원 역임(2005~2006)
대구 매일신문 주간운세해설 연재(2002~2012)
KBS 2TV〈무한지대〉출연(2009.7.15/136회)
NAVER 작명분야 파워지식인선정(2013/10차)
'홍승보 참이름연구소' 특허청 상표등록
현(現) 참이름 작명소 운영

저서
『응용명리학』,『홍승보의 좋은 이름 쉽게 짓기』

전화 1599-4363　　　www.cn114.co.kr

홍승보의
좋은 이름 쉽게 짓기

초판 1쇄 발행　2014년 05월 02일
초판 2쇄 발행　2015년 02월 16일

지은이　　홍 승 보
펴낸이　　손 형 국
펴낸곳　　(주)북랩
편집인　　선일영　　　　　　편집　　이소현, 이탄석, 김아름
디자인　　이현수, 김루리, 윤미리내　　제작　　박기성, 황동현, 구성우
마케팅　　김회란, 박진관, 이희정
출판등록　2004. 12. 1(제2012-000051호)

주소　　　153-786 서울시 금천구 가산디지털 1로 168, 우림라이온스밸리 B동 B113, 114호
홈페이지　www.book.co.kr
전화번호　(02)2026-5777
팩스　　　(02)2026-5747
ISBN　　　979-11-5585-217-0 13180(종이책)　　　　979-11-5585-218-7 15180(전자책)

이 도서의 국립중앙도서관 출판시도서목록(CIP)은 서지정보유통지원시스템 홈페이지(http://seoji.nl.go.kr)와
국가자료공동목록시스템(http://www.nl.go.kr/kolisnet)에서 이용하실 수 있습니다.
(CIP제어번호: 2014013929)

내 아이의 이름을 직접 지으려면?

좋은 이름

用 體 홍승보의 作 名

쉽게 짓기

누구나 쉽게 따라할 수 있는 '용체기법'이 답이다!

홍승보 지음

book Lab

작명의 근본은 사주이며 사주의 핵심은 용신(用神)이다. 다른 일반적인 작명학 서적과는 달리 제1부에 사주명리학을 체계적으로 정립하여 놓은 이유가 바로 여기에 있다. 작명학에서 사주명리의 꽃인 용신을 간과해서는 절대 좋은 이름을 지을 수가 없는데 그 이유는 용신이 사주를 판단, 조정하는 절대 기준점으로서 가장 중요한 오행이기 때문이다. 이와 같이 작명학은 개개인의 사주명(命)에서 나타나는 음양오행을 면밀히 분석하여 명(命)에 부족하거나 필요한 오행을 적정히 보완하여 중용을 이루게 해주는 가장 중요한 후천 개운법이며 그 역할의 핵심이론이 용신학이다. 거듭 밝히지만 사주 용신학은 좋은 이름을 짓기 위하여 절대 소홀히 할 수 없는 작명학의 대표적인 이론으로 이견이 없을 것이다.

이 책의 핵심이론인 용체작명론의 용체(用體)기법에 대하여 알아보자. 용체란 용신(用神)과 체신(體神)을 붙여 이르는 말로 음양의 가장 기본적인 이론이라고 할 수 있다. 우주의 존재 요건인 태극의 음양은 다른 한쪽이 없으면 절대 존재할 수 없는 이치로 양이 있는 곳에 음이 있고 음이 있는 곳에 양이 있다. 이러한 음과 양은 서로 대립하지만 공존하면서 일정한 생명을 이어나가는 것인데 용체도 이와 다르지 않아서 용과 체 어느 한쪽이 없다면 존재할 수 없는 이론이다. 다만 음양의 기준점은 우주만물이지만, 용체의 기준점은 사주명운이라는 것이 다를 뿐 기본논리는 같다. 명운에서 명(命)인 사주가 용이라면 운(運)인 대운은 체, 사주의 천간이 용이라면 사주의 지지는 체, 사주에 필요한 오행이 용이라면 사주에 부족한 오행은 체가 되는 이론이다. 그렇다면 용체이론이 작명학에 미치는 영향은 과연 어느 정도일까? 그 물음에 대한 대답은 의외로 명확하다. 즉, 작명가에게 무엇을 기준하여 작명을 하느냐고 묻는다면 누구나 입을 맞춘 것처럼 사주를 보고 명(命)에 맞게 이름을 짓는다고 할 것이다. 이러한 사주맞춤작명의 핵심이론이 바로 용신학이며 그 바탕에 용체이론이 있으므로 이 용체기법의 중요성은 더 이상 논할 나위가 없을 것이다.

중용을 추구하는 명리학에서 핵심이론인 용신을 작명에 대입하는 것이 바로 사주맞춤작명이며 넓은 의미에서 보면 용체기법이다. 이 사주맞춤 용신작명의 용체기법은 아무나 쉽게 흉내 낼

수 없는 고차원의 작명기법으로서 사주명리학 전반에 해박한 지식을 갖추지 않고서는 상상할 수 없는 이 시대 최고의 작명기법이 되고 있는 것이 사실이다. 오랜 세월 작명연구에 심혈을 기울이고 있는 필자가 이 책을 쓰게 된 동기도 짧은 시간에 최고의 좋은 이름을 쉽게 지을 수 있는 방법인 사주맞춤 용신작명의 용체기법을 알려드리기 위함이며, 그 대상은 한 단계 업그레이드된 작명법을 공부하고 싶어 하는 현업에 활동 종사중인 역학 작명가, 인생 최고의 보물 우리아기에게 좋은 이름을 손수 선물해주고 싶은 초보아빠, 그동안 사용해오던 이름이 마음에 들지 않거나 작명학적으로 문제가 있어 직접 개명을 원하는 개명 대기자, 그 외 작명학에 관심 있는 모든 분들에게 지식 나눔을 하기 위해서이다.

이 책은 대법원 고시 인명용 한자 5,632자(속자, 약자, 동자 포함)의 음과 훈, 부수, 획수, 발음오행, 자원오행, 기본수리 등을 실었다. 한자획수는 작명에 사용할 수 있는 원획법에 따라 부수 본래의 획수를 계산하였다. 특히 작명가들조차 자료 확보에 어려움을 겪는 자원오행을 완벽히 풀이해 놓았으므로 손색없는 작명지침서로서 애용되기를 진심으로 바라는 마음이다.

2014년 봄
묵재 홍승보

● [제2부] **작명학(作名學)**

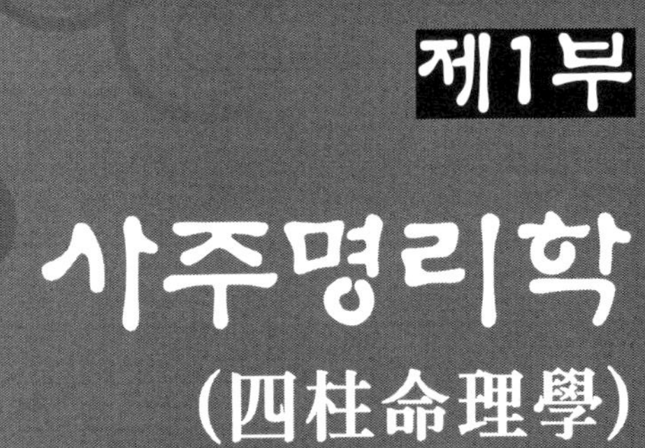

제1부

사주명리학
(四柱命理學)

※ 잠깐! 바로 작명에 임하시는 독자께서는
제2부 작명학부터 읽어 주세요.

제1장
운명론

01 운명

운명(運命)을 사전적 의미로 보면 인간을 포함한 모든 자연현상은 선천적으로 정해져 있어서 사람의 힘으로는 절대 변경시키지 못하는 것을 말한다. 라고 되어 있다. 운명을 역리적 관점에서 좀 더 구체적으로 살펴보면 운(運)의 글자는 이동, 변화, 바뀜 등의 속성을 지니고 있어 이 세상에 태어난 뒤 환경적 요인에 의하여 삶이 얼마든지 바뀔 수 있음을 의미하며, 명(命)의 숙명(宿命)은 태어날 때부터 타고난 속성대로 살아가는 것으로 절대 바뀔 수 없음을 의미하는데 이 두 글자를 조합한 것이 운명(運命)이다.

빅뱅우주론에 의하면 우주태초의 본원은 음과 양이 없는 상태 즉, 작은 입자의 무극이었다. 무한히 뜨거운 작은 입자가 138억여 년 전 어느 시점에 빅뱅직후 한순간에 무한대 크기로 팽창하면서 지금의 우주가 탄생했다는 이론이다. 이처럼 현대과학이 밝혀낸 천문학적 우주창생의 빅뱅론(big bang theory)으로 인하여 오늘날의 태양계가 형성되면서 태극의 시대가 열렸다. 만물의 존재가 불가능한 무극에서 만물의 존재가 가능하게 된 태극의 시대가 열림과 동시에 우주의 본원이며 생명의 근원인 기(氣) 즉, 불멸(不滅)의 에너지도 함께 생겨나게 된 것이다.

우주 속의 에너지는 기(氣)의 모태로 삼라만상에 존재하는 모든 물질의 기(氣)를 지배하고 있는데 우리인간도 예외가 될 수는 없다. 대우주가 포용하고 있는 기(氣)는 무한대로서 소우주인 사람의 기(氣)를 지배하는 것은 기의 학문상 당연한 원리다. 이러한 우주음양의 기(氣)속에는 운명학의 기본원리인 십간(十干), 십이지(十二支)의 기(氣)도 함께 포함되어 있고 지금 이 순간에도 끊임없이 작용하고 있는 것이다.

갑오년(甲午年)에는 갑오의 기(氣)가 1년 동안 가장 강하게 작용하고, 병인월(丙寅月)에는 병인의 기(氣)가 1개월 동안 가장 강하게 작용하고, 임인일(壬寅日)에는 임인의 기(氣)가 1일 동안 가장 강하게 작용하고, 경자시(庚子時)에는 경자의 기(氣)가 2시간 동안 가장 강하게 작용한다. 이렇게 우주에는 년, 월, 일, 시의 기(氣)와 음양오행의 기(氣)가 함께 공존하고 있는데 출생 순간의 년, 월, 일, 시의 기(氣)가 태초의 음양오행의 기(氣)와 만나 또 다른 에너지인 기(氣)를 창출하며 이것이 개인의 사주팔자가 되어 운명으로 결정된다. 제왕절개나 조기출산 등 어떤 방법으로 출생한다 해도 사주팔자라는 운명이 결정되는 것은 마찬가지이며 우리인간은 이러한 운명을 수용할 수밖에 없는데 그 이유는 운명의 사주팔자는 생년월일시로 결정되기 때문이다.

 ## 선천 명

선천 명(命)의 사주팔자를 글자대로만 보면 네 기둥 여덟 글자가 된다. 즉, 사람이 태어난 생년월일시에 기둥 주(柱)자를 붙여 네 기둥으로 사주(四柱)라 하고, 한 기둥마다 음양오행의 부호인 천간(天干), 지지(地支) 두 글자씩 도합 여덟 글자가 되어 네 기둥 여덟 글자 즉, 사주팔자(四柱八字)라고 하는 것이다.

사주팔자가 무엇인지 정확하게 이해하기 위해서는 우선 사주팔자가 이루어지는 이치를 알아야 한다. 즉, 사주팔자란 사주의 주인공이 모태이탈을 하면서 이 세상에 태어나 첫 숨을 들이쉬는 순간 우주에 충만한 음양오행의 기운가운데 어떠한 기운을 받아들였는가 하는 것을 간지의 육십갑자를 통해 나타낸 것이다.

출생 전 태아일 때 형성된 오장육부(肉)와 혼백(魂魄)이 출생과 동시에 받아들이는 우주의 영(靈)과 결합하여 비로소 완성된 생명체인 영육(靈肉)이 탄생하는 것이므로 운명 학에서 선천 명(命)이 되는 탄생의 시점을 중요시 여기는 까닭도 여기에 있다.

 ## 후천 운

운명(運命)은 운(運)과 명(命)으로 나뉘어 있다. 선천 명(命)은 이 세상에 태어나면서 배정받은 사주로 이미 결정되어 고정된 것으로 변경할 수 없지만 후천 운(運)은 기도, 참회, 작명 등의 노력으로 이미 정해진 사주 명(命)을 보완하여 좀 더 좋은 운으로 바꿀 수 있다는 개운논리다.

명리학에서 운명의 의미를 살펴보면 선천적으로 타고난 사주(命)의 기(氣)가 세월의 흐름에 따라 후천적으로 돌아오는 시간의 기(氣)와 만날 때 어떠한 조화를 이루며 그로 인한 길흉화복이 어떻게 이루어지는가를 예견하고 추명(推命)하는 것으로서 자신의 타고난 그릇에 해당하는 사주를 명(命)이라 하고 후천개운법 등 명(命)이 처한 환경과 활동 상태를 판단하는 중요한 기준이 운(運)

이 된다. 이처럼 사주 명(命)과 운(運)은 떼어놓고 논할 수 없는 불가분의 관계로서 이 두 글자를 합하여 운명(運命)이라고 한다.

운명론에서는 사주팔자의 선천 운과 개운 등 후천 운의 비중을 각각 50%로 보는 것이 일반적이다. 후천 운인 개운법 중에서 가장 큰 비중을 차지하는 작명은 성명학자들 간 다소 차이는 있으나 대략 20% 전, 후의 비중을 두고 있으며 그 외 기도와 참회, 방위, 풍수, 수리, 색상, 부적 등의 개운법이 있다. 따라서 아무리 좋은 사주팔자(선천 명)를 타고났어도 스스로 노력(후천 운)하지 않는다면 미래가 없고 사주팔자가 다소 부족하더라도 개운활용 등의 충분한 노력으로 성공할 수 있다는 것이 본 학문의 본질이다.

정리해보면 이미 정해져 고정되어 있는 선천 명(命)보다 충분히 노력하여 개운할 수 있는 후천 운(運)에 더 관심을 가지는 것이 필요할 것이며 그 중심에 후천 개운법의 대표격인 작명학이 있는 것이다.

음양오행론

01 음양오행

명리학의 핵심은 음양오행론이다. 음양오행 학은 공간적 연구의 현대과학기술분야와 달리 시간적 분야를 연구하는 자연과학이며 순환과정으로 대표되는 모든 에너지의 사이클을 논구하는 이치이기도 하다. 모든 기(氣) 즉, 에너지는 이러한 순환과정을 가지는데 일상생활에서 서로 잘 맞다 또는 합이 되어 좋다고 하는 것도 순환과정 즉, 사이클이 잘 맞는다는 것으로 이해하면 되겠다. 우주공간에서 일어나는 모든 현상이나 변화는 하나같이 이 순환과정을 거치지 않는 것이 없으며 그 내면의 본질에는 음양오행의 주기론이 있다.

음양오행은 피상적이거나 추상적인 이론이 아니고 누구나 일상생활에서 느끼고 경험할 수 있는 자연과학이다. 이러한 음양오행의 법리에 따라 사람이 출생한 년, 월, 일, 시를 십간(十干), 십이지(十二支)로 조합하여 표시한 음양오행의 산물이 바로 개개인의 사주인 것이다. 이와 같이 시간적인 분야를 연구하는 음양오행학도 적절히 참고하여 일상생활의 지혜로 삼는다면 충분히 취길피흉(取吉避凶)하면서 더욱 업그레이드된 삶을 살아갈 수 있을 것이다.

1) 음양

우주만물은 음과 양으로 이루어져 있으며 양 가운데 음이 들어있고, 음 가운데 양이 들어있다. 만물은 존재하려는 속성과 사라지려는 속성 즉, 삶과 죽음이 통일된 모습으로 존재하고 있으며 이를 동양의 관점에서는 음과 양으로 표현했다고 할 수 있다. 그러므로 동양학의 주역에서는 한 번은 양이 되고 한 번은 음이 되는 것이 도(道)라고 했다.

음과 양은 대립된 속성을 지니고 있지만 다른 한쪽이 없으면 다른 한쪽 역시 존재할 수 없다. 다만 음과 양의 역량이 시간의 흐름에 따라 변화를 일으키므로 그 때문에 삼라만상도 변화하게 된다. 즉, 음이 극에 이르면 극도로 쇠퇴한 양이 점차 왕성하기 시작하고, 이미 극에 이른 음은 점차 쇠퇴하기 시작한다. 그러다가 양이 극에 이르면 극도로 쇠퇴한 음이 점차 왕성하기 시작하고, 이미 극에 이른 양은 점차 쇠퇴하기 시작하는데 이러한 과정을 반복하는 것이 음양존재의 본질이다.

음양은 기(氣)에서 비롯된 것이지만 무형의 기(氣)가 유형의 질(質)을 창조해내면서 유형무형, 유질무질 어느 하나도 음양으로 분류되지 않는 것이 없게 되었다. 음양의 조화는 본래 생명체로부터 시작되어 모든 사물에 대립물로 존재하게 되었으며 이 세상에 존재하는 모든 유무형질은 음양의 법칙에서 벗어날 수가 없다.

음(陰)은 숨겨진 것, 고요한 것, 소극적인 것이며 양(陽)은 움직이는 것, 활동적인 것, 적극적인 것이다. 낮은 밝음으로 양이고 밤은 어두움으로 음이다. 강물은 흐름으로 양이고 산은 정지되어 음이다. 남자는 적극적이므로 양이고 여자는 소극적이어서 음이다. 손등은 양이고 손바닥은 음이다. 문은 양이고 문틀은 음이다. 기쁨은 양이고 슬픔은 음이다. 이와 같이 우주만물에는 반드시 음이 있는 곳에 양이 있고 양이 있는 곳에 음이 있어 음양이 공존하며 무한한 생명을 이어가고 있는 것이다.

음과 양은 서로 잡아당기는 본성이 있어 이성 간의 사랑도 이루어지는 것이며, 음이 강하면 수동적이고 소극적이며 양이 강하면 적극적이고 능동적이 된다.

이처럼 일상생활에까지 모두가 음양의 원리에 의하지 아니한 것이 없으며 무의식중에 행한 일도 이치를 따져보면 모두 음양의 본질에 의한 것이다.

양은 높다, 밝다, 드러낸다, 강하다, 억세다, 빠르다, 급하다, 단순하다 등의 특성이 있으며 음은 낮다, 어둡다, 숨긴다, 약하다, 부드럽다, 느리다, 복잡하다 등의 상대적인 특성이 있다.

음양의 조화는 남자에게 강인한 것을 주어 가장으로서의 책임감을 주었고 여자에게는 차분하고 부드러우며 섬세한 것을 주어 남자가 할 수 없는 일을 맡도록 하였다.

양(陽)은 존재, 팽창, 발전, 빛, 열, 남자, 하늘 등을 대표하고, 음(陰)은 소멸, 축소, 쇠퇴, 어둠, 차가움, 여자, 땅 등을 대표한다. 그러나 음양은 음 속에 양이 있고 양 속에 음이 있는 것이지 순수하게 음만 있거나 양만 있는 것은 아니다. 즉, 음양은 별개의 존재로 인식할 것이 아니고 상대적인 것으로 인식해야 한다.

이와 같이 천지만물이 음양으로 구성되지 않은 것은 하나도 없으며 지금 이 순간에도 우리 주변의 음양의 기(氣)는 시시각각 변화하고 있는 것이다.

2) 오행

만물이 공존하는 우주의 모습은 끊임없는 순환운동이다. 즉, 일정한 법칙에 의하여 생성과 소멸의 다양한 변화를 이루어내는 것은 만물의 구성요소인 목(木), 화(火), 토(土), 금(金), 수(水)의 오행(五行)이다. 이러한 오행의 변화와 작용은 사주를 연구하는 데 있어 핵심요소가 되므로 오행의 본질을 정확히 알아야 한다.

오행의 음양변화를 보면 화(火)는 양 기운이 아주 왕한 것이고, 목(木)은 양 기운이 조금 왕한 것이고, 수(水)는 음 기운이 아주 왕한 것이고, 금(金)은 음 기운이 조금 왕한 것이고, 토(土)는 금, 목, 수, 화의 상호 변환을 매개하는 작용을 한다.

계절로 보면 봄은 목(木)이 주관하는 계절로 추운 겨울의 음수와 더운 여름의 양화 사이에 위치하여 음을 양으로 전환시키는 작용을 한다. 가을은 금(金)이 주관하는 계절로 더운 여름의 양화와 추운 겨울의 음수 사이에 위치하여 양을 음으로 전환시키는 작용을 한다. 토(土)는 사계절의 사이에 위치하여 계절이 바뀌는 것을 매개하는 역할을 한다.

이러한 오행변화의 기본원칙 중의 하나가 바로 이어지는 상생상극이론이다.

(1) 오행의 상생법칙

오행의 상생(相生)이란 서로 살린다는 뜻을 지니고 있다. 상생이란 한마디로 서로가 돕고 이해하며 서로를 위해 더불어 살아가는 관계라고 말할 수 있다. 또한 오행의 상생은 오행의 유행(流行)이라고도 하는데 우주의 운동이 쉬지 않고 이어지듯 오행의 상생 역시 쉬지 않고 순환하는 것을 뜻하는 말이다. 수(水)는 목(木)을 생하고, 목(木)은 화(火)를 생하고, 화(火)는 토(土)를 생하고, 토(土)는 금(金)을 생하고, 금(金)은 수(水)를 생하고, 수(水)는 다시 목(木)을 생하는 것처럼 시작과 끝이 없이 오기(五氣)가 유행한다는 뜻이다.

한편 오행의 상생을 생화(生化)라고도 하는데 즉, 목(木)은 화(火)를 생하고 화(火)에 화(化)하며, 화(火)는 토(土)를 생하고 토(土)에 화(化)하며, 토(土)는 금(金)을 생하고 금(金)에 화(化)하며, 금(金)은 수(水)를 생하고 수(水)에 화(化)하며, 수(水)는 목(木)을 생하고 목(木)에 화(化)하는 것을 말한다. 이처럼 상생의 궁극적인 뜻은 서로가 서로를 도우면서 공생공존 하는 것이다.

① 목생화(木生火): 불이 타기 위하여서는 나무의 공급이 필요하다.

② 화생토(火生土): 흙이 만물을 생장시키려면 태양의 도움이 필요하다.

③ 토생금(土生金): 광석은 흙에서 태어나고 그 흙에 의지한다.

④ 금생수(金生水): 돌, 자갈, 왕모래 등은 물을 깨끗하게 정화시켜준다.

⑤ 수생목(水生木): 나무가 살아가는데 물은 절대적으로 필요하다.

【오행의 상생도】

$$木 → 火 → 土 → 金 → 水 → 木$$

(2) 오행의 상극법칙

서로가 서로를 견제한다는 의미를 지닌 상극은 상생의 반대되는 개념으로서 제어하고 통제하는 작용의 힘이다. 즉, 강자와 약자 사이에서 발생하는 정복하려는 자와 피정복자의 관계라 말할 수 있는데 파괴가 있어야 새로운 건설이 있는 것처럼 상극은 경우에 따라 필요할 때가 있다.

예를 들면 나무가 성장하려면 반드시 물(水)의 힘이 있어야 하므로 수와 목은 수생목(水生木)으로 상생관계를 맺고 있지만, 나무(木)의 뻗어나가는 힘을 견제하는 것은 금(金)으로 목과 금은 금극목(金剋木)으로 상극관계를 유지하고 있다. 나무의 생명을 이어주는 물(水)이나, 나무 주변에 필요 없는 가지나 잡목을 잘라주는 톱(金)이나 모두 나름의 목적성을 가지고 있다. 이처럼 도와주고 견제하는 힘들이 적절하게 작용할 때 우주만물은 아름다운 형체를 갖추고 건강한 삶을 누릴 수가 있는 것이다.

결론적으로 오행의 상생은 기(氣)를 보존하고 도와주며 서로 의지하여 좋으나 큰 발전과 개혁은 오히려 오행의 상극이 있어야 일어난다고 하겠다. 그러나 인간의 본성이 전쟁보다는 평화와 공존을 추구하는 것처럼 사주에 상생과 상극이 연이어 있다면 오행은 분명 상극보다는 상생을 좋아해 상극작용은 자연스럽게 약해진다. 이를 두고 탐생망극(貪生忘剋)이라 한다. 즉, 생함을 탐하다 극함을 잊어버린다는 우주자연의 영원한 진리이다.

① 목극토(木剋土): 나무는 흙을 괴롭혀야만 살아갈 수 있다.
② 토극수(土剋水): 흙은 대수를 정지시키고 물의 방향을 조절한다.
③ 수극화(水剋火): 불을 끄는 가장 강력하고 직접적인 방법은 물이다.
④ 화극금(火剋金): 금을 다스리는 것은 불 즉, 용광로로 광석을 녹인다.
⑤ 금극목(金剋木): 우람한 나무도 전기톱 앞에서는 추풍낙엽이다.

【오행의 상극도】

$$木 → 土 → 水 → 火 → 金 → 木$$

02 십간십이지

간지(干支)란 천간(天干)과 지지(地支)의 뒷글자를 따서 칭하는 용어로 천간 10자와 지지 12자로 구성되어 있으며 십간(十干) 십이지(十二支)라 부른다.

천간(天干)은 하늘에서 흐르는 오행의 기(氣)로 양(陽)에 속하며, 지지(地支)는 사계절이 유행(流行)하는 순서로서 형체가 있고 질(質)이 있어 음(陰)에 속하는데 이 땅에 존재하는 모든 물질을 다 포함하고 있다.

십간십이지를 음양의 부호로 비유하면 나무의 줄기처럼 땅위에 뻗어있는 것을 천간(天干)이라 하고 나무의 뿌리처럼 땅 밑에 뻗어있는 것을 지지(地支)라 한다. 즉, 천간은 하늘에 흐르는 상(象: 감지할 수도 느낄 수도 없는 성분)의 기(氣)를 세분화한 것이고, 지지는 땅속에 흐르는 형(形: 감지할 수도 느낄 수도 있는 성분)의 기(氣)를 세분화한 것이다.

사주명리학은 이러한 음양오행의 법칙과 십간십이지를 기본으로 정립된 학문이다.

1) 십간

십간(十干) 즉, 천간(天干)은 하늘의 오행으로서 상(象)의 기(氣)로 눈에 보이지는 않지만 시시각각 변화하며 모든 사물에 영향력을 행사한다. 소우주라고도 부르는 인간의 몸은 형체가 있지만 마음은 형체가 없는데 마음은 이러한 기(氣)에 해당되기 때문이다. 사물의 형체로 나타나지 않는 이 기(氣)의 변화는 우주공간에서 쉼 없이 이루어지고 있다. 즉 사계의 변화, 밤낮의 변화, 지금 이 순간의 변화 등 유형무형의 모든 변화가 이 기(氣)의 변화인 것이다.

천간(天干)은 음양으로 구분하면 양(陽)에 속하는데 그 작용력은 동적(動的)이며 변화 상태는 매우 빠르게 나타난다.

陽干	甲	丙	戊	庚	壬
陰干	乙	丁	己	辛	癸
五行	木	火	土	金	水

2) 십이지

십이지(十二支)는 땅이며 형(形)의 질(質)이다. 이 땅에 존재하는 모든 물질을 포함하며 음양으로 구분하면 음(陰)에 속하는데 정적(靜的)이며 변화 상태는 다소 느리게 나타난다.

陽支	子	寅	辰	午	申	戌
陰支	丑	卯	巳	未	酉	亥

地支	子	丑	寅	卯	辰	巳	午	未	申	酉	戌	亥
五行	水	土	木	木	土	火	火	土	金	金	土	水

03 육십갑자(六十甲子)

십간(十干)과 십이지(十二支)를 순열 조합에 의해서 결합된 육십 개의 간지(干支)를 말하며 육갑(六甲)이라고도 한다. 천간(天干)의 양(陽)은 지지(地支)의 양(陽)과 천간(天干)의 음(陰)은 지지(地支)의 음(陰)과 순서대로 결합하여 각각의 기둥을 이루는 육십진법이다.

甲子	甲戌	甲申	甲午	甲辰	甲寅
乙丑	乙亥	乙酉	乙未	乙巳	乙卯
丙寅	丙子	丙戌	丙申	丙午	丙辰
丁卯	丁丑	丁亥	丁酉	丁未	丁巳
戊辰	戊寅	戊子	戊戌	戊申	戊午
己巳	己卯	己丑	己亥	己酉	己未
庚午	庚辰	庚寅	庚子	庚戌	庚申
辛未	辛巳	辛卯	辛丑	辛亥	辛酉
壬申	壬午	壬辰	壬寅	壬子	壬戌
癸酉	癸未	癸巳	癸卯	癸丑	癸亥

04 간지의 물상법

분류	천간	지지	물상법
木	甲	寅	큰 나무, 고목, 원목, 사목
	乙	卯	잔디, 화초, 작은 나무, 곡식
火	丙	巳	태양, 용광로 등 큰불
	丁	午	촛불, 아지랑이, 반딧불
土	戊	辰戌	큰 산, 제방, 태산
	己	丑未	논, 밭, 화분의 흙
金	庚	申	무쇠덩어리, 큰 바위, 광석
	辛	酉	차돌맹이, 연장, 가공된 보석
水	壬	亥	바다, 호수, 큰 강
	癸	子	가랑비, 개울물, 옹달샘

 오행분류표

분류	木	火	土	金	水
방향	동	남	중앙	서	북
계절	봄	여름	환절기	가을	겨울
오색	청색	적색	황색	흰색	흑색
오미	신맛	쓴맛	단맛	매운맛	짠맛
오기	풍	열	온	조	한
오장	간, 담	심장, 소장	비장, 위장	폐, 대장	신장, 방광
오상	인	예	신	의	지
오의	인정	명랑	관대	냉정	비밀
한글오행	ㄱ,ㅋ	ㄴ,ㄷ,ㄹ,ㅌ	ㅇ,ㅎ	ㅅ,ㅈ,ㅊ	ㅁ,ㅂ,ㅍ
질병	신경, 두통	고혈압	당뇨, 피부	뼈, 기관지	혈액, 성병
선천수리	3,8	2,7	5,0	4,9	1,6
후천수리	1,2	3,4	5,6	7,8	9,0
납음수리	1	4	5	2	3
하루	새벽	오전	오후	저녁	밤
일생	유년기	청년기	중년기	장년기	노년기
지역	강원도	경상도	충청도	전라도	수도권
손가락	엄지	인지	중지	약지	소지
얼굴	눈	시력	입	코	귀

 **1년 24절기**

역리적으로는 매달의 시작시점을 절(節)이 드는 시각부터 다음의 절(節)이 드는 시각까지로 본다. 24절기란 태양의 위치를 기준으로 한 해를 스물넷으로 나눈 것이다. 태양의 황도상 위치에 따라 계절적 구분을 하기 위해 만든 것으로 황도에서 춘분점을 기점으로 15도 간격으로 점을 찍어 총 24개의 절기로 나타낸 것이다.

우주만물은 태양에너지로 생명을 유지하기 때문에 황도를 기준하는 절기의 기후 변화에 절대적인 영향을 받는다.

【24절기 도표】

계절	월	24절기		절기입일
봄	1(寅)	절기	입춘(立春)	2.04
		중기	우수(雨水)	2.19
	2(卯)	절기	경칩(驚蟄)	3.06
		중기	춘분(春分)	3.21
	3(辰)	절기	청명(淸明)	4.05
		중기	곡우(穀雨)	4.20

계절	월	24절기		절기입일
여름	4(巳)	절기	입하(立夏)	5.06
		중기	소만(小滿)	5.21
	5(午)	절기	망종(芒種)	6.06
		중기	하지(夏至)	6.21
	6(未)	절기	소서(小暑)	7.07
		중기	대서(大暑)	7.23
가을	7(申)	절기	입추(立秋)	8.08
		중기	처서(處暑)	8.23
	8(酉)	절기	백로(白露)	9.08
		중기	추분(秋分)	9.23
	9(戌)	절기	한로(寒露)	10.08
		중기	상강(霜降)	10.23
겨울	10(亥)	절기	입동(立冬)	11.07
		중기	소설(小雪)	11.22
	11(子)	절기	대설(大雪)	12.07
		중기	동지(冬至)	12.22
	12(丑)	절기	소한(小寒)	1.06
		중기	대한(大寒)	1.21

02 하루 12시진

지구는 끊임없이 자전(남북의 극을 잇는 자전축 주위를 1일 주기로 회전하는 운동)하는데 한 번 자전하는 것이 하루이며 하루의 시간은 주야가 나뉘어 있지 않고 연결되어 있다. 하루를 12시 진(時辰)으로 나누어 1시진은 2시간이다. 그리고 각각의 시진에 12지지(地支)를 대입하였다.

십이지	子	丑	寅	卯	辰	巳	午	未	申	酉	戌	亥
시 간	11-1	1-3	3-5	5-7	7-9	9-11	11-1	1-3	3-5	5-7	7-9	9-11

⑬ 한국의 표준시

국제표준자오선은 영국런던 그리니치천문대 제1호 망원경의 십자선을 통과하는 본초자오선으로 지구 경도의 0도로 되어 있다. 이 본초자오선을 기준하여 동, 서쪽으로 각각 180도를 15도씩 나누어 12개의 자오선이 있고 동경 180도와 서경 180도가 만나는 곳에 날짜변경선이 있다. 국제 표준인 경도를 15도씩 분할할 때 우리나라에 가장 근접한 자오선은 중국베이징 표준시인 120도와 일본 표준시인 135도이며 1도에 4분씩 늘어나 15도×4 즉, 60분의 시차가 되는데 중국보다 해가 일찍 뜨는 일본이 60분 빠르다.

한반도를 통과하는 자오선은 경기도 가평지방을 지나가는 동경 127도30분으로 지방표준시로 분류되어 있으며 국제표준시를 사용하는 세계적인 추세에 밀려 한국의 독자적인 지방표준시 사용이 현실적으로 어렵게 되었다. 우리나라의 독자적인 표준시를 사용하던 시기는 두 번으로 고종의 대한제국 시대이던 1897~1909년 사이, 일본식민지에서 해방이 된 뒤인 1954~1961년 사이다. 1945년 해방이 된 후 몇 해 뒤인 1954년 양력 3월 21일 0시부터 동경 127도30분의 한국의 지방평균시를 채택하였지만 그 기간은 그리 길지 못했다. 지정학적 국제정세의 영향 등으로 다시 1961년 양력 8월 10일 0시부터 일본표준시인 동경 135도를 표준자오선으로 하여 지금에 이르고 있다.

1) 표준시 변경 역사

① 동경 120도 적용시기: 1897년 이전
② 동경 127.5도 적용시기: 1897년~1909년
③ 동경 135도 적용시기: 1910년~1954년 3월 21일 자정
④ 동경 127.5도 적용시기: 1954년 3월 21일~1961년 8월 10일 자정
⑤ 동경 135도 적용시기: 1961년 8월 10일 자정~현재

2) 서머타임 실시기간

※표준시보다 한 시간 앞당겨 사용한 기간을 말한다.
① 1948년 양력 5월 31일 자정~1948년 양력 9월 13일 자정
② 1949년 양력 4월 3일 자정~동년 양력 9월 11일 자정
③ 1950년 양력 4월 1일 자정~동년 양력 9월 10일 자정
④ 1951년 양력 5월 6일 자정~동년 9월 9일 자정
⑤ 1954년 양력 3월 21일 자정~동년 9월 9일 자정

⑥ 1955년 양력 5월 5일 자정~동년 9월 9일 자정

⑦ 1956년 양력 5월 20일 자정~동년 9월 30일 자정

⑧ 1957년 양력 5월 5일 자정~동년 9월 22일 자정

⑨ 1958년 양력 5월 4일 자정~동년 9월 21일 자정

⑩ 1959년 양력 5월 3일 자정~동년 9월 20일 자정

⑪ 1960년 양력 5월 1일 자정~동년 9월 18일 자정

⑫ 1987년 양력 5월 10일 02시~10월 11일 03시까지

⑬ 1988년 양력 5월 8일 02시~10월 9일 03시까지

3) 각 지방별 표준시와 오차표

동경 135도 기준 국제표준시(일본)와 동경 127도30분 기준 지방표준시(경기도 가평지방)를 기준하여 산정한 각 지방별 태양시다.

지방	경도	135도 기준	127.5도 기준
서울	126도58분46초	+32분05초	+02분05초
부산	129도13분18초	+23분48초	-06분12초
대구	128도37분02초	+25분32초	-04분28초
인천	126도37분07초	+33분32초	+03분32초
대전	127도25분23초	+32분19초	+00분19초
광주	126도55분39초	+32분17초	+02분17초
전주	127도08분55초	+32분24초	+01분24초
춘천	127도44분02초	+29분04초	-00분56초
포항	129도21분42초	+22분33초	-07분27초
경주	129도13분18초	+23분07초	-06분53초
강릉	128도54분11초	+24분23초	-05분37초
목포	126도23분27초	+34분26초	+04분26초
제주	126도31분56초	+33분52초	+03분52초

 사주의 구분

구분	기둥	하루	계절	나이	시기	육친, 물상
년	년주	아침	봄	1-30	초년기	조상, 사장, 과거
월	월주	점심	여름	31-45	장년기	부모, 상관, 현재
일	일주	저녁	가을	46-60	중년기	배우자, 동료, 현실
시	시주	밤	겨울	61이후	노년기	자식, 부하, 미래

05 사주 세우는 방법

역리상 한 해 시작의 기준점은 음력설이 아닌 입춘절기가 된다.

예를 들어 2014년의 한 해 시작점인 입춘절기는 국제표준시(동경 135도) 기준하여 2월 4일 06시에 들어오며 음력설은 양력으로 1월 31일 00시에 들어온다. 음력설인 1월 31일 00시 이후부터 입춘절기인 2월 4일 06시 사이에 태어난 사주의 년주(年柱) 구성은 갑오(甲午)가 아닌 계사(癸巳)가 되는 것이다.

예시 1 남명(男命) 2001년 12월 23일 12시 서울태생(음력)

사주(四柱)				대운(大運)								
시	일	월	년	80	70	60	50	40	30	20	10	시기
戊	癸	壬	壬	庚	己	戊	丁	丙	乙	甲	癸	天干
午	卯	寅	午	戌	酉	申	未	午	巳	辰	卯	地支

① 년주(年柱) 정하는 방법

사주학상 한해의 시작시점은 음력설이 아닌 입춘절기이기 때문에 입춘을 년주(年柱)작성의 기준으로 삼는다. 예시와 같이 출생하였다면 만세력에 나타난 다음년도의 시작인 입춘 절입이 음력 12월 23일 사(巳)시로 입춘이 이미 들어왔으므로 다음해의 태세인 임오(壬午)를 년주로 정하면 된다.

② 월주(月柱) 정하는 방법

월주(月柱)는 1월 절입 시점인 입춘을 지나 2월 절입 시점인 경칩 사이가 되므로 임오년의 1월 월진인 임인(壬寅)월로 정하면 된다.

③ 일주(日柱) 정하는 방법

일주(日柱)는 출생한 날의 일진을 말하며 만세력에 보면 출생일 아래 칸에 적혀 있는 일진이 바로 일주이며 계묘(癸卯)가 된다.

④ 시주(時柱) 정하는 방법

시주(時柱)를 정할 때 주의할 점은 우리나라는 현재 일본시간(동경 135도)을 적용하고 있다. 정확히 계산하면 경기도 가평(127.5도 지방표준시)기준하여 일본보다 약 30분 늦다. 즉, 해 뜨는 시간이 30분 늦은 것이다. 경도상이라 지역별로 다소 차이가 있는데 서울기준하면 현재의 시간에 32분을 더해야 정확한 시간이 나온다. 즉, 서울시간 11시 32분부터 13시 31분까지가 오(午)시가 되므로 무오(戊午)가 된다.

⑤ 대운(大運) 정하는 방법

대운을 정하려면 먼저 출생년도 태세의 음양을 보고 순, 역행을 결정한다. 양년(陽年)태세에 남자는 순행하며 여자는 역행한다. 음년(陰年)태세에 남자는 역행하며 여자는 순행한다. 대운 구성은 월주(壬寅) 이후 일위부터 차례로 기록하면 된다. 순행은 미래 절입일까지의 숫자-1÷3, 역행은 과거 절입일까지의 숫자-1÷3으로 계산하고 순, 역행 공히 나머지 1은 버리고 2는 반올림가산하면 된다.

예시를 보면 남자 양년(陽年)으로 순행이다. 따라서 미래 절입일인 경칩까지의 일자 30-1÷3은 =9에 나머지 2가 나오므로 가산하여 10대운이 된다.

월주가 임인(壬寅)이라 이후 순행 일위부터 육십갑자로 나열하면 계묘, 갑진, 을사, 병오, 정미, 무신, 기유, 경술…로 이어진다.

예시 2 **여명(女命) 2014년 2월 1일 11시 서울태생(음력)**

사주(四柱)				대운(大運)								
시	일	월	년	78	68	58	48	38	28	18	8	시기
癸	辛	丙	甲	戊	己	庚	辛	壬	癸	甲	乙	天干
巳	未	寅	午	午	未	申	酉	戌	亥	子	丑	地支

① 년주(年柱) 정하는 방법

만세력을 보면 한 해의 시작시점인 입춘이 음력 2014년 1월 5일(양력 2월 4일) 묘시(卯時)에 들어와 갑오(甲午)년이 시작되었으니 년주를 갑오(甲午)로 정하면 된다.

② 월주(月柱) 정하는 방법

음력 2월 1일로 2월이나 역리상 2월 입절인 경칩(음력 2월 6일)이 아직 들어오지 않아 1월 월진인 병인(丙寅)을 월주로 정하면 된다.

③ 일주(日柱) 정하는 방법

일주(日柱)는 출생한 날의 일진을 말하며 신미(辛未)가 된다.

④ 시주(時柱) 정하는 방법

서울기준 09시 32분부터 11시 31분까지가 사시(巳時)가 되므로 계사(癸巳)시가 된다.

⑤ 대운(大運) 정하는 방법

출생년도의 태세가 갑오(甲午)년 양(陽)으로 양년(陽年)태세에 남자는 순행하지만 예시처럼 여자는 역행한다. 따라서 과거 절입(입춘)까지의 숫자 25-1÷3=8로 8대운이 된다.

월주(丙寅)이후 육십갑자의 역행일위부터 육십갑자로 나열하면 을축, 갑자, 계해, 임술, 신유, 경신, 기미, 무오…로 이어진다.

 # 지장간

1) 의의

지지(地支) 속에는 천간(天干)의 기운이 저장되어 있는데 그것을 지장간(地藏干) 또는 인원(人元)이라고 하며 지장간이 천간에 나온 것을 지지속의 인원이 투출했다고 한다. 즉, 월지 지장간이 천간에 투출함을 말한다.

천간은 하늘의 기(氣)이고 지지는 땅의 기(氣)를 상징하는데 대지가 초목을 키우고 백과를 풍족하게 하는 것은 땅에 하늘의 양기(陽氣)를 받아 들였다고 보는 것이 음양지도(陰陽之道)의 이치이므로 당연히 지지에 천간이 포함되어 있는 것으로 본다.

2) 체용의 원리

子, 午, 巳, 亥(자, 오, 사, 해)의 오행은 육친표출 시 음양을 반대로 보는데 그 이유는 다음과 같이 체용이 다르기 때문이다. 상대적으로 지지는 체(體), 지장간은 용(用)이 된다.

① 자(子)는 본래 양(陽)이다. 그러나 용(用)을 따질 때 자(子)의 지장간 계(癸)는 음(陰)이므로 지장간이 용(用)이 되는 법칙에 의해 자(子)는 음(陰)이 되는 것이다.

② 오(午)는 본래 양(陽)이지만 지장간 정(丁)이 음(陰)이므로 용(用)은 음(陰)이 된다.

③ 사(巳)는 본래 음(陰)이지만 지장간 병(丙)이 양(陽)이므로 용(用)은 양(陽)이 된다.

④ 해(亥)는 본래 음(陰)이지만 지장간 임(壬)이 양(陽)이므로 용(用)은 양(陽)이 된다.

3) 사령용사

월이 시작된 입절부터 계산하여 가장 왕성하고 주도적인 역할을 하는 천간을 알아내는 방법을 사령용사(司令用事)라고 한다.

입절 이후 여기, 중기, 정기의 오행이 사령하는 기간이다.

① 인(寅)월은 무 7.25, 병 7.25, 갑이 16.5일

② 묘(卯)월은 갑 10.35일, 후에 을이 20.65일.

③ 진(辰)월은 을 9.3일, 계가 3.1일, 무가 18.6.

④ 사(巳)월은 무 7.25일, 경 7.25일, 병 16.5일.

⑤ 오(午)월은 병 10.35일, 기 9.3일, 정 11.35일

⑥ 미(未)월은 정 9.3일, 을 3.1일, 기 18.6일

⑦ 신(申)월은 무 7.25일, 임 7.25일, 경 16.5일

⑧ 유(酉)월은 경 10.35일, 신 20.65일

⑨ 술(戌)월은 신 9.3일, 정 3.1일, 무 18.6일

⑩ 해(亥)월은 무 7.25일, 갑 7.25일, 임 16.5일

⑪ 자(子)월은 임 10.35일, 계 20.65일

⑫ 축(丑)월은 계 9.3일, 신 3.1일, 기 18.6일

여기서 사령용사는 매월이 31일이라는 전제로 계산한 것으로 1년이 372일이 된다. 따라서 실무 적용 시에는 소수점 기준 증감하면 된다. 월령용사는 월지에서 나온 것으로 매월 처음 사령하는 천간을 여기(餘氣), 중앙의 천간을 중기(中氣), 마지막 천간을 정기(正氣)또는 본기(本氣)라고 부른다.

월령용사는 사주의 강약, 조후 등 용신의 역량을 측정할 때 필요하다.

4) 지장간의 구성(소수점 이하 제외)

구분	여기	중기	정기
子	壬(10)		癸(20)
丑	癸(9)	辛(3)	己(18)
寅	戊(7)	丙(7)	甲(16)
卯	甲(10)		乙(20)
辰	乙(9)	癸(3)	戊(18)

구분	여기	중기	정기
巳	戊(7)	庚(7)	丙(16)
午	丙(10)	己(9)	丁(11)
未	丁(9)	乙(3)	己(18)
申	戊(7)	壬(7)	庚(16)
酉	庚(10)		辛(20)
戌	辛(9)	丁(3)	戊(18)
亥	戊(7)	甲(7)	壬(16)

① 여기(餘氣): 입절한 후에도 전월의 기(氣)가 흐른다.

② 중기(中氣): 여기와 정기의 중간의 기(氣)가 흐른다.

③ 정기(正氣): 그 달의 기(氣)가 흐르는 것을 말한다.

예시 1982.11.1 卯

```
癸   壬   壬   壬
卯   申   子   戌
甲   戊   壬   辛 (여기)
        壬       丁 (중기)
乙   庚   癸   戊 (정기)
```

해설

　정기(正氣)의 무계경을(戊癸庚乙)을 인원(人元)이라 하며, 월지 자(子) 중에서 투출된 계(癸)를 인원용사(人元用事)의 신(神)이라고 한다. 따라서 시간에 계(癸)가 투출하였으니 인원이 투출하였다고 하는 것이다.

5) 지장간의 활용

① 통근: 사주원국의 오행이 뿌리를 내렸는지 확인한다.

② 투출: 월지 장간을 보고 천간의 투출여부를 살핀다.

③ 당령: 태어난 일을 입절시간부터 계산하여 확인한다.

④ 기타: 암합과 명합에 따른 변화를 본다.

제4장

합과 충

① 합(合)

합(合)은 각기 다른 오행이 만나 그 오행들의 고유한 기운을 서로 나누는 것을 말하며, 화(化)는 그렇게 모인 오행들이 전혀 또 다른 기운의 오행을 만들어내는 것을 말한다. 이렇게 합과 화는 밀접한 연관성을 갖고 있지만 동일한 것은 아니며 반드시 구분하여 보아야 한다.

사주 용신을 도출하기 위해서는 합(合)과 화(化)의 변화를 정확히 살필 줄 알아야 한다. 즉, 합(合)이 되어 거(去)하였는지, 화(化)가 되어 오행변화가 일어났는지를 알아야 용신을 찾아낼 수가 있기 때문이다. 여기서 거(去)란 주인공 일간을 두고 사랑 찾아 떠나버리는 것을 말하며, 화(化)란 사주의 강약이나 온도, 습도 등 그 사주가 본래 품고 있던 기(氣)의 틀을 완전히 바꾸어 놓는 것을 말한다.

합(合)은 사랑한다, 묶인다. 계약한다, 마음을 모은다. 등의 의미를 지니고 있으며 마음과 뜻이 잘 통하여 서로의 사이가 좋아진다는 원리이기도하다.

1) 천간합

천간의 합화는 십간의 음양이 만나 이루어진다. 만물의 근본은 오행 중 토(土)가 되므로 토의 화(化)인 갑기(甲己)합에서 시작하여, 화금(化金), 화수(化水), 화목(化木) 화화(化火)로 오행의 상생하는 순서에 따라 나타나는데 이것 또한 자연의 섭리이며 이치다.

천간합(天干合)을 간합(干合)이라고도 하며 각각 여섯 번째 천간과 마주치면 합(合)이 되고, 화(化)하게 되면 다른 오행으로 변화하는 것을 말한다. 이 천간합은 음양이 만나서 좋아지는 것과 같은 원리다.

(1) 간합

① 甲己合化土: 甲과 己가 合해서 化하면 土가 된다.

② 乙庚合化金: 乙과 庚이 合해서 化하면 金이 된다.

③ 丙辛合化水: 丙과 辛이 合해서 化하면 水가 된다.

④ 丁壬合化木: 丁과 壬이 合해서 化하면 木이 된다.

⑤ 戊癸合化火: 戊와 癸가 合해서 化하면 火가 된다

㉮ 甲己合土 : 중정지합(中正之合)

갑(甲)은 양목(陽木)으로 그 성품이 어질며 천간의 첫 번째로서 우두머리의 기질이 있고 기(己)는 음토(陰土)로써 그 성품이 순박하고 정직하며 포용력이 있어 우주만물을 기르고 포용하는 덕이 있으므로 중정지합(中正之合)이라 한다.

예시 82.8.12 丑

乙	甲	己	壬
丑	寅	酉	戌

㉯ 乙庚合金: 인의지합(仁義之合)

을(乙)은 음목(陰木)으로서 그 성품은 어지나 약하고 경(庚)은 양금(陽金)이라 강건하여 굽히지 않는다. 고로 강함과 부드러움이 조화를 이루어 인(仁)과 의(義)를 겸한 상태라 과감강직(果敢剛直)하여 의리는 있으되 아첨하지 않아 인의지합(仁義之合)이라 한다.

예시 82.윤4.5 寅

戊	庚	乙	壬
寅	戌	巳	戌

㉰ 丙辛合水: 위제지합(威制之合)

병(丙)은 양화(陽火)로서 태양처럼 강렬한 빛을 발휘하고 신(辛)은 음금(陰金)으로서 그 빛을 받아 극(剋)과 살생(殺生)을 주도하므로 위제지합(威制之合)이라 한다.

예시 82.10.14 卯

辛	丙	辛	壬
卯	辰	亥	戌

㉘ 丁壬合木: 인수지합(仁壽之合)

정(丁)은 음화(陰火)로서 지장간 정관 임(壬)과 은밀히 합하여 죽도록 사랑한다하여 인수지합(仁壽之合)또는 음란지합(淫亂之合)이라 한다.

예시 82.11.16 戌

庚	丁	壬	壬
戌	亥	子	戌

㉙ 戊癸合火: 무정지합(無情之合)

무(戊)의 태산이 계(癸)의 우로(雨露)와 마주치니 마치 젊은이와 늙은이가 만난 것과 같다하여 정이 없는 무정지합(無情之合)이라 한다.

예시 82.2.21 巳

丁	戊	癸	壬
巳	戌	卯	戌

(2) 쟁합

쟁합(爭合)은 사주 명의 두 양간(陽干)이 한 음간(陰干)을 두고 다투는 합과 사주 명의 두 양간(陽干: 일간포함)이 행운의 한 음간(陰干)을 두고 다투는 합을 말한다.

예시 1

일간 기(己)를 두고 월, 시간 갑(甲)의 두 양간이 쟁합(爭合)한다

甲	己	甲	壬
戌	巳	辰	戌

예시 2 癸未年

세운의 계(癸)를 두고 일, 월간 무(戊)의 두 양간이 쟁합(爭合)한다

丁	戊	戊	壬
巳	寅	申	戌

(3) 투합

투합(妬合)은 사주 명의 두 음간(陰干)이 한 양간(陽干)을 두고 다투는 합과 사주 명의 한 음간(陰干)이 행운의 한 음간(陰干)과 양간(陽干)인 일간(日干)을 두고 다투는 합을 말한다.

예시 1

일간 주인공 경(庚)을 두고 월, 시간 을(乙)의 두 음간이 투합(妬合)한다

乙	庚	乙	壬
酉	子	巳	戌

예시 2 癸未 年

월간 계(癸)와 세운 계(癸)의 두 음간이 일간 주인공 무(戊)를 두고 투합(妬合)한다

丁	戊	癸	壬
巳	申	亥	戌

2) 지지합

지지합(地支 合)은 삼합(三合), 방합(方合), 육합(六合)의 세 가지로 분류한다.

(1) 삼합

지지(地支) 3개가 모여서 하나의 새로운 기운으로 변화하는 것을 말한다. 간합(干合) 못지않은 작용력으로 예로부터 중요히 여겨왔으며 일명 부자손(父子孫)의 합이라고도 한다. 말 그대로 부자손(父子孫)이 결합하면 끈끈한 유대 관계가 유지될 것인데 그와 같이 삼합(三合)은 단결력이 아주 좋은 합이다.

이 삼합(三合)은 오행의 기세가 변화하면서 그 에너지가 더욱 강해지며 형, 충, 파, 해 등의 흉한 기운을 해소시키는 역할도 한다.

火	水	金	木
寅午戌	申子辰	巳酉丑	亥卯未

① 생왕고(生旺庫)

㉮ 생지(生地): 寅申巳亥

㉯ 왕지(旺地): 子午卯酉

㉰ 고지(庫地): 辰戌丑未

② 응용

㉮ 亥(生): 나무(木)를 생하므로 목 생지(木 生支)라 한다.

㉯ 卯(旺): 나무(木)가 왕(旺)하므로 목 왕지(木 旺支)라 한다.

㉰ 未(庫): 나무(木)의 휴식처로 목 고지(木 庫支)라 한다.

③ 원리

왕지(旺支)가 생지(生支)를, 왕지(旺支)가 고지(庫支)를 만나면 삼합의 2/1인 삼 반합이 성립되지만, 생지(生支)가 고지(庫支)를 만나면 삼 반합이 성립되지 않는다는 것이 다수 학설이다. 다만 왕지(旺支)가 없어도 천간에 동일오행이 있으면 삼 반합을 이루는 것과 같은 역량이 있다는 학설이 있다. 예를 들면 인술(寅戌)의 생고(生庫)만 지지에 있는데 사주천간에 병(丙)화 또는 정(丁)화가 있으면 반 화국(半 火局)을 이룬 것으로 본다는 내용인데 소수 학설로 참고만 하기 바란다.

예시 火局 82.5.4 未

己	戊	丙	壬
未	寅	午	戌

예시 水局 82.11.13 辰

戊	甲	壬	壬
辰	申	子	戌

예시 金局 82.8.3 丑

丁	乙	己	壬
丑	巳	酉	戌

예시 木局 82.2.22 未

辛	己	癸	壬
未	亥	卯	戌

(2) 방합

방합(方合)은 사계절을 하나로 묶어 힘을 과시하는 세력 합으로 삼합과 달리 화(化)하지는 않는다. 예를 들어 인묘진(寅卯辰)은 오로지 목(木)의 기운들로만 뭉쳐 세력을 과시하고 있는 것이지 목국(木局)으로의 변화는 일어나지 않는다는 것이다.

방합은 기세가 모인 세력 합이므로 단결력의 삼합보다는 그 역량이 다소 미흡하다고 보면 된다.

방합은 하나의 오행이라도 빠지면 합이 성립되지 못한다. 즉, 삼합은 3개의 오행 중에 왕지가 있고 생, 고지 중 하나만 있어도 삼 반합을 이루지만, 방합(方合)은 방 반합이 없다. 즉, 방(方)이라는 것은 오행의 기세가 한쪽으로 편중된 것으로 3개가 완전히 갖추어져야 그 위력을 발휘할 수 있는 것이다.

木	火	金	水
寅卯辰	巳午未	申酉戌	亥子丑
東	南	西	北

예시 木方 82.2.13 辰

庚	庚	癸	壬
辰	寅	卯	戌

예시 火方 82.5.7 未

乙	辛	丙	壬
未	巳	午	戌

예시 金方 82.8.6 未

己	戊	己	壬
未	申	酉	戌

예시 水方 82.10.10 丑

辛	壬	辛	壬
丑	子	亥	戌

(3) 육합

육합(六合)은 해와 달이 운행하다가 만나는 지점을 응용한 것으로 해와 달은 1년에 12번 만나며 여기서 육합(6x2)의 생성이론이 나왔다. 예를 들어 1월은 해와 달이 해(亥)방위인 추자(訾諏: 월장)에서 만나는데 이때 북두칠성의 자루인 두병(斗柄)은 인(寅)방을 가리키므로 1월 월건(月建)이 인(寅)월이 된다. 즉, 인(寅)월에는 해와 달이 추자의 해(亥)방위에서 만나므로 인(寅)과 해(亥)는 합이 된다는 원리이다. 즉, 월건은 좌전(左轉)하고 월장은 우전(右轉)하여 순행하고 역행하면서 서로 만나기 때문에 육합이 이루어지는 것이다. 이하 월별로 월건(月建)과 월장(月將)이 서로 만나 합(合)하는 원리로 유추하면 된다.

土	木	火	金	水	不
子丑	寅亥	卯戌	辰酉	巳申	午未

예시 82.2.12 申

壬	己	癸	壬
申	丑	卯	戌

(4) 암합

암합(暗合)은 밖으로 드러나지 않은 합을 말한다. 숨겨둔 그 무엇을 알고자 할 때 그 비밀의 열쇠를 푸는 합이라고 보면 되겠다. 즉, 은밀한 거래 또는 숨겨둔 정부(情夫) 등을 알아볼 수가 있다.

천간오행을 기준하여 동주(同柱)지장간에 합(合)이 이루어져 있는지 또는 지장간끼리 합(合)이 이루어져 있는지를 살펴보는 것이다.

암합은 합(合)만이 존재하고 화(化)는 이루어지지 않는다는 것이 다수학설이다.

암합은 명합(明合)과 암합(暗合)으로 분류하며 지장간과 일간과의 합을 명합이라 하고 지장간끼리의 합을 암합이라고 한다. 암합은 비밀유지가 비교적 잘 되는 합이고, 명합은 감추고 싶은 비밀이 언젠가는 탄로 나는 합이라고 보면 된다.

암합(暗合)은 그 오행이 길(吉)작용을 한다면 힘이 더욱 강화되지만 흉(凶)작용을 하는 것과 합이 된다면 오히려 더 나빠지게 되므로 길흉에 대해서는 전체의 상황에 의해서 판단을 해야 한다.

干支의 명합	丁亥	戊子	辛巳	壬午	
地支의 암합	子戌	丑寅	卯申	午亥	寅未

예시 1 **명합** 82.6.3 酉

시	일	월	년
己	丁	丁	壬
酉	亥	未	戌
	(戊甲壬)		

해설

일간 정(丁)과 일지 지장간 임(壬)이 합하였으며 명합(明合)이다.

예시 2 **암합** 88.1.18 午

시	일	월	년
庚	庚	乙	戊
辰	申	卯	辰
	(戊壬庚)	(甲乙)	

해설

일지 지장간 경(庚)금이 월지 지장간 을(乙)목과 합하였으며 암합(暗合)이다.

02 충

충(沖)은 합(合)과 반대되는 개념이다. 합, 충을 음양에 비유한다면 합은 양 충은 음으로 볼 수 있으며, 합은 맑음 충은 흐림, 합은 모으는 것 충은 흩어버리는 작용을 한다고 이해하면 되겠다.

일반적으로 합은 좋은 것으로 충은 나쁜 것으로 인식을 하게 되는데 반드시 그렇지만은 않다. 즉, 사주에 좋은 역할을 하는 희(喜)의 길신을 충 하면 해로운 것이고, 사주에 나쁜 역할을 하는 기

(忌)의 흉신을 충 하면 오히려 좋은 것이다.

충은 변화와 변동을 예지하며 이러한 변화는 이사, 합격, 당선 등의 긍정적인 변화와 충돌, 사고, 질병 등의 부정적인 변화로 나타난다.

1) 천간충

천간충(天干沖)을 칠살(七殺)이라 칭하기도 하는데 이는 천간을 차례대로 나열했을 때 일곱 번째 천간끼리 충(沖)하기 때문이다. 충은 방위개념(동서 및 남북)에서 나온 것으로 천간충은 충이라고 하기보다는 지지충과 연계된 지지극의 반영과 맥을 같이 한다고 보는 것이 맞다. 즉, 이 천간충은 하나의 오행이 일방적으로 상대를 극하는 경우라 충보다는 극으로 보는 것이 더 합당하며 양은 양간, 음은 음간끼리 충 한다. 무(戊), 기(己)는 음양이 다르고 중매자로서의 역할을 하므로 충으로 보지 않는다는 것이 다수 학설이다.

甲庚	乙辛	丙壬	丁癸	戊己

예시 甲庚沖) 82.3.14 未

癸	庚	甲	壬
未	申	辰	戌

예시 乙辛沖) 82.4.15 辰

壬	辛	乙	壬
辰	卯	巳	戌

예시 丙壬沖) 82.5.18 丑

辛	壬	丙	壬
丑	辰	午	戌

예시 丁癸沖) 82.6.9 亥

癸	癸	丁	壬
亥	丑	未	戌

> **예시** 戊己冲) 82.7.6 卯

丁	己	戊	壬
卯	卯	申	戌

2) 지지충

지지충(地支冲)은 천간충과 달리 상충하는 오행의 지장간이 극, 충으로 이루어져 있어 충의 성립에 이견이 있을 수 없다. 예를 들면 子중 임(壬)수와 午중 병(丙)화가 상충, 子중 계(癸)수와 午중 정(丁)화가 상충, 午중 기(己)토가 子중 계(癸)수를 극하니 진정한 충의 역할을 하고 있는 것이다. 다른 충(冲) 역시 이와 같은 논리로 유추하면 된다.

子午	丑未	寅申	卯酉	辰戌	巳亥

> **예시** 子午冲) 82.10.28 卯

己	庚	壬	壬
卯	午	子	戌

> **예시** 丑未冲) 82.12.6 申

戊	丁	癸	壬
申	未	丑	戌

> **예시** 寅申冲) 82.1.13 巳

辛	庚	壬	壬
巳	申	寅	戌

> **예시** 卯酉冲) 82.2.20 辰

甲	丁	癸	壬
辰	酉	卯	戌

예시 辰戌冲) 82.3.16 未

丁	壬	甲	壬
未	戌	辰	戌

예시 巳亥冲) 82.4.23 子

甲	己	乙	壬
子	亥	巳	戌

03 파, 해, 형

1) 파

육파(六破)는 분파를 조장하며 사사건건 충돌한다는 의미로 충(沖)보다는 그 파괴효과가 절반이다.

파(破)의 구성은 양지(陽地)는 반시계방향으로 네 번째 지지(地支)이고 음지(陰地)는 시계방향으로 네 번째 지지(地支)가 해당된다.

子酉	丑辰	寅亥	午卯	巳申	戌未

2) 해

육해(六害)는 대치하여 투쟁한다는 의미이며 파괴하는 성질을 가지고 있다. 해가 생성되는 원리를 살펴보면 지지(地支)의 육합(六合)을 충(沖)하여 합(合)할 수 없게 한다. 즉, 육합에서 응용한 것으로 육합(六合)의 방해꾼이다. 예를 들면 자(子)는 축(丑)과 합하는데 미(未)가 있으면 축을 충(沖)하여 축(丑)은 자(子)와 합(合)하는 힘이 상실되어 버린다. 즉 합이 파괴되는 것이다.

다른 해(害)도 이와 같은 이치로 유추하면 된다.

해(害)의 작용은 시기, 질투, 투쟁, 소송, 질병 등을 불러오며 특히 본인 및 가족에게 질병 및 사별 등의 해(害)를 입힌다.

六害	子未	丑午	寅巳	卯辰	申亥	酉戌
六合	子丑	午未	寅亥	卯戌	巳申	辰酉

3) 삼형살

삼형살(三刑殺)을 운(運)에서 만나면 재난을 당한다. 그러나 신강사주에 격(格)이 바르고 용신이 뚜렷하면 오히려 생살지권(生殺之權)을 장악한다.

삼형살은 사회적인 요소로 관재구설, 수술, 이별, 형살이, 살상, 살인, 사고 등을 뜻한다. 이 살(殺)에 해당되면 남을 묶지 않으면 내가 묶이는 형상이므로 경찰, 판사, 검사, 변호사, 의사 등의 인살(刃殺)을 제압하는 직업을 가져야 횡사, 납치, 실종 등의 액운에서 벗어난다고 한다.

(1) 인사신

지세지형(持勢之刑): 인사신(寅巳申)의 오행은 모두 십이운성의 장생하는 지지로 강한 것끼리 모였다 하여 지세지형이라고 한다.

이 형(刑)이 있는 사람은 자신의 힘을 믿고 설치다가 도리어 큰 장애를 만나 좌절하는 수가 많으며 삼형 중 형(刑)의 작용이 가장 크다.

(2) 축술미

무은지형(無恩之刑): 축술미(丑戌未)삼형은 오행이 모두 토(土)이고 같은 형제끼리 우애가 좋아야 하는데 그 반대이니 무은지형이라고 한다.

이 형(刑)이 있는 사람은 성격이 냉정하고 친구와 은인을 잘 배신한다.

(3) 자묘

무례지형(無禮之刑): 자묘(子卯)삼형의 자는 묘의 인(印)이다. 어머니를 뜻하는 인수 자(子)를 자식 묘(卯)가 형하니 무례지형이라 한다. 타인에게 몰지각한 행동을 하는 등 예의범절이 없고 이기주의자이며 고집이 세다. 이 형(刑)이 있는 사람은 불륜관계로 흐를 수 있어 타 인연을 각별히 조심해야 한다.

4) 형살

형살(刑殺)은 삼합과 방합에서 응용한 것으로 삼형살이 두 개씩 만나 이루어진다. 이 형살은 말 그대로 형벌을 가한다는 것이니 사고, 관재, 형벌, 송사 등이 발생하며 그 내용은 삼형살과 동일하나 효과는 절반이다.

方合	寅卯辰	巳午未	申酉戌	亥子丑
三合	申子辰	寅午戌	巳酉丑	亥卯未
應用	寅申, 子卯, 辰辰	寅巳, 午午, 戌未	巳申, 酉酉, 丑戌	亥亥, 子卯, 丑未

寅巳	巳申	寅申	丑戌	戌未	丑未

5) 자형살

자형(自刑)은 글자대로만 해석하면 스스로 형을 가한다는 의미이다. 같은 두 글자가 모여서 힘이 강화되니 분을 넘어 스스로 형벌을 가하여 화를 자초한다는 것으로 해석하면 되겠다.

辰辰	午午	酉酉	亥亥

육친법

 **의의**

육친(六親)을 육신(六神), 십신(十神), 십성(十星)이라고도 하며 이 육친을 표출하기 위해서 중심은 일간(日干)이 된다. 즉 사주(四柱)에서 주인공은 일간(日干)이며 이러한 일간은 사주팔자의 주인이므로 명주(命主)라고도 한다. 일간인 나를 중심으로 부모형제 처자 등의 가족, 대인관계, 사회적 위치, 질병, 건강, 능력, 직업, 복덕, 사고, 행운, 불행 등을 알 수 있도록 역학의 기본원칙인 음양오행을 상생과 상극으로 분류하여 분석 조합한 것이 육친법이다

02 육친표출

1) 비견(比肩): 주인공인 일간과 오행이 같고 음양도 같은 것

2) 겁재(劫財): 주인공인 일간과 오행이 같고 음양이 다른 것

3) 식신(食神): 주인공인 일간이 생하는 오행으로 음양이 같은 것

4) 상관(傷官): 주인공인 일간이 생하는 오행으로 음양이 다른 것

5) 편재(偏財): 주인공인 일간이 극하는 오행으로 음양이 같은 것

6) 정재(正財): 주인공인 일간이 극하는 오행으로 음양이 다른 것

7) 편관(偏官): 주인공인 일간을 극하는 오행으로 음양이 같은 것

8) 정관(正官): 주인공인 일간을 극하는 오행으로 음양이 다른 것

9) 편인(偏印): 주인공인 일간을 생하는 오행으로 음양이 같은 것

10) 정인(正印): 주인공인 일간을 생하는 오행으로 음양이 다른 것

03 육친응용

사주의 주인공 일간을 기준으로 다음과 같이 응용하면 된다.

나와 같으면 비견 겁재요
내가 도와주면 식신 상관이요
나를 도와주면 편인 정인이요
내가 극하면 편재 정재요
나를 극하면 편관 정관이 된다.

예시

시	일	월	년
丁	庚	乙	壬
丑	子	巳	戌
정관	주인공	정재	식신
정인	상관	편관	편인

해설

주인공 일간은 경금(庚金)이며 일간(金)이 생(生)해주는 임(壬)수는 식신, 자(子)수는 상관, 일간(金)을 생(生)하는 술(戌)토는 편인, 축(丑)토는 정인, 일간(金)이 극(剋)하는 을(乙)목은 정재, 일간(金)을 극(剋)하는 정(丁)화는 정관, 사(巳)화는 편관이 된다.

나와 같은 것은 비견, 겁재(없음)
내가 생해주는 것은 식신(壬水), 상관(癸水)
나를 생해주는 것은 편인(戌土), 정인(丑土)
내가 극하는 것은 편재, 정재(乙木)
나를 극하는 것은 편관(巳火), 정관(丁火)

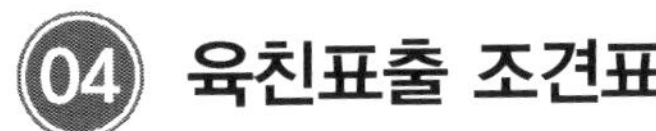 육친표출 조견표

區分	甲日	乙日	丙日	丁日	戊日	己日	庚日	辛日	壬日	癸日
比肩	甲寅	乙卯	丙巳	丁午	戊辰戌	己丑未	庚申	辛酉	壬亥	癸子
劫財	乙卯	甲寅	丁午	丙巳	己丑未	戊辰戌	辛酉	庚申	癸子	壬亥
食神	丙巳	丁午	戊辰戌	己丑未	庚申	辛酉	壬亥	癸子	甲寅	乙卯
傷官	丁午	丙巳	己丑未	戊辰戌	辛酉	庚申	癸子	壬亥	乙卯	甲寅
偏財	戊辰戌	己丑未	庚申	辛酉	壬亥	癸子	甲寅	乙卯	丙巳	丁午
正財	己丑未	戊辰戌	辛酉	庚申	癸子	壬亥	乙卯	甲寅	丁午	丙巳
偏官	庚申	辛酉	壬亥	癸子	甲寅	乙卯	丙巳	丁午	戊辰戌	己丑未
正官	辛酉	庚申	癸子	壬亥	乙卯	甲寅	丁午	丙巳	己丑未	戊辰戌
偏印	壬亥	癸子	甲寅	乙卯	丙巳	丁午	戊辰戌	己丑未	庚申	辛酉
正印	癸子	壬亥	乙卯	甲寅	丁午	丙巳	己丑未	戊辰戌	辛酉	庚申

육친의 분류와 물상법

육친	남자	여자
비견	형제, 친구, 선배, 동료, 동업자	자매, 친구, 동서, 남편의 여자, 동업자
겁재	누이, 이복형제, 경쟁자, 며느리	남자형제, 동서, 시아버지, 경쟁자
식신	장모, 사위, 손자, 밥그릇	자녀, 생식기, 유방, 밥그릇
상관	조모, 손녀, 조카, 밥그릇	자녀, 조모, 생식기, 유방, 밥그릇
편재	부친, 첩, 처남, 종업원	부친, 시어머니, 외손녀, 종업원
정재	처, 처제, 물질구조, 내가 좋아하는 일	외손자, 물질구조, 내가 좋아하는 일
편관	자녀, 조카, 직장사장	외간남자, 남편의 형제, 며느리, 직장사장
정관	자녀, 질녀, 관리, 직장사장	남편, 남편의 자매, 관리, 직장사장
편인	계모, 이모, 조부	계모, 이모, 조부, 손녀
정인	모친, 장인, 학문, 문서,	모친, 사위, 손자, 학문, 문서,

제6장
용신

01 신강, 신약

용신을 찾아내기 위하여 가장 먼저 해야 할 일이 사주의 신강신약을 구분하는 것이다. 신강신약을 구분하는 방법은 모든 육친궁에 위치한 오행이 주인공인 일간에게 어떠한 역할을 하는지를 보고 결정하면 된다. 즉, 주인공인 일간을 생(生), 비(比)하는 육친 궁을 득령(월지), 득지(일지), 득세(기타 간지)하였다고 하고, 일간을 극(剋), 설(泄)하는 육친 궁을 실령(월지), 실지(일지), 실세(기타 간지)하였다고 한다. 여기서 일간을 생비하는 오행이라 함은 인성과 비겁을 말하며, 극설하는 오행이라 함은 식상과 관성인데 편의상 재성을 포함시켰다.

1) 태신강(80% 이상): 독선적이고 아집 형이다.

2) 신　강(50% 이상~70% 이하): 추진력이 있으며 남성적이다.

3) 신　약(20% 이상~40% 이하): 부드러우며 모든 일에 신중하다.

4) 태신약(10% 이하): 주관이 없고 자신감이 부족하다.

예시 1　태신강

庚	庚	庚	壬
辰	辰	戌	戌

해설

득령(得令): 월지에 득령(30%)

득지(得地): 일지에 득지(20%)

득세(得勢): 년지, 시지, 시간, 월간에 득세(40%)

도합 90%로 태신강사주이다.

예시 2 신강

己	己	戊	壬
巳	丑	申	戌

해설

득령(得令): 월지에 실령

득지(得地): 일지에 득지(20%)

득세(得勢): 년지, 월간, 시간지 득세(40%)

도합 60%로 신강사주이다.

예시 3 신약

壬	丁	壬	丁
寅	未	子	卯

해설

득령(得令): 월지에 실령

득지(得地): 일지에 실지

득세(得勢): 년 간지, 시지 득세(30%)

도합 30%로 신약사주이다.

예시 4 태신약

壬	乙	辛	己
午	酉	未	巳

해설

득령(得令): 월지에 실령

득지(得地): 일지에 실지

득세(得勢): 시간에 득세(10%)

도합 10%로 태신약사주이다.

 용신

용(用)의 사전적 의미는 쓰다, 부리다, 사용하다 등으로 풀이된다. 그 용(用)에서 신(神)을 붙여 응용해보면 사용하는 신이 되는데 그 신(神)의 주인공은 일간이다. 요약해보면 사주의 주인공 일간이 심복으로 요긴하게 사용할 수 있는 오행이 용신(用神)이 된다. 즉, 용신은 사주원국에 평화를 가져다주는 신(神)으로 주인공 일간이 가장 필요로 하는 오행이라고 정리하면 되겠다.

용신을 취용할 시는 반드시 다음 4가지 사항을 고려하여야 한다.

첫째, 유정함이라 함은 용신오행이 일간과 가장 가까운 곳에 위치하면서 충(沖)이나 거(去: 합거)하지 않음을 말하는데 특히 주인공인 일간과 합이 되면 금상첨화다. 둘째, 유력함이라 함은 용신오행이 록근(祿根)하여 뿌리(根)가 튼튼하거나 흐름이 좋아 힘이 있음을 뜻한다. 셋째 충이 되어 파(破)하거나 합이 되어 거(去)하는 오행이 용신이 되면 격(格)이 떨어진다. 넷째, 용신의 유정, 유력한 위치는 천간이 우선이며, 지지는 차선인데 순서를 나열하면 월간, 시간, 년간, 월지, 일지, 시지, 년지, 지장간 순으로 보면 된다.

1) 억부용신

억부(抑扶)라고 하는 말은 강한 자는 억압을 하여야 하고 약한 자는 마땅히 부조를 해주어야 한다는 중용의 가장 기본적인 원리다.

억(抑)이란 관살로 극(剋)하거나 식상으로 설(泄)하는 것을 말한다.

부(扶)는 인성으로 생(生)하거나 비겁으로 조(助)하는 것을 말한다.

사주의 강약을 구분하려면 우선 득령, 득지, 득세 법을 기준하되 오행의 뿌리 및 합, 충의 변화를 참고하여 판단하면 된다.

【신강사주에서의 용신 정하는 법】

사주(四柱)	용신(用神)
인성이 많아 신강사주	재성을 용신으로 삼는 것이 좋다
비겁이 많아 신강사주	관살을 용신으로 삼는 것이 좋다
인성, 비겁이 섞여 신강사주	식상을 용신으로 삼는 것이 좋다
인성이 지나치게 많아 태신강사주	인성을 용신으로 삼을 수도 있다
비겁이 지나치게 많아 태신왕사주	비겁을 용신으로 삼을 수도 있다

예시 1 **인성이 많아 신강하면 재성으로 용신을 찾는다.**

丁	戊	壬	庚	용신: 壬水
巳	午	午	寅	
정인		편재	식신	
편인	정인	정인	편관	

해설

중하(仲夏)에 생한 무(戊)토가 득령, 득지, 득세하였으며 삼 반합(寅午) 화국(火局)형성으로 신강하다. 사주에 비겁은 없고 인성이 왕(旺)하여 신강하니 용신은 월간 임(壬)수의 재성이 된다.

예시 2 **비겁이 많아 신강하면 관살로 용신을 찾는다.**

丁	丁	丙	壬	用神: 亥水
未	亥	午	戌	
비견		겁재	정관	
식신	정관	비견	상관	

해설

중하(仲夏)에 생한 정(丁)화가 득령, 득세하였으며 삼 반합(午戌) 화국(火局)형성으로 신왕하다. 사주에 인성은 없고 비겁이 왕(旺)하여 신강 하니 용신은 일지 해(亥)수의 관성이 된다. 년간 임(壬)수는 병임(丙壬)상충으로 파(破)하여 용신으로 사용하기에는 부적합하다.

예시 3 **인, 겁이 섞여 신강하면 식상으로 용신을 찾는다.**

庚	辛	庚	壬	용신: 壬水
寅	未	戌	戌	
겁재		겁재	식신	
정재	편인	정인	정인	

해설

계추(季秋)에 생한 신(辛)금이 득령, 득지, 득세하였으며 인성과 비겁이 중첩하여 신강 하니 용신은 년간 임(壬)수의 식상이 된다.

예시 4 인성이 지나치게 많으면 인성으로 용신을 찾는다(이견 있음)

庚	庚	己	戊	用神: 己土
辰	戌	未	辰	
비견		정인	편인	
편인	편인	정인	편인	

해설

계하(季夏)에 생한 경(庚)금이 인성과 비겁으로 이루어져 있으며 사주 용신으로 삼을만한 식상, 재성, 관성은 전혀 보이지 않는다. 세력이 강한 인성에 굴복하여 종(從)하니 종강 용신으로 용신은 월간 기(己)토가 된다.

예시 5 비겁이 지나치게 많으면 비겁으로 용신을 찾는다.

甲	丙	甲	丙	用神: 丙火
午	午	午	午	
편인		편인	비견	
겁재	겁재	겁재	겁재	

해설

중하(仲夏)에 생한 병(丙)화가 비겁과 인성으로 이루어져 있으며 사주 용신으로 삼을만한 식상, 재성, 관성은 전혀 보이지 않는다. 세력이 강한 비겁에 굴복하여 종(從)하니 종왕 용신으로 용신은 년간 병(丙)화가 된다.

【신약사주에서의 용신 정하는 법】

사주(四柱)	용신(用神)
식상이 많아 신약사주	인성으로 용신을 삼는 것이 좋다
관살이 많아 신약사주	인성으로 용신을 삼는 것이 좋다
재성이 많아 신약사주	비겁으로 용신을 삼는 것이 좋다
식상, 재성, 관성이 많아 신약사주	인성, 비겁을 겸용하는 것이 좋다
식상, 재성, 관성이 많아 태 신약사주	재성이 용신이 될 수 있다(종세)
식상이 너무 많아 태 신약 사주	식상이 용신이 될 수 있다
재성이 너무 많아 태 신약 사주	재성이 용신이 될 수 있다
관성이 너무 많아 태 신약 사주	관성이 용신이 될 수 있다

예시 1 식상이 많아 신약하면 인성으로 용신을 찾는다.

辛	戊	丁	辛	용신: 丁火
酉	午	酉	酉	
상관		정인	상관	
상관	정인	상관	상관	

해설

　중추(仲秋)에 생한 무(戊)토가 식상인 금(金)이 많아 금다토약(金多土弱)의 신약한 명(命)으로 일지 오(午)에 록근(祿根)한 정(丁)화를 용신으로 삼았다.

예시 2 관성이 많아 신약하면 인성으로 용신을 찾는다.

癸	丁	壬	壬	用神: 卯木
卯	卯	子	戌	
정관		정관	정관	
정인	편인	편관	상관	

해설

　중동(仲冬)에 생한 정(丁)화가 관성인 수(水)가 너무 많아 관살혼잡(官殺混雜)의 신약한 명(命)으로 관성을 인화(引化)하는 일지 묘(卯)목을 용신으로 삼았다.

예시 3 재성이 많아 신약하면 비겁으로 용신을 찾는다.

甲	甲	己	戊	용신: 甲木
戌	寅	未	戌	
비견		정재	편재	
편재	비견	정재	편재	

해설

　계하(季夏)에 생한 갑(甲)목이 재성인 토(土)가 너무 많아 토다목절(土多木折)의 신약한 명(命)으로 일지 인(寅)목에 록근(祿根)한 시간 갑(甲)목을 용신으로 삼았다.

예시 4 식, 재, 관이 많아 신약하면 인, 겁으로 용신을 찾는다.

庚	乙	壬	辛	용신: 壬水
辰	巳	辰	巳	
정관		정인	편관	
정재	상관	정재	상관	

해설

　계춘(季春)에 생한 을(乙)목이 식상, 재성, 관성이 골고루 많아 신약한 명(命)으로 월간 임(壬)수를 용신으로 삼았다.

예시 5 식상이 지나치게 많아 신약하면 식상으로 용신을 찾는다.

癸	己	辛	癸	용신: 辛金
酉	酉	酉	酉	
편재		식신	편재	
식신	식신	식신	식신	

해설

　중추(仲秋)에 생한 기(己)토가 용신으로 삼을만한 인성과 비겁이 전혀 없어 세력이 강한 식상에 굴복하여 종(從)하니 종아 용신으로 월간 신(辛)금이 된다.

예시 6 재성이 지나치게 많아 신약하면 재성으로 용신을 찾는다.

丙	乙	戊	己	용신: 戊土
戌	丑	辰	未	
상관		정재	편재	
정재	편재	정재	편재	

해설

　계춘(季春)에 생한 을(乙)목이 용신으로 삼을만한 인성과 비겁이 전혀 없어 세력이 강한 재성에 굴복하여 종(從)하니 종재 용신으로 월간 무(戊)토가 된다.

예시 7 관살이 지나치게 많아 신약하면 관살로 용신을 찾는다.

壬	丙	癸	癸	용신: 癸水
辰	辰	亥	亥	
편관		정관	정관	
식신	식신	편관	편관	

해설

맹동(孟冬)에 생한 병(丙)화가 용신으로 삼을 만한 인성과 비겁이 전혀 없어 세력이 강한 관성에 굴복하여 종(從)하니 종살 용신으로 월간 계(癸)수가 된다.

2) 병약용신

사주오행이 한쪽으로 편중되어 있거나 용신(用神)을 충, 극할 때 이것을 병(病)이라 하고 이를 바로잡는 것을 약(藥)이라 한다. 사주팔자에서 가장 중요한 일간이나 용신이 병든다는 것은 여러 가지로 불리하다. 사주팔자에 이러한 병을 치료할 수 있는 오행 즉, 약신이 있거나 운(運)에서 약신이 들어온다면 병중유구(病重有求)로 복록이 따르지만 병중무구(病重無求)의 병신(病神)운으로 가면 고통이 따른다.

(1) 일간의 병약

예시 1 藥神 有

辛	壬	丙	辛
亥	申	申	未

해설

금다수탁(金多水濁)의 신강한 명(命)으로 주인공인 일간(日干)이 병들었다. 월간에 병화(丙火)가 약신(藥神)으로 병중유구(病重有求)의 사주이다.

예시 2 藥神 無

戊	辛	戊	己
戊	亥	辰	未

해설

토다매금(土多埋金)의 신강한 명(命)으로 원국에 약신(藥神)인 목(木)이 없다. 병은 중한데 약이 없는 병중무구(病重無求)의 사주이다.

(2) 용신의 병약

예시 1 **藥神 有**

己	甲	庚	戊
巳	寅	申	午

해설

식상, 재성, 관성이 많아 인성인 수(水)를 용신으로 삼아야 하나 사주에 보이지 않으니 차선으로 비겁인 인(寅)목을 용신으로 삼고 갈증을 해소할 수운(水運)이 오기를 간절히 바라는 형국이다. 신(申)금이 용신 인(寅)목을 충(沖)하지만 오(午)화가 신(申)금을 제어하는 형상으로 신(申)금이 병(病)이 되고 오(午)화가 약(藥)이 되는 경우이다.

예시 2 **藥神 無**

甲	丙	丙	乙
午	午	戌	丑

해설

오술(午戌)삼 반합 화국(火局)에다 천간에 목, 화(木, 火)가 강하니 신강, 왕한 일간이 되었으며 설(泄)하는 축(丑)토를 용신으로 삼았다. 을(乙)목이 용신 축(丑)토를 극하니 병(病)이라 하고 을(乙)목을 충(沖)하는 신(辛)금이 약이 되는데 약이 없는 사주다.

(3) 통관 용신

사주원국에 강한 세력의 두 오행이 서로 대립하고 있을 때 그 사이를 화해시켜주는 오행을 통관 오행, 또는 통관용신이라고 한다. 통관용신은 억부(抑扶)용신의 논리로도 설명이 가능한 경우가 대부분이라 특별한 경우 이외 그냥 억부로 보아도 문제가 되지 않는다. 단, 일간은 주인공이므로 통관의 역할을 하지 못한다.

예시 1 **비재양정(比財兩停)에 식상으로 통관**

戊	丁	丙	丁
申	酉	午	酉

(해설)

중하(仲夏)에 생(生)한 정(丁)화가 월지 건록(建祿)하여 신왕(身旺)하지만 재성(財星)역시 만만치 않다. 통관오행인 무(戊)토의 식상으로 겁재를 화(化)하여 재를 생(生)하게 하는 용신으로 삼는다. 억부로 보면 비겁이 왕(旺)하여 관성(官星)을 용신으로 삼아야 하나 사주원국에 관성인 수(水)가 없어 차선인 식상 토(土)를 용신으로 삼은 경우다.

예시 2 **관상양정(官傷兩停)에 재성으로 통관**

乙	己	壬	甲
亥	酉	申	寅

(해설)

맹추(孟秋)의 기(己)토가 인, 겁이 없어 뿌리내릴 곳이 없다. 지장간 인(寅)중 병(丙)화는 신(申)중 임(壬)수에 의해 파괴되어 용신이 될 수 없다. 관살 혼잡에 식상 득령, 득지라 과연 관상의 대립이 볼만하다. 종세격의 형상을 하고 있어 관상(官傷)을 화(化)하는 재성 임(壬)수를 용신(用神)으로 삼는다.

예시 3 **재인양정(財印兩停)에 관살로 통관**

戊	庚	丁	甲
寅	申	丑	寅

(해설)

계동(季冬)에 경(庚)금으로 생(生)하여 신강하다. 정(丁)화가 갑(甲)목의 지원을 받으니 용신의 자격을 갖추고 있다. 인성이 득령하고 재성이 득세하니 정(丁)화의 정관으로 재, 인(財, 印)의 싸움을 화해시키는 용신으로 삼는다.

뿌리내린 동금(冬金)이 화(火)를 용(用)한 경우다. 즉, 양금(陽金)은 금수상관희견관(金水傷官喜見官)으로 사시사철 화(火)를 좋아하는 특성이 있어 용신에 이견이 있을 수 없다.

(4) 전왕용신

전왕(全旺)을 일행득기(一行得氣)라고도 하며 사주에 일간과 동일한 오행이 태과하여 기세가 편중된 것으로 정격(政格)이 아닌 외격(外格)이다.

전왕용신에는 곡직인수격, 염상격, 가색격, 종혁격, 윤하격의 5격이 있다.

전왕격이 성립되려면 월지가 비겁으로 당령하여야 하고 지지(地支)에 삼합 또는 방합을 이루어야하며 관살이 투출하지 않아야 한다. 단, 토(土)일간은 삼, 방합 대신 지지(地支)3고(庫)이상이면 성립된다.

외격(外格)이란 사주의 기세가 한쪽으로 편중된 것이므로 사주원국의 기세를 보고 왕성한 기세에 순응하는 것을 용신으로 삼는다. 즉 억부를 용신으로 삼지 않으며 외격의 고유한 특성에 따라 용신을 삼는다. 전왕격의 용신은 식상이나 인성이다.

천간에 관살이 투출하면 관살을 인화하는 인성이 없으면 파격(破格)이다. 재성이 투출하면 파격(破格)은 되지 않으나 천간의 합(合)으로 제거함이 좋다. 식상이건 인성이건 천간에 있는 것을 용신으로 삼는 것이 다수 학설이다.

① 곡직인수격의 용신

곡직인수격의 용신은 인성을 우선으로 하고 식상이 차선이다

예시

己	乙	甲	癸
卯	亥	寅	未

해설

인(寅)월의 을(乙)목이 지지 삼합 목국(木局)을 이루고 금(金)의 관살이 없으니 곡직인수격이 성립되었다. 계(癸)의 인성이 천간에 있으니 이를 용신으로 삼는다.

② 염상격의 용신

염상격의 용신은 어떠한 경우에도 비겁(比劫)이며 희신은 인성이다

예시

甲	丙	戊	戊
午	寅	午	戌

해설

오(午)월의 병(丙)화가 지지 삼합 화국(火局)을 이루고 극(剋)하는 수(水)의 관살이 없으니 염상격이 성립되었다. 월지 오(午)화가 용신이다.

③ 가색격의 용신

조후 상 미(未)월의 가색격은 금(金)의 식상을 용신으로 삼고, 축술(戌·丑)월의 가색격은 화(火)의 인성을 용신으로 삼으며, 진(辰)월은 관살인 목(木)의 여기(餘氣)가 아직 남아 있으므로 가

색격으로 보지 않고 잡기재관격으로 논하는 것이 다수 설이다.

예시

己	己	戊	辛
巳	丑	戌	丑

해설

술(戌)월의 기(己)토가 지지 3고(庫)를 이루고 극(剋)하는 목(木)의 관살이 없으니 가색격이 성립되었다. 술(戌)월의 가색격은 조후 상 인성인 화(火)를 용신으로 삼는다. 시지 사(巳)화가 용신이다.

④ 종혁격의 용신

종혁격의 용신은 식상이 우선이고 인성은 식상이 없거나 관살을 인화(引化)할 때만 용신으로 삼는다.

예시 1

癸	庚	乙	庚
未	戌	酉	申

해설

유(酉)월의 경(庚)금이 지지 금 회방(金會方)을 이루고 관(官)인 화(火)가 없으니 종혁격이 성립되었다. 계(癸)수의 상관이 용신이며 강한 금(金)이 수(水)를 만나 그 힘을 설(泄)하니 한결 부드러워진다.

⑤ 윤하격의 용신

윤하격의 용신은 식상이 우선이고 인성은 차선이다.

예시 1

甲	壬	壬	壬
辰	申	子	子

해설

자(子)월의 임(壬)수가 지지 삼합 수국(水局)을 이루고 토(土)의 관살(官殺)이 없으니 윤하격이 성립되었으며 식신 갑(甲)목을 용신으로 삼았다.

(5) 종왕용신

종왕격(從旺格)은 사주일간과 다른 한 가지 오행의 기세가 지나치게 왕하여 그 기세에 거역할 수 없을 때 일간이 부득이 자신을 버리고 그 왕한 오행의 세력을 따라가는 것을 말한다. 즉, 일간을 생조(生助)하는 오행이 전혀 없거나 있다 해도 용신을 삼기 어려울 때 부득이 그 왕한 세력에 종(從)하는 것이다. 유의할 점은 인성이 많아 인성에 종(從)하는가 하는 문제로 이 현상을 모왕자쇠(母旺子衰)의 종강격이라고 한다. 인성이란 본래 일간을 생(生)하는 것이므로 자기를 버리고 인성에 종(從)할 수 없다고 하여 종강은 기명종격(棄命從格)이 아니라고 보는 소수 설이 있다.

종격은 종강격, 종살격, 종재격, 종아격, 종세격으로 분류한다.

① 종강격

예시

庚	庚	戊	己
辰	戌	辰	未

해설

계춘(季春)에 생한 경(庚)금이 인(印), 겁(劫)으로 이루어졌지만 인성인 토(土)가 왕(旺)하여 왕한 세력을 따라 종(從)하니 종강격이 되었다. 용신은 토(土)이고 희신은 화(火)이다.

② 종살격

예시

壬	丙	壬	壬
辰	子	子	子

해설

중동(仲冬)에 생한 병(丙)화가 지지 자진(子辰) 삼 반합 수국(水局)을 이루고 물(水)천지라 뿌리내릴 곳이 전혀 없어 부득이 자신을 버리고 왕한 관살(官殺)을 따라 종(從)하니 종살 격이 되었다. 용신은 수(水)이고 희신은 금(金)이다.

③ 종재격

예시

丁	癸	乙	丁
巳	巳	巳	巳

(해설)

맹하(孟夏)에 생한 계(癸)수가 뿌리내릴만한 인(印), 겁(劫)이 전혀 없어 왕(旺)한 세력인 화(火)의 재성을 따라 종(從)하니 종재격이 되었다. 용신은 화(火)이고 희신은 목(木)이다.

④ 종아격

(예시)

戊	丁	戊	己
申	未	辰	未

(해설)

계춘(季春)에 생한 정(丁)화가 토(土)가 6개로 뿌리내릴만한 인, 겁(印, 劫)이 전혀 없어 왕(旺)한 세력인 토(土)를 따라 종(從)하니 종아 격이 되었다.

용신은 토(土)이고 희신은 금(金)이다. 종격은 용신(用神)을 돕는 오행인 용신의 인성이 희신이 되지만 유독 종아격만은 용신의 식상인 재성이 희신이 된다. 그 이유는 종신(從神)을 극하는 인(印), 겁(劫)의 오행을 꺼리기 때문이다.

⑤ 종세격

종세격(從勢格)은 사주에 인, 겁이 없고 식상, 재성, 관성으로 이루어져 있을 때를 말한다. 사주 원국에 비겁이나 인성이 있으면 파격이 되므로 종세격으로 논하지 않고 정격으로 논한다.

종세 격의 용신취용 설은 다음과 같이 3가지로 분류되는데 첫째 당령한 월지를 용신으로 취용한다는 설, 둘째 인성이 없어 모든 세력이 집중되는 관성을 용신으로 취용한다는 설, 셋째 관성과 식상의 싸움을 말리는 재성을 용신으로 취용한다는 설 등이 있는데, 셋째 관상양정에 재성을 통관 용신으로 보는 것이 다수 학설이다.

(예시)

戊	丙	己	壬
子	子	酉	申

(해설)

중추(仲秋)에 생한 병(丙)화가 사주에 인, 겁이 전혀 없고 식상, 재성, 관살로 이루어져 종세 격이다. 용신은 금(金)이고 희신은 토(土)다.

(6) 화기용신

화기격(化氣格)을 합화격(合化格)이라고도 한다. 천간의 합은 합만 되고 화하지 않는 경우가 있고 합이 되면서 화하는 경우도 있다. 일간은 사주의 주인공이니 화(化)하여 변질되지 않는 것이 원칙인데 오직 합화격(合化格)이 될 때만 화(化)하여 스스로를 버리고 왕신(旺神)을 따라 종(從)하는 것이다.

화기 격의 용신은 화(化)하는 오행이 용신이 되고 화(化)하는 오행의 인성이 희신이 된다. 다만 화(化)하는 오행의 인성이 일간과 같으면 화(化)하는 오행의 식상이 용신이 된다.

화기 격이 성립하기 위하여서는 일간(日干)이 월간이나 시간과 합(合)해야 하고 투합과 쟁합이 되지 말아야 하며 월지가 반드시 화신(化神)이어야 한다.

갑(甲)일이나 기(己)일이 월간이나 시간과 합(合)하면서 화신(化神)이 득령하고 사주에 화, 토(火, 土)가 많으면 화토 격(化土格)이 될 수 있다.

을(乙)일이나 경(庚)일이 월간이나 시간과 합(合)하면서 화신(化神)이 득령하고 사주에 토, 금(土, 金)이 많으면 화금 격(化金格)이 될 수 있다.

병(丙)일이나 신(辛)일이 월간이나 시간과 합(合)하면서 화신(化神)이 득령하고 사주에 금, 수(金, 水)가 많으면 화수격(化水格)이 될 수 있다.

정(丁)일이나 임(壬)일이 월간이나 시간과 합(合)하면서 화신(化神)이 득령하고 사주에 수, 목(水, 木)이 많으면 화목격(化木格)이 될 수 있다.

무(戊)일이나 계(癸)일이 월간이나 시간과 합(合)하면서 화신(化神)이 득령하고 사주에 목, 화(木, 火)가 많으면 화화격(化火格)이 될 수 있다.

① 甲己合化土格

己	甲	甲	己
巳	戌	戌	丑

[해설]

계추(季秋)에 생한 갑(甲)목이 시간 기(己)토와 합(合)하였으며 월지가 화신(化神)이고 사주원국이 화(火), 토(土)로 이루어져 화토격(化土格)이 성립되었다. 화신인 토(土)가 용신이고 화신의 인성인 화(火)가 희신이다.

② 乙庚合化金格

庚	乙	辛	戊
辰	酉	酉	辰

해설

　중추(仲秋)에 생한 을(乙)목이 시간 경(庚)금과 합(合)하였으며 월지가 화신(化神)이고 사주원국이 토(土), 금(金)으로 이루어져 화금격(化金格)이 성립되었다. 화신인 금(金)이 용신이고 화신의 인성인 토(土)가 희신이다.

③ 丙辛合化水格

壬	丙	辛	壬
辰	辰	亥	子

해설

　맹동(孟冬)에 생한 병(丙)화가 월간 신(辛)금과 합(合)하였으며 월지가 화신(化神)이고 사주원국이 금(金), 수(水)로 이루어져 화수격(化水格)이 성립되었다. 화신인 수(水)가 용신이고 화신의 인성인 금(金)이 희신이다.

④ 丁壬合化木格

乙	壬	丁	甲
巳	戌	卯	寅

해설

　중춘(仲春)에 생한 임(壬)수가 월간 정(丁)화와 합(合)하였으며 월지가 화신(化神)이고 사주원국이 목(木), 화(火)로 이루어져 화목격(化木格)이 성립되었다. 화신인 목(木)이 용신이고 화신의 인성이 일간과 동일한 오행으로 희신이 될 수 없으며 화신의 식상인 화(火)가 희신이다.

⑤ 戊癸合化火格

戊	癸	乙	丁
午	未	巳	卯

해설

　맹하(孟夏)에 생한 계(癸)수가 시간 무(戊)토와 합(合)하였으며 월지가 화신(化神)이고 사주원국이 목(木), 화(火)로 이루어져 화화격(化火格)이 성립되었다. 화신인 화(火)가 용신이고 화신의 인성인 목(木)이 희신이다.

(7) 조후용신

　조후(調候)라는 글자는 물어서 적당히 조절한다는 의미이다. 우주자연이 춘하추동 계절의 변화, 낮과 밤에 따른 한(寒), 난(暖), 조(燥), 습(濕)의 변화가 있듯이 소우주인 개인의 사주도 다르지 않다. 사주를 보아 조(燥)하면 습(濕)하게, 습(濕)하면 조(燥)하게, 더우면 시원하게, 추우면 따뜻하게 적당히 조절해주는 신(神)이 조후용신(調候用神)이다.

사주 용신을 정할 때 억부와 조후 어디에 비중을 더 많이 둘 것인지로 명리학자들 간에 이견을 보인다. 속칭 억부파는 억부에, 조후파는 조후에 비중을 두어야 된다고 하며 한 치의 양보도 허락하지 않으려고 하는 것이 명리학계의 현실이다. 오랜 현장경험으로 본 필자의 견해로는 오행의 특성에 따라 조후에 비중을 더 두어야 될 때가 있겠으나 기본적으로는 억부에 무게중심을 두고 조후를 참고하는 것이 더 합당할 것이다.

① 천간

천간(天干)의 갑(甲), 을(乙), 병(丙), 정(丁), 무(戊)는 난(暖)하고 기(己), 경(庚), 신(辛), 임(壬), 계(癸)는 한(寒)하다.

② 지지

지지(地支)의 인(寅), 묘(卯), 사(巳), 오(午), 미(未), 술(戌)은 燥(조)하고 신(申), 유(酉), 해(亥), 자(子), 축(丑), 진(辰)은 습(濕)하다.

③ 응용

겨울의 금(金), 특히 양금(陽金)은 견딜 만큼의 뿌리만 있으면 그대로 화(火)의 관살을 용신으로 삼고, 여름의 목(木)은 별로 약하지 않음에도 수(水)의 인성을 용신으로 삼으며, 겨울의 목(木)은 작은 수기(水氣)만 있어도 화(火)를 용신으로 삼는다.

예시 1

丙	甲	庚	辛
寅	戌	子	酉

해설

중동(仲冬)에 생한 갑(甲)목이 당령하여 약하지 않다. 한목향양(寒木向陽)으로 시간 병(丙)화를 용신(用神)으로 삼는다.

64

예시 2

戊	乙	癸	庚
寅	未	未	辰

해설

　계하(季夏)에 생한 을(乙)목이 더위에 갈증이 심하다. 재다신약(財多身弱)으로 용신1순위 비겁보다 우선 급한 것이 물(水)로 월간 계(癸)수가 용신이다.

예시 3

壬	庚	庚	辛
午	辰	子	亥

해설

　경(庚)금이 중동(仲冬)에 생하였다는 특수성 때문에 화(火)를 용신으로 삼았다. 양금(陽金)은 뿌리만 있으면 화(火)를 좋아하기 때문이다.

03 용신실무

실무 1

사주(四柱) 음력 2014.3.4.01:00			
시주	일주	월주	년주
甲	甲	丁	甲
子	辰	卯	午
		乙당령	

희기(喜氣)				
용신	희신	기신	구신	한신
火	土	水	木	金
사주보완 희(喜)오행: 火, 土, 金				

해설

　중춘(仲春)에 양목(陽木)의 기(氣)로 생(生)하여 관성인 금(金)의 오행을 타고나지 못하였다. 지지 자진(子辰) 삼 반합 수국(水局) 등 인성과 비겁인 수(水), 목(木)이 왕(旺)한 신강 한 명(命)으로 오(午)에 록근(祿根)한 월간 정(丁)화가 용신이다.

실무 2

사주(四柱) 음력 2013.3.20.06:00			
시주	일주	월주	년주
己	乙	丙	癸
卯	丑	辰	巳
		戊당령	

희기(喜氣)				
용신	희신	기신	구신	한신
水	金	土	火	木
사주보완 희(喜)오행: 水, 金, 木				

해설

계춘(季春)에 음목(陰木)의 기(氣)로 생(生)하여 관성인 금(金)의 오행을 타고나지 못하였으며 식상과 재성인 화(火), 토(土)가 왕(旺)하여 다소 신약한 명(命)으로 년간 계(癸)수가 용신이다.

실무 3

사주(四柱) 음력 2012.4.5.16:00			
시주	일주	월주	년주
丙	丙	乙	壬
申	戌	巳	辰
		丙당령	

희기(喜氣)				
용신	희신	기신	구신	한신
土	金	木	火	水
사주보완 희(喜)오행: 土, 金, 水				

해설

맹하(孟夏)에 양화(陽火)의 기(氣)로 생(生)하여 사주오행이 골고루 잘 들었으나 당령하여 다소 신강한 명(命)이다. 식상인 토(土)가 용신이나 술(戌)토는 조토(燥土)로 화(火)의 고(庫)라 용신으로 부적합하며 습토(濕土)인 진(辰)토가 용신이다.

실무 4

사주(四柱) 음력 2011.5.20.18:00			
시주	일주	월주	년주
己	丁	甲	辛
酉	未	午	卯
		己당령	

희기(喜氣)				
용신	희신	기신	구신	한신
土	金	木	火	水
사주보완 희(喜)오행: 土, 金, 水				

해설

중하(仲夏)에 음화(陰火)의 기(氣)로 생(生)하여 사주오행 중 수(水)의 오행을 타고나지 못하였으며 다소 신강한 명(命)이다. 시간 기(己)토가 용신이며 식상생재(食傷生財)로 용신의 흐름이 좋다.

실무 5

사주(四柱) 음력 2010.6.6.10:00			
시주	일주	월주	년주
丁	戊	癸	庚
巳	辰	未	寅
		乙당령	

희기(喜氣)				
용신	희신	기신	구신	한신
水	金	土	火	木
사주보완 희(喜)오행: 水, 金, 木				

해설

계하(季夏)에 양토(陽土)의 기(氣)로 생(生)하여 사주오행이 골고루 잘 들었으나 신강한 명(命)이다. 인성과 비겁이 왕(旺)하여 식상인 금(金)을 용신으로 삼아야 하나 재성 계(癸)수가 일간과 합(合)이 되어 용신으로 적합하다.

실무 6

사주(四柱) 음력 2009.8.23.14:00			
시주	일주	월주	년주
辛	己	甲	己
未	丑	戌	丑
		辛당령	

희기(喜氣)				
용신	희신	기신	구신	한신
木	水	金	土	火
사주보완 희(喜)오행: 木, 水				

해설

　계추(季秋)에 음토(陰土)의 기(氣)로 생(生)하여 사주오행 중 화, 수(火, 水)의 오행을 타고나지 못하였으며 토왕(土旺)하여 신왕한 명(命)이다. 비겁 왕(旺)에 일간과 합(合)이 된 갑(甲)목이 용신이다.

실무 7

사주(四柱) 음력 2008.8.28.02:00			
시주	일주	월주	년주
丁	庚	辛	戊
丑	午	酉	子
		辛당령	

희기(喜氣)				
용신	희신	기신	구신	한신
火	木	水	金	土
사주보완 희(喜)오행: 火, 木				

해설

　중추(仲秋)에 양금(陽金)의 기(氣)로 생(生)하여 사주오행 중 목(木)의 오행을 타고나지 못하였으며 신강한 명(命)이다. 사시사철 뿌리(根)만 있으면 화(火)를 좋아하는 양금(陽金)의 특성상 시간 정(丁)화가 용신이다.

실무 8

사주(四柱) 음력 2007.10.4.01:00			
시주	일주	월주	년주
戊	辛	辛	丁
子	亥	亥	亥
		戊당령	

희기(喜氣)				
용신	희신	기신	구신	한신
土	火	木	水	金
사주보완 희(喜)오행: 土, 火, 金				

해설

맹동(孟冬)에 음금(陰金)의 기(氣)로 생(生)하여 사주오행 중 목(木)의 오행을 타고나지 못하였으며 수왕(水旺)하여 수다금침(水多金沈)의 신약한 명(命)으로 시간 인성인 무(戊)토가 용신이다.

실무 9

사주(四柱) 음력 2006.5.27.03:00			
시주	일주	월주	년주
辛	壬	甲	丙
丑	午	午	戌
		己당령	

희기(喜氣)				
용신	희신	기신	구신	한신
金	土	火	木	水
사주보완 희(喜)오행: 金, 土, 水				

해설

중하(仲夏)에 양수(陽水)의 기(氣)로 생(生)하여 사주오행이 골고루 잘 들었으나 삼 반합(午戌) 화국(火局) 등으로 화왕(火旺)하여 화다수증(火多水烝)의 신약한 명(命)으로 인성인 시간 신(辛)금이 용신이다.

실무 10

사주(四柱) 음력 2005.11.14.04:00			
시주	일주	월주	년주
甲	癸	戊	乙
寅	酉	子	酉
		壬당령	

희기(喜氣)				
용신	희신	기신	구신	한신
木	火	金	水	土
사주보완 희(喜)오행: 木, 火, 土				

해설

　중동(仲冬)에 음수(陰水)의 기(氣)로 생(生)하여 사주오행 중 화(火)의 오행을 타고나지 못하였으며 신강한 명(命)으로 식상인 시간 갑(甲)목이 용신이다.

제2부

작명학

(作名學)

제1장

작명학개론

 ## 사람과 이름

인류문명발전의 핵심요소는 언어와 문자다. 우주본원이며 생명의 근원인 선천적 기(氣)가 생겨난 후 후천적 기(氣)의 대표격인 언어와 문자가 발생하였다. 기학(氣學)에서 언어와 문자가 차지하는 비중은 상상이상인데 우리의 일상생활에 깊숙이 자리 잡고 있는 기도, 주문, 축원 등의 주술 개운법 등을 그 일례로 들 수 있다.

우주의 모든 물상은 누구나 공유할 수 있지만 사람의 이름만은 그 예외다. 즉, 고유명사인 사람의 이름은 생사(生死) 어느 곳에서나 자기 자신 이외 그 누구도 공유할 수 없는 유일한 특권이다. 이처럼 후천적 기(氣)의 언어와 문자중에서도 대표격인 사람의 이름은 언어의 종결 자로서 전혀 손색이 없다. 언어의 종결 자 이름은 자기 자신의 정체성을 가장 가까이서 찾을 수 있는 수단이자 절대성을 상징하며 인간의 육신과 정신을 대표하여 항상 자신과 함께하기 때문에 인간운명에 미치는 영향은 후천 운명에서 기도, 참회와 더불어 가장 크다고 본다.

우리인간은 역리상 하나의 소우주로서 자신의 고유명사인 이름에 품고 있는 기(氣)에 따라 후천 적으로 많은 영향을 받게 되어 있다는 것이 본 학문의 본질인데 그렇다면 사주에 맞는 좋은 이름을 외면하거나 포기할 이유는 전혀 없는 것이다.

선천적으로 타고난 사주의 부조화를 후천 운인 이름으로 적절히 해소시키는 개운법이 작명학이다. 즉, 기(氣)의 학문인 사주를 역시 기(氣)의 학문인 이름으로 보완 조정할 수 있다는데 작명학의 매력이 있는 것이다.

02 용체작명론

운명을 동양철학의 용체론으로 보면 용(用) 즉, 용신은 움직이는 운(運)이고 체(體) 즉, 체신은 고정되어 있는 명(命)이다. 사주 명리학에서 가장 까다롭고 어렵다는 용신공부를 하는 것도 명(命)의 품격과 운(運)의 흐름을 알아보기 위한 것이다.

이러한 용체에 한자의 뜻글자인 자원오행을 어디에 어떻게 비중을 두고 적용하여야 하는지가 작명학에서 가장 중요한 포인트가 될 것이다.

체용의 구분을 좀 더 확정적으로 설명하자면 공자의 명체불이(名體不離)에서 보듯이 이름은 이론적으로 체(體)에 가깝다. 따라서 이름은 움직이는 용(用: 용신)을 보고 짓는 것이 아니고 고정되어 있는 체(體: 사주)를 보고 짓는 것이다. 여기에서 이론(理論)이 있을 수 있는데 그것은 사주에 부족(없는)한 오행과 사주에 필요한 오행(용신)이 같으면 아무 문제가 없겠지만 다를 경우 어떤 오행을 우선적으로 보완해야 할지가 문제인데 그 해답은 위에서 말했듯 체 즉, 사주를 보고 이름을 지으면 되는 것이다.

운(運)의 용(用)인 필요한 오행보다 체(體)인 명(命)에 부족한 오행을 우선적으로 보강하고 다음으로 사주에 필요한 용신의 오행을 보강하라는 말인데 이렇게 되면 자원오행 간 상생 배열에 문제점이 나올 수가 있다. 그러나 자원오행은 그 목적상 개별적인 사주보완용도로 사용되는 것인만큼 적용의 무게중심을 오행간의 상생배열 보다는 보완에 두는 것이 옳을 것이라 사료된다.

예를 들어 화왕절(火旺節)에 생하여 불(火)이 필요이상으로 많아 조열한 사주가 종격이 아닌 정격일 경우에 사주에 나무(木)가 없다고 과연 목이 필요한가? 이러한 질문에 중용을 추구하는 명리학에서의 대답은 당연히 필요하지 않다는 것이겠지만 아무리 더워도 불이 있어야 어둠을 밝히고 음식도 해먹지라는 말도 일리가 있을 것이다. 여기서 필요하냐고 반문하는 것이 용법(用法)이고, 필요하다고 긍정하는 것이 체법(體法)이다.

위에서 살펴본 바와 같이 이론적으로는 용(用)보다는 체(體)가 우선이나 현실적으로 보면 체(體)보다는 용(用)이 우선이다. 즉, 용법(用法)의 주체인 용, 희신 기법이 작명학계의 다수 학설로 기(氣)의 학문적 특성상 다수 학설의 대세를 따르는 것이 순리일 것이다.

결론적으로 사주에 필요한 오행인 용(用)과 부족한 오행인 체(體)를 조화롭게 잘 보완하면서 자원오행 간의 상생배열까지 이루어 내느냐가 핵심 포인트이며 용체(用體)작명론의 해답이 될 것이다.

제2장

작명의 기본원칙

 **수리음양 조화**

천지만물이 음양의 법칙과 조화로 이루어지듯 작명학에서 취용하는 글자의 수리도 당연히 음과 양으로 이루어져 있으며 다음과 같은 의미를 지닌다.

1은 모든 수의 우두머리로 양수고 기수(奇數)라 칭하며 시작, 조화, 생명, 출발. 독립 등을 의미한다.

2는 음수의 첫수로 우수(偶數)라 칭하며 분리, 변동, 유약, 의존, 수동성 등을 의미한다.

3은 음양배합이 이루어진 형성(形成)의 수로 칭하며 안정, 완성, 풍성 등을 의미하며 양수다.

4는 생명형성을 위하여 분파작용을 하는 미정수(未定數)로 칭하며 분리, 파괴, 분산 등을 의미하며 음수다.

5는 천수(天數)라고도 칭하며 음의 속성을 지닌 수로 정립, 안정, 성취 등을 의미하며 양수다.

6은 정적이고 소극적이며 대립과 불안정 등을 의미하며 음수다.

7은 동적이고 적극적이며 강인한 정신력과 독립성을 의미하며 양수다.

8은 음기가 극에 달하니 역설적으로는 양기가 시생하는 태동과 변혁의 움직임을 의미하며 음수다.

9는 끝을 상징하는 완성, 도달, 성취, 은퇴 등의 종국을 의미하며 양수다.

10은 기본수의 마지막으로 극수(極數)라 칭하며 우주만물이 완성되어 다시 제자리로 돌아간다는 이치를 담고 있어 공허와 허무함을 의미하며 음수다.

이처럼 홀수는 양, 짝수는 음으로 이루어져 있으며 수리를 성과 이름자에 적용 시에 는 반드시 음양의 조화를 이루도록 수리조합을 하여야 한다.

이름자의 수리가 모두 양(陽) 또는 음(陰)으로 이루어져 있을 경우에는 음양의 부조화로 만물이 불성하는 배치로 보아 작명학적으로는 사용하지 못하는 이름이 된다.

 ## 선천운명 보완

모든 인간은 이 세상에 태어나면서 선천 운명인 사주 명(命)을 부여 받는다. 이 선천운명의 사주에는 반드시 필요한 오행이 있는데 이러한 오행을 용신(用神), 희신(喜神)이라 하며 음양오행의 이치에 따라 사주의 강약(强弱) 및 한난조습(寒暖燥濕)에 따른 불완전함을 균형 잡아서 사주를 편안히 해주는 길신중의 길신이다. 따라서 작명 시에는 반드시 희기(喜氣)를 정확히 도출하여 희(喜)의 오행인 용신, 희신 위주의 작명을 하는 것이 필요하다.

사주맞춤기법 즉, 사주에 필요하거나 부족한 오행을 보완하는 방법은 단연 자원오행이다. 하지만 일부 작명학자들에 의하면 발음오행과 자원오행의 동시보완이 필요하다는 설, 발음오행만으로도 보완이 가능하다는 설 등의 소수 학설이 있는 만큼 이법 및 기학 적으로 부득이 할 경우 발음오행 보완도 고려해 보는 것이 기(氣)의 학문상 필요할 것이다.

뜻글자인 한자의 자원오행은 그 글자가 기본적으로 내포하고 있는 기질을 오행으로 분류한 것이다. 즉, 해당글자의 부수나 글자의 용도, 재질, 의미 등을 종합적으로 판단 목(木), 화(火), 토(土), 금(金), 수(水)의 오행으로 분류해 놓은 것이 자원오행이다. 한자의 대부분이 오행분류가 쉽게 되지만 일부 글자에서 오행구분이 뚜렷하지 않는 경우가 있어 같은 글자를 놓고도 자원오행을 각기 다르게 해석하는 경우가 종종 있다. 이렇게 오행분류가 애매모호한 한자는 억지로 오행을 분류한다고 해도 기학상 그 오행이 갖는 기운은 그리 크지 않을 것이다. 따라서 사주보완기법으로 사용할 시에는 글자의 부수나 의미, 기질이 뚜렷하여 오행이 명확하게 분류되는 글자를 사용하는 것이 좋다.

길한 수리 적용

수(數)의 의미는 아주 심오한 철학적 개념을 담고 있다. 즉 1이라는 숫자는 하늘을 상징하며 생명탄생의 원리인 무극에서 태극이 태동하는 음양오행의 출발을 의미한다. 그리고 만물의 시초를 의미하고 있으므로 미래지향적이며 발전적인 뜻을 품고 있다. 끝을 상징하는 9라는 숫자는 모든 일의 마무리 즉 쇠퇴의 의미를 품고 있어 흉한 기운의 암시가 들어 있다. 이처럼 작명학에서 사용하는 81수에는 각각의 수의 특성에 따라 길흉의 의미를 담고 있는데 후천 운명의 개운법 중에서 가장 비중이 높은 이름에 적용할 시는 당연히 길한 수리를 배치시켜야 할 것이다. 예를 들면 김(金)씨 성에 知, 祉, 持 등의 글자는 사용할 수 있으나 지(智), 지(誌), 지(旨) 등의 글자는 사용할 수 없는데 그 이유는 수리오행의 필요조합에서 길흉이 갈라지기 때문이다. 81수 각각의 수리 중 길한 수리라 하더라도 그 내용을 살펴보면 흉함도 일부 포함되어 있는 경우가 많다. 이름자의 뜻이 좋은 글자는 수리의 해설 내용 중 길한 기운이 주로 발현되고 이름자의 뜻이 나쁜 글자는 흉한 기운이 주로 발현된다고 보는 것이 다수 학설이다. 즉, 좋은 뜻의 이름은 사주의 특성을 고려했기 때문이며 나쁜 뜻의 이름은 그런 특성이나 길흉 자체를 고려하지 않고 만들었기 때문이다.

결론적으로 좋은 뜻의 글자와 그 글자의 조합에서 발생한 길한 수리의 이름은 평생의 고유명사로서 인생여정에 적지 않은 도움이 될 것이라는 것이 작명학계의 공통된 의견이다.

④ 발음의 음운음감

성이나 이름자 원음의 첫 글자인 초성을 오행으로 표시한 것을 음운(音韻)이라 하며 이러한 음운은 상생으로 연결되어져야 좋은 이름이 된다. 음운이 좋지 않더라도 이름전체의 자, 모음이 발음하기에 편리하고 음감(音感)이 좋아서 발음할 때 그 표정이 밝고 힘차게 보이면 흉하게 볼 하등의 이유가 없다. 음운이나 음감이 좋다는 것은 단순히 듣거나 부르기에 좋다는 것 보다 이름을 부르는 쪽이나 듣는 쪽에서 모두 좋은 생기(生氣)가 발현된다는 것을 뜻한다. 좋은 생기가 발현된다는 것은 그 사람에게 좋은 기분을 주며 그런 좋은 기분이 그 사람의 인생에 좋은 영향을 줄 것임은 기(氣)의 논리상 당연하다.

발음은 상생으로 이루어져야 음이 부드러우며 부르기가 편하다. 부드럽고 편한 기운은 곧 인체의 오장육부에 좋은 영향을 미치게 하므로 기(氣)의 기분이 좋아지는 것이다. 발음이 상극이 되면 발음하기가 까다롭고 불분명하여 부르기가 어렵다. 까다롭고 부담스러운 기운은 곧 인체의 오장육부에 좋지 않은 영향을 미치게 하므로 기(氣)의 기분이 나빠진다. 이처럼 발음을 인체에 비유함은 한글소리의 자, 모음에도 그들만의 고유한 오행이 있으며 그 오행은 인체의 오장육부와 연결되어 있기 때문이다. 즉, 목(木)은 간과 담, 화(火)는 심장과 소장, 토(土)는 비장과 위장, 금(金)은 폐장과 대장, 수(水)는 신장과 방광 등과 연결되어 있으며 발음에 따라 영향을 주기 때문이다.

한글소리의 음성학에서는 소리를 오행으로 나누어 초성과 종성으로 분류한다. 초, 종성의 발음오행 배열 방식에는 3가지 대표학설이 있는데 첫째 초성상생론, 둘째 초성 및 종성 상생론, 셋째 위 두 가지 모두 충족하는 동시상생론이 있다. 작명학계의 현실은 위 3가지 학설을 모두 인정하는 추세로 어느 하나의 학설에라도 적합하면 발음오행의 배열은 좋다고 인정을 하고 있다.

정리해보면 성(姓)의 초성이나 종성이 이름 상명 자간 상생(相生)이나 상비(相比)가 이루어져

야 함은 물론 이름자 초성 간에도 상생(相生)이나 상비(相比)가 이루어지면 가장 이상적인 배열이 될 것이다.

결론적으로 좋은 음운과 음감은 음령(音靈) 즉, 발음을 기본바탕으로 하고 있어 발음오행 상생이 그 무엇보다 중요하다할 것이다.

05 글자의 형과 뜻

한자는 그 글자가 지니고 있는 뜻에 관계없이 독특한 분위기와 독자적인 영혼이 들어있는데 차거나 더운 느낌의 글자, 맑거나 탁한 느낌의 글자, 강하거나 약한 글자, 실하거나 허한 글자, 고요하거나 파괴적인 느낌을 주는 글자 등 각각의 고유한 기운을 품고 있다. 작명의 한자를 선택할 시는 그 의미가 너무 강하거나 약한 글자, 천박한 느낌을 주는 글자, 탁하거나 너무 찬 느낌을 주는 글자, 파괴적인 글자, 빈약하거나 쓸쓸한 느낌을 주는 글자 등은 이름에 사용하지 않는 것이 좋다.

1) 더운 느낌을 주는 글자

愛(사랑 애), 夏(여름 하), 煥(불꽃 환), 烈(매울 렬), 勳(공 훈), 丙(빛날 병) 등

2) 찬 느낌을 주는 글자

銀(은 은), 淸(맑을 청), 冬(겨울 동), 鎭(진정 진), 雨(비 우), 洙(물가 수), 庚(별 경), 雪(눈 설) 등은 사주에 관계없이 이름자로 적합하지 않는 글자다.

3) 맑은 느낌을 주는 글자

靑(푸를 청), 明(밝을 명), 生(날 생), 玉(구슬 옥), 日(날 일), 月(달 월) 등

4) 탁한 느낌을 주는 글자

雲(구름 운), 岩(바위 암), 植(심을 식), 黙(잠잠할 묵) 등은 사주에 관계없이 이름자로 적합하지 않는 글자다.

5) 파괴적인 느낌을 주는 글자

武(호반 무), 鐵(쇠 철), 風(바람 풍), 震(우뢰 진) 등은 사주에 관계없이 이름자로 적합하지 않는 글자다.

6) 강형(强形)글자

光(빛 광), 成(이룰 성), 義(옳을 의), 龍(용 용), 豪(호걸 호), 勇(날랠 용), 弘(클 홍), 泰(클 태), 宰(재상 재), 美(아름다울 미), 建(세울 건), 動(움직일 동) 등은 다소 강한 기운의 글자이지만 사주에 적합할 시에는 사용 가능하다

7) 약형(弱形)글자

幸(행복 행), 年(해 년), 平(평평할 평), 草(풀 초), 少(젊을 소), 空(빌 공), 露(이슬 로)등은 약한 기운의 글자로 사주에 관계없이 이름자로 적합하지 않는 글자다.

8) 허형(虛形)글자

細(세밀할 세), 點(점 점), 行(갈 행), 月(달 월), 秋(가을 추), 伊(저 이), 老(늙을 노)등은 허한 글자로 사주에 관계없이 이름자로 적합하지 않는 글자다.

9) 실형(實形)글자

益(더할 익), 昌(창성 창), 培(북돋을 배), 滿(가득 찰 만), 世(인간 세) 등의 글자는 의지가 견고하고 불굴의 기상이 있으며 역경을 극복하는 자립심이 강한 뜻을 의미한다.

위에서 열거한 강약허실의 글자가 이름에 쓰이면 그 글자의 형체가 품은 자의(字意)의 영향력이 심리에 반응되어 심리는 성격에 영향을 주고 성격 즉, 심상(心相)은 운명에 영향을 주는 것이다.

 품위 있는 이름

　이름은 유일하게 자신을 나타내는 고유명사다. 이 세상의 어느 것도 공유하지 못할 것이 없으나 이름만은 그 예외로 그만한 가치를 지니고 있다고 보아야 한다. 말이 씨 된다는 옛말이 있듯이 이름도 언어도구의 한 형태로 부르는 이름대로 살아가지는 것이 문제가 되는 것이다. 이 세상에 존재하는 것 모두는 어떻게 만드느냐에 따라 잘 될 수도 있고 잘못될 수도 있는 것인데 내가 잘되기를 바란다면 정성들여 잘 만들어야 하는 것이 세상 이치고 진리다.

　지난세월 제대로 된 의료 혜택을 받을 수 없었던 그 시절엔 천한 이름을 지어서 불러 주면 건강하게 오래 산다고 하여 듣기에도 거북한 이름을 사용하는 사람들이 많았다. 남이 듣기에도 천박하거나 웃음을 자아내게 하는 이런 이름들은 성장기 인격형성에 많은 영향을 끼쳐 그 사람이 지닌 재능, 지식, 능력을 퇴보시키며 출세하는 데 지장을 주게 된다. 즉, 우리가 평소 느끼는 기분도 기(氣)인데 느끼는 기분이 좋으면 자신의 능력을 몇 배 향상 시킬 수 있지만 기분이 나빠지거나 주눅이 들면 자신이 가진 능력마저도 발휘하지 못하게 되기 때문이다.

　최근에는 이름에 대한 관심이 부쩍 높아지면서 시대에 맞는 개성 있고 세련된 이름, 부드럽고 예쁜 이름, 중성적인 어감의 이름들을 선호하는 경우가 많은데 여러 많은 사람들의 느낌, 감정, 생각이 그렇다면 이 시대엔 그런 느낌의 이름들에 좋은 기운이 있다고 보아야 하며 이와 비슷한 어감의 이름들을 연구하여 짓는 것이 기(氣)의 이치에도 맞을 것이다.

　이름에는 희망, 신조, 염원, 꿈, 포부 및 미래 지향적인 발전의 의지가 담겨져야 함은 물론 그 무엇과도 비교되지 않는 품위를 지녀야 좋은 운과 복을 불러온다고 하겠다.

제3장

작명의 주요기법

　작명학의 대표적인 3가지 학설을 살펴보면 첫째 수리로서 길흉을 논하는 수리오행론, 둘째 소리의 중요성을 강조하는 발음오행론, 셋째 사주맞춤 작명을 보는 자원오행론 등이 있다. 첫째 수리오행론이란 주역 상수학의 수리론을 말하며 각 수에 담긴 길흉의 의미를 이름에 적용하여 작명하는 이론을 말한다. 둘째 발음오행론이란 한글 음령의 소리 론으로 성과 이름자 간의 소리의 상생상극 관계를 보고 작명하는 이론을 말한다. 셋째 자원오행론이란 사주맞춤 작명론으로 사주의 용체기법에 부합되도록 작명하는 이론을 말한다. 위의 세 가지 이론은 다음에 나오는 작명주요기법 중에서도 핵심이론으로 중요성을 인지해야 할 것이다.

 음양배열

　태극은 음과 양의 원천으로 만물을 구성하는 기본요소다. 이 세상에 존재하는 유질무질, 유형무형의 모든 것은 음양의 조화로 이루어져 있다. 따라서 성과 이름자의 수리도 예외 없이 음과 양으로 구분되어지며 짝수는 음(陰)이고 홀수는 양(陽)이다.

　성과 이름 상, 하명 자에 홀수와 짝수의 수리를 적절히 배치하여 음양의 조화를 도모하는 것이 이후 모든 작명기법에 앞서 첫 단추를 잘 끼우는 중요한 작업이 된다.

● 음수: 자연수에서 2, 4, 6, 8, 0 등으로 짝수에 해당하는 수를 말한다.
○ 양수: 자연수에서 1, 3, 5, 7, 9 등으로 홀수에 해당하는 수를 말한다.

1) 좋은 음양배열

이름2자	● ○			○ ●		
이름3자	● ● ○	○ ● ●	○ ● ●	● ○ ○	● ● ○	● ○ ●
이름4자	○ ○ ○ ●	● ● ● ○	○ ● ● ○	○ ● ○ ●	● ○ ○ ●	● ○ ● ○

2) 나쁜 음양 배열

이름2자	○ ○	● ●
이름3자	○ ○ ○	● ● ●
이름4자	○ ○ ○ ○	● ● ● ●

나쁜 음양배열을 음과 양으로 비유해보면 낮은 없고 밤만, 그 반대인 밤은 없고 낮만 있거나, 또는 남자는 없고 여자만, 그 반대로 여자는 없고 남자만 있는 등 음양이 불교(不交)하는 배치로 역리적으로나 작명학상 사용할 수 없는 조합이다.

예시 1 좋은 음양 배열

한자	金	是	延
수리	8	9	7
음양	음	양	양

예시 2 나쁜 음양 배열

한자	李	世	煥
수리	7	5	13
음양	양	양	양

02 발음오행

발음오행(發音五行)을 소리오행, 음령오행, 음 오행 등으로도 부르며 소리를 오행(木, 火, 土,

金, 水)으로 나눈 것이다.

이름을 부를 때에는 소리로 부르게 되는데 이 소리는 우주공간에서 기(氣) 즉, 에너지로 진동하여 영기(靈氣)를 발생시키며 이러한 영기는 인생의 길흉화복을 좌우하기도 하며 다음과 같이 우리인체에 영향을 미치기도 한다.

아음(牙音)은 어금니에서 발음되고 발음할 때 인체의 간과 담에 영향을 준다.

설음(舌音)은 혓소리로 발음되고 발음할 때 인체의 심장과 소장에 영향을 준다.

후음(喉音)은 목청마찰소리로 발음되고 발음할 때 인체의 비장과 위장에 영향을 준다.

치음(齒音)은 잇소리로 발음되고 발음할 때 인체의 폐장과 대장에 영향을 준다.

순음(脣音)은 입술소리로 발음되고 발음할 때 인체의 신장과 방광에 영향을 준다.

발음오행의 적용기법에는 여러 가지 학설이 있으나 다음 3안 중 1개안만 만족하면 좋은 배치로 평가하는 것이 다수 학설이다.

① 성의 초성과 이름 상, 하명 자 초성간의 상생연결

② 성의 종성과 이름 상, 하명 자 초성간의 상생연결

③ 1, 2번을 모두 충족하는 동시 상생연결

【오행에 따른 초성과 종성】

오행	초성	종성	음성(音性)
木	가.카	ㄱ.ㅋ	아음(牙音):어금닛소리
火	나.다.라.타	ㄴ.ㄷ.ㄹ.ㅌ	설음(舌音):혓소리
土	아.하	ㅇ.ㅎ	후음(喉音):목청마찰 소리
金	사.자.차	ㅅ.ㅈ.ㅊ	치음(齒音):잇소리
水	마.바.파	ㅁ.ㅂ.ㅍ	순음(脣音):입술소리

예시 1 吉(길)

구분	초성	종성
김	木	水
승	金	
민	水	

해설

초성으로 보면 목금수(木金水)의 상극(相剋)으로 나쁘지만

종성으로 보면 수금수(水金水)의 상생(相生)으로 좋은 것이다.

예시 2 吉(길)

구분	초성	종성
임	土	水
종	金	
민	水	

해설

초성으로 보면 토금수(土金水)의 상생(相生)으로 좋으며

종성으로 봐도 수금수(水金水)의 상생(相生)으로 좋은 것이다

예시 3 흉(凶)

구분	초성	종성
박	水	木
윤	土	
서	金	

해설

초성으로 보면 수토금(水土金)의 상극(相剋)으로 나쁘며

종성으로 봐도 목토금(木土金)의 상극(相剋)으로 나쁜 것이다.

예시 4 흉(凶)

구분	초성	종성
한	土	火
성	金	
규	木	

해설

초성으로 보면 토금목(土金木)의 상극(相剋)으로 나쁘며

종성으로 봐도 화금목(火金木)의 상극(相剋)으로 나쁜 것이다.

03 자원오행(字源五行)

자원오행(字源五行)은 한자 그 자체가 본질적으로 품고 있는 기운을 오행으로 분류해 놓은 것이다. 작명학에서 자원오행은 사주에 부족하거나 필요한 오행인 용체(用體: 용신과 체신)오행을

이름자로 보완하는 기법이다. 예를 들어 물(水)과 나무(木)가 사주의 용, 희신이라면 글자의 본질적 의미가 물(水)과 나무(木)에 해당하는 자원오행의 글자를 보완하여 조화 및 중용을 도모하는 기법이다.

1) 한자의 부수를 보고 오행으로 분류

오행	한자
木	木, 架, 挐, 挬, 蘭, 林, 芽, 棲, 材, 柾, 桓, 榕, 檜
火	火, 佳, 健, 來, 旼, 性, 衍, 炫, 炯, 煇, 煥, 智, 熺
土	土, 圭, 均, 道, 城, 嬋, 遇, 郁, 地, 姃, 峻, 陳, 峴
金	金, 珪, 銅, 璘, 銘, 珉, 碩, 錫, 瑜, 誾, 貞, 診, 革
水	水, 江, 洛, 潾, 沈, 永, 圓, 流, 浩, 洙, 周, 準, 河

2) 글자의 본질적 의미를 보고 오행으로 분류

오행	한자
木	竹, 寅, 卯, 角, 印, 東, 靑, 一
火	南, 丙, 丁, 三, 赤, 行, 術, 見
土	奎, 五, 戊, 己, 中, 山, 羊, 央
金	申, 西, 玉, 金, 卒, 共, 白, 辛
水	亥, 子. 命, 北, 黑, 九, 井, 夕

예시

구분	자원오행
李	木
炳	火
垠	土

3) 용신학과 자원오행의 관계

자원오행이 사주맞춤 작명의 핵심이론이라는 것은 성명학자라면 누구나 다 인정하는 내용일 것이며, 용신학이 사주명리의 핵심이론이라는 것 역시 명리학자라면 어느 누구도 부정하지 못할 것이다. 이러한 자원오행과 용신학이 어떠한 연관관계가 있느냐고? 두 이론은 떨어질 수 없는 아주 지독한 연관관계가 있다.

역학계에 갓 입문하여 책 보따리 싸들고 토굴에 들어가 두문불출 학문정진에 심취하다 딱 막히는 부분이 있는데 그것이 바로 용신학이다. 그리하여 토굴을 벗어나 스승을 찾아 나서는 것 역시 역학계 입문 에 빠질 수 없는 하나의 코스이며 과정이다. 필자인 홍승보의 저서(교재용) 『응용명리학』 책머리에 보면 "명리의 핵심 용신을 정복한다."라고 뚜렷하게 적혀 있는데 이 말은 용신을 알면 명리학은 끝난 것이나 다름없다. 라는 말이라고 해석하여도 전혀 무리가 아닐 것이다. 이처럼 사주명리학은 중용을 추구하는 학문으로 그 핵심이론이 용신학이기 때문에 용신의 중요성은 백번 강조하여도 지나치지 않을 것이다.

작명가에게 무엇을 보고 작명을 하느냐고 묻는다면 누구나 입을 맞춘 것처럼 사주맞춤작명을 한다고 할 것이다. 이 사주맞춤작명의 핵심이론이 바로 용신학이며 자원오행 기법인 것이다. 그런데도 자원오행을 외면한다면 어떻게 사주맞춤작명을 할 수가 있을 것인가? 가끔은 "발음오행으로 사주맞춤 작명을 한다."라고 자신 있게 대답하는 작명가가 있을 것인즉 발음오행은 한글 소리글자로 성과 이름, 이름 상호 간에 초성(주음)과 종성(종음)으로 발음배열의 상생(相生)원리를 보는 방법이지 한자의 뜻글자인 자원오행처럼 사주에 부족한 오행을 보완하는 방법이 아닌 것이다. 그런데도 발음오행으로 사주에 부족한 오행을 보완해야 한다는 논리를 펴는 작명가는 사주용신학 공부가 제대로 되어 있지 않는 경우라고 생각할 수밖에 없을 것이다. 즉 사주공부가 제대로 되어 있지 않아도 작명할 수 있는 방법 중 하나가 발음오행 작명기법인데 수준 높은 작명가라면 그런 소리를 하지 않을 것이기 때문이다.

명리학의 핵심이론에 사주용신학이 있으며 그에 따른 자원오행 작명법이 있으니 자원오행과 용신학은 실과 바늘의 관계처럼 헤어질 수 없는 지독한 연(緣)이라고 보면 되겠다.

⑭ 수리오행

인생주기운인 수리오행은 수리구성 방법에 따라 여러 가지 학설이 있으나 그 중에서 가장 합리적이며 절대 다수설인 원형이정(元亨利貞)에 대하여 알아본다. 원형이정은 우주천지의 모든 만물이 생하여 삶을 이루고 완성되는 과정의 자연적 원리를 뜻한다. 여기서 원(元)은 만물이 시작되는 봄(根), 형(亨)은 만물이 성장하는 여름(苗), 이(利)는 만물이 여물어가는 가을(花), 정(貞)은 만물이 완성되는 겨울(實)을 의미한다.

1) 원격

원격(元格)은 이름 상, 하명 자의 합수로 인생주기운에서 유년과 초년의 운을 주로 지배하며 가정운과 건강운 등에 영향을 준다.

2) 형격

형격(亨格)은 성과 이름 상명 자의 합수로 인생주기운에서 청년과 장년의 운을 주로 지배하며 인품운과 성공운 등에 영향을 준다. 4격 중 가장 핵심적인 요소다.

3) 이격

이격(利格)은 성과 이름 하명 자의 합수이며 인생주기운에서 중년운을 주로 지배하며 부부운, 사회운, 신용도 등에 영향을 준다.

4) 정격

정격(貞格)은 성과 이름 전체의 합수로 인생주기운에서 인생총운에 해당하지만 주로 중년이후 말년까지의 운을 지배하며 복덕과 사고 등에 영향을 준다. 4격 중 형격과 더불어 핵심요소다.

【원형이정 도출 도표】

구분	元格(合)	亨格(合)	利格(合)	貞格(合)
성1 이름2	이름2자 합	성+상명 자	성+하명 자	3자모두합
성1 이름1	이름1자	성+이름1자	성1자	2자모두합
성2 이름1	이름1자	성+이름1자	성2자	3자모두합
성2 이름2	이름2자 합	성+상명 자	성+하명 자	4자모두합
성1 이름3	이름3자 합	성+상명 자	성+하명 자	4자모두합

예시 1 성1자 +이름2자

이름(수리)			수리오행 4격			
金	知	厚	元格	亨格	利格	貞格
8	8	9	17	16	17	25

해설

원격: 이름두자의 합 知+厚 = 17획수

형격: 성과 이름 상명 자의 합 金+知 = 16획수

이격: 성과 이름 하명 자의 합 金+厚 = 17획수

정격: 성과 이름자의 모두 합 金+知+厚 = 25획수

예시 2 성1자 + 이름1자

이름(수리)		수리오행 4격			
李	靑	元格	亨格	利格	貞格
7	8	8	15	7	15

해설

원격: 이름자 靑 = 8획수

형격: 성과 이름자의 합 李+靑 = 15획수

이격: 성자 李 = 7획수

정격: 성과 이름자의 모두 합 李+靑 = 15획수

예시 3 성2자 + 이름2자

이름(수리)				수리오행 4격			
皇	甫	承	炫	元格	亨格	利格	貞格
9	7	8	9	17	24	25	33

해설

원격: 이름두자의 합 承+炫 = 17획수

형격: 성과 이름 상명 자의 합 皇甫+承 = 24획수

이격: 성과 이름 하명 자의 합 皇甫+炫 = 25획수

정격: 성과 이름자의 모두 합 皇甫+承+炫 = 33획수

예시 4 **성2자 + 이름1자**

이름(수리)			수리오행 4격			
皇	甫	成	元格	亨格	利格	貞格
9	7	7	7	23	16	23

해설

원격: 이름자 成 = 7획수

형격: 성과 이름자의 합 皇甫+成 = 23획수

이격: 성자 皇甫 = 16획수

정격: 성과 이름자의 모두 합 皇甫+成 = 23획수

예시 5 **성1자 + 이름3자**

이름(수리)				수리오행 4격			
李	累	理	擽	元格	亨格	利格	貞格
7	11	12	15	38	18	22	45

해설

원격: 이름세자의 합 累+理+擽 = 38획수

형격: 성과 이름 상명 자의 합 李+累 = 18획수

이격: 성과 이름 하명 자의 합 李+擽 = 22획수

정격: 성과 이름자의 모두 합 李+累+理+擽 = 45획수

05 삼원오행

삼원오행(三元五行)이란 이름의 한자획수를 천(天), 인(人), 지(地)의 삼요소로 계산하고 이 숫자를 다시 오행으로 분류하여 상생, 상극으로 길흉을 논하는 이론이다. 삼원오행을 적용하는 이법론은 대략 5가지 이상으로 알려져 있으며 기법마다 오행의 수리 계산방식이 달라 삼원오행의 무용론을 주장하는 작명가가 많으며 현실적으로도 적용하지 않아야 한다는 설에 무게가 실리고 있다. 실제 이름을 짓다 보면 삼원오행의 중요성이 많이 떨어진다는 것을 알 수 있는데 그 이유는 첫째 적용기법이 너무 많아 일관성이 없고, 둘째 작명학에서 삼원오행보다 훨씬 더 비중이 높은 주요 이론들이 많기 때문이다. 그러나 삼원오행도 하나의 학문으로 정립되어 있으며 당연히 성명학의 일부로 인정해야 하는 것도 현실인 만큼 작명 시 반드시 참고는 해야 하겠지만 삼원오행이

사주맞춤작명에 짐이 되는 경우라면 과감히 배제하는 것도 좋은 이름 작명의 한 방법이 될 것이다.

작명가들 사이에 주로 적용하는 삼원오행 3가지 학설에 대하여 비교 분석해보도록 한다.

【획수별 오행분류: 후천 수】

木	火	土	金	水
1,2	3,4	5,6	7,8	9,0

예시

성명(수리)			四柱(陰:1995.10.20.戌)				用神	忌神
金	旼	奎	年	月	日	時		
8	8	9	乙亥	戊子	丁丑	庚戌	木	火

제1안) 이형원(利亨元)법

利; 17획 (金); 성씨와 하명 획수의 합. 8+9=17

亨; 16획 (土): 성씨와 상명 획수의 합. 8+8=16

元; 17획 (金); 상명과 하명 획수의 합. 8+9=17

利-亨-元 배열이 17-16-17, 金-土-金의 상생(相生)으로 좋음

제2안) 천인지(天人地)법

天; 8획 (金); 성씨의 획수. 8

人; 16획 (土): 성씨와 상명 획수의 합. 8+8=16

地; 17획 (金); 상명과 하명 획수의 합. 8+9=17

天-人-地 배열이 8-16-17, 金-土-金의 상생(相生)으로 좋음

제3안) 천인지 가성 법

天; 9획 (水); 성씨의 획수+ 가성 1. 8+1=9

人; 16획 (土): 성씨와 상명 획수의 합. 8+8=16

地; 17획 (金); 상명과 하명 획수의 합. 8+9=17

天-人-地 배열이 9-16-17이라 水-土-金, 상극(相剋)이라 나쁨

해설

위 삼원오행 기법으로 보면 1, 2안은 좋게 나왔으며 3안은 나쁘게 나왔다. 이와 같이 삼원오행의 기법이 다른 이법론과 달리 필요이상으로 많기 때문에 모든 기법이 다 좋을 수는 없는 것이라 분란이 많은 것이다.

제4장

작명의 보조기법

 원자부수

한자의 획수 계산법에서 원래의 부수 즉, 원자부수를 획수로 산정하는 방법을 원획법(原劃法)이라 하고, 컴퓨터나 한자 사전 등에서와 같이 실제 쓰는 획수대로 산정하는 방법을 필획법(筆劃法)이라 하는데 작명학에서는 원획법을 사용한다.

1) 원획법

강희자전(康熙字典)의 원칙에 따라 원래부수 즉, 글자의 원형대로 획수를 계산하는 방식으로 역리자획법, 또는 역리법이라고도 한다.

예시

① 洋: 10획(水의 원자부수 4획으로 계산)
② 珏: 09획(玉의 원자부수 5획으로 계산)
③ 抒: 08획(手의 원자부수 4획으로 계산)
④ 鄭: 19획(邑의 원자부수 7획으로 계산)
⑤ 性: 09획(心의 원자부수 4획으로 계산)

2) 필획법

실제 글을 쓰는 획수에 따른 부수 즉, 글을 쓸 때 필의 움직임을 근거로 해서 계산하는 방식으로 역상법이라고도 한다.

예시

① 洋: 09획(실제로 쓰는 획수대로 계산)

② 玭: 08획(실제로 쓰는 획수대로 계산)

③ 抒: 07획(실제로 쓰는 획수대로 계산)

④ 鄭: 15획(실제로 쓰는 획수대로 계산)

⑤ 性: 08획(실제로 쓰는 획수대로 계산)

참고

　　여기에서 반드시 염두에 두어야 할 부분이 있는데 변 등이 겹칠 때 그 글자의 해당부수만 원획법으로 계산하여야 한다는 것이다. 예를 들어 漢 자를 보면 부수인 水변만 원획법인 원자부수 4획을 적용하고 艹초두는 필획법 4획으로 계산하여 13획이 된다.

　　이름자에 사용하는 문자 가운데 수를 상징하는 글자 一, 二, 三, 四, 五, 六, 七, 八, 九는 획수를 무시하고 글자가 의미하는 수를 획으로 적용한다. 즉, 九는 2획이나 9획으로, 四는 5획이나 4획으로 계산하여 적용하면 된다.

【성명학상 원자부수와 획수계산법】

부수	부획	한자	뜻	필획	원획	변방
心	4	性	성품 성	8	9	마음심
水	4	洙	물가 수	9	10	물수
手	4	抒	풀 서	7	8	손수
犬	4	拘	잡을 구	8	9	개 사슴록
玉	5	珉	옥돌 민	9	10	구슬옥
衣	6	補	도울 보	12	13	옷의
艸	6	蔡	거북 채	15	17	풀초
网	6	羅	비단 라	19	20	그물망
肉	6	胥	서로 서	9	11	살(고기)육
辵	7	遠	멀 원	14	17	쉬엄쉬엄 갈 착
邑	7	都	도읍 도	12	16	고을 읍
阜	8	陳	베풀 진	11	16	언덕 부

 한자의 자형

　한자는 대부분 여러 글자의 조합으로 만들어지다 보니 글자마다 모양새도 무곡금성 같은 통자형이나 가로나 세로로 갈라지거나 깨어지는 파형(破形) 등 아주 다양한 형태의 모습을 보인다. 통자형은 안정감이 보이는 반면 상하좌우로 갈라져 있는 글자는 불안정한 모습을 보여 주기도 한다. 성과 이름자 모두가 하나같이 갈라지거나 깨어져 불안정한 자형(字形)을 하고 있을 때 이를 두고 바람을 맞은 형태 또는 깨어진 형태라 하여 풍명(風名), 패명(敗名)이라 부르며 반대로 모두 통자로 이루어져 있어도 음양이 부 조화롭다 하여 좋지 않게 해석하는 경우를 두고 말한다. 음양의 조화를 중요시하는 작명학에서는 글자의 모양 즉 자형(字形)도 음양의 일부로 보아야 하기 때문에 당연히 참고할 가치가 있으며 고려해야 할 사항이다. 그러나 성명학적인 이법론으로 보면 소수 학설로 중요성이 많이 떨어지는 것도 사실이다. 따라서 작명 시에는 주요작명기법을 우선시하고 사주맞춤작명에 방해가 되지 않는 범위 내에서 자형(字形)도 참고하는 것이 옳을 것이다.

1) 분파형

성과 이름자 모두 좌우(세로), 상하(가로)로 갈라지는 형태

예시

좌우분파: 洪 珠 姬, 상하분파: 高 昇 昊

2) 통자형

성과 이름자 모두 상하 좌우 어디로도 갈라지지 않은 형태

예시

朱 東 尹, 丁 用 禹

제5장

작명의 기타이론

 **여자흉수의 진실**

과연 여자에게만 나쁜 수리가 있는 것일까? 주역상수학의 수리오행에는 81영동력이 있다. 모든 우주만물은 숫자로 이루어져 있으며 그 하나하나의 숫자에는 고유한 에너지 즉, 기(氣)와 그에 따르는 의미가 내포되어 있다. 81영동력은 그러한 숫자가 지닌 고유의 의미를 성명학에 응용한 것으로 성명자의 수리조합에 따라 길흉화복을 나타낸다고 보는 이론이다. 이러한 숫자는 1부터 9까지가 기본으로 되어 있으며 9의 자승수 9 X 9 = 81수를 81영동력이라 하며 길(吉)수와 흉(凶)수로 나누어져 있다.

성명학의 수리오행에서 절대 다수 론이며 가장 많이 취용하는 원, 형, 이, 정(元, 亨, 利, 貞)격의 4격에는 기본적으로 길한 수리를 배치시켜야 하는 것이 원칙이다. 다만 어떠한 이유로 길한 수리 배치가 어렵거나 불가능할 시에는 형격과 정격 위주의 배치 방법도 있지만 소수 설이다.

여기에서 문제는 곤명(坤命) 즉, 여자일 때 통상적인 대길수리인 21, 23, 32, 33, 39수를 사용하지 못한다는 이론인데 왜 여자에게만 사용하지 못하게 하는가이다.

81영동력의 길수 중에서도 가장 좋은 대길수로 분류되는 21, 23, 32, 33, 39수를 남자에게는 사용해도 되지만 여자에게만은 사용하면 흉(凶)하다는 학설인데 문제가 아주 많은 이론이다. 과거 남존여비사상의 사회성에서 아주 좋은 수리는 여자가 사용하면 남편을 극해한다고 하는 즉, 여자 팔자가 너무 좋아도 안 된다는 지난 세월의 흘러간 이론일 뿐 양성평등의 현세 사회에선 영향력이 전혀 없다고 보는 것이 다수 학설이다. 그 근거로 통계과학인 작명학에서 여자 21, 23, 32, 33, 39 획수를 사용해서 사주보다 더 나빠졌다는 통계이론이 전혀 나오지 않고 있음을 들 수 있다.

남성우월주의 지난 시절에는 사회활동을 자제하는 현모양처 형이 대세였다면, 물질문명 만능

의 현대사회에서는 여자도 사회성에서 뒤떨어지면 생존하기 힘든 사회가 되어버렸다. 따라서 여명(女命)도 좋은 수리를 선택할 권리가 있으며 여기에 이의를 제기하는 것은 시대에 뒤떨어진 발상이라고 밖에 할 수 없을 것이다.

이처럼 시대에 맞지 않는 이론에 매달리지 말고 좀 더 진취적이고 미래지향적인 사고를 가지고 그 시대에 맞는 다양한 작명기법들로 작명에 임하는 것이 옳을 것이다.

02 외국에서 출생 시의 사주

역리적으로 한 해의 시작은 입춘을 기준한다. 지구와 태양의 가상 중심선인 황경(黃經) 315도가 되면 지구상 어디에서라도 입춘이 들어오는데 이 시각은 지구공통이고 다만 경도에 따라 지역별로 시차가 발생하게 되어있다. 천문학상 황경 315도는 공전중인 지구중심과 태양 중심을 가상으로 측정한 것으로 지역이 다르다고 입춘의 절입(節入)시점이 다를 수가 없다. 즉, 중심하나를 측정하고 영국의 그리니치 기준 시로 시차를 나누어 놓은 것이 현재의 입춘시각인 것이다. 태양과 지구 등 천체의 움직임에 따라 우주의 기운은 시시각각 변화한다. 올해와 내년, 봄과 여름, 낮과 밤, 아침과 저녁, 지금 이 순간 분, 아니 단 몇 초 단위의 차이에도 기운은 다르게 나타난다. 이처럼 태어난 연월일시에 따라 타고난 기운이 다르며 그에 따라 사람의 운명도 당연히 달라지는 것이다. 따라서 명리 사주 학은 단순히 시간적인 요소로 좌우되는 것이 아니라 태양과 지구의 위치라는 공간적인 개념이 복합적으로 포함된 학문이다.

외국에서 태어난 신생아의 사주는 어딜 기준으로 세워야 할까?

세계 어디에서 태어나던지 간에 사주를 세울 때는 입절시각이 기준이지 날짜기준이 아니다. 즉 입절에 따라오는 날짜를 사용하면 되는 것이지 날을 따라서 절기를 구분하는 것이 아니란 뜻이다. 중요한 것은 지구가 공전하면서 태양 황도상의 어느 지점을 지나는 시기이며 태양과 지구의 위치상 태양이 지구경도의 어느 지점을 통과하는 시각에 태어났느냐로 사주가 정해지게 된다는 것이다. 따라서 외국에서 태어난 사람의 사주를 세울 때는 그 나라의 표준시간 기준점을 먼저 살펴보고 현지의 시각을 그대로 적용해서 세우면 되는 것이다.

영국 표준시로 오후 3시 신(申)시에 태어났으면 한국표준시로 0시 자(子)시가 되는데 신(申)시에 태어난 명(命)을 자(子)시로 적용한다는 것은 음양의 원리뿐 아니라 시, 공간의 개념에서 전혀 맞지 않다는 것이다. 따라서 외국에서 태어난 한국인이라 하더라도 한국표준시를 적용할 하등의 이유가 없으며 그냥 태어난 그 나라의 자연 시 그대로 사주를 세우면 되는 것이다.

 **항렬자 사용에 대하여**

현세처럼 산업과 교통이 원활하지 않았던 옛 선조들은 전통적으로 마을공동체를 이루고 생활해 왔으며 그 공동체의 주역은 같은 씨족의 친족집단이 될 수밖에 없었다. 그러한 친족집단의 통합과 질서유지를 위하여 그 무언가가 필요했을 것이며 가장 합리적이고 효율적인 방법이 대수(代數)를 정하는 항렬자(行列字)가 되었을 것이다.

【항렬자 직렬 사용방법】

① 목(木)·화(火)·토(土),금(金)·수(水)의 오행상생의 원리를 적용하는 방법으로 가장 많이 사용한다.

② 갑(甲)·을(乙)·병(丙)·정(丁)·무(戊)·기(己)·경(庚)·신(辛)·임(壬)·계(癸)의 천간(天干)을 적용하는 방법이 있다.

③ 일(一)·이(二)·삼(三)·사(四)·오(五)·육(六)·칠(七)·팔(八)·구(九)등을 글자의 일부에 포함하는 수(數)를 적용하는 방법이 있다.

④ 인(仁)·의(義)·예(禮)·지(智)·신(信)의 오상(五常)을 적용하는 방법이 있다.

위 어느 경우에도 항렬자는 반드시 위의 오행, 십간, 수, 오상 등의 순서에 따라서 각 세대마다 차례로 사용되며 그 순서가 다되면 다시 되풀이한다.

조상의 이름으로 사용된 글자는 되풀이하지 않는 것이 원칙이며, 한 세대씩 항렬자의 위치를 아래(하명)와 위(상명)로 바꾸어가면서 교대로 사용하는 것이 일반적이다.

그리고 한 친족집단이 항렬자를 통일하여 그 세대관계를 쉽게 확인할 수 있도록 하기 위해서 미래세대에 사용할 항렬자를 족보의 첫머리에 미리 밝혀두는 경우가 많은데 그것은 족보 자체가 친족관계를 확인하는 수단이기 때문이다.

【항렬자로 좋은 이름 짓는다?】

이름을 지을 때는 성명학적으로 보는 이법적인 기법과 사주에 대입하여 보는 기학적인 기법이 있다. 항렬자를 적용해서 이름을 지어도 이 두 가지 요건을 다 충족시켜 좋은 이름이 나올 수도 있겠지만 그렇지 못한 경우가 더 많은데 그 이유는 우선 타고난 성과 항렬자를 고정시켜 놓아야 하기 때문에 이법의 수리오행과 기학의 용신오행 적용에 어려움이 따를 수밖에 없기 때문이다. 따라서 항렬자에 얽매이지 말고 완전히 오픈시켜 놓으면 선택의 범위가 넓어져 훨씬 좋은 이름을 지을 수 있을 것이다.

집안에 따라 항렬자를 고집하는 경우가 종종 있는데 그런 경우에는 항렬자 작명에 최선을 다해보고 그래도 좋은 이름이 나오지 않는다면 족보에 오를 항렬자를 따로 하나 지으면 되는 것이다.

04 형, 아우에 쓰는 글자

1) 장남 장녀에만 사용하는 글자

글자의 구성원리가 처음, 첫째, 으뜸, 시작, 크다 등 우두머리의 뜻을 내포하고 있어 장남이나 장녀의 이름자에만 사용해야 한다는 글자이다. 차남 또는 차녀 이하의 이름자에 사용하면 자연의 순리에 어긋나는 것으로 보아 형제, 자매간에 덕이 없고 맏이의 운세가 하락하여 장자(長子)구실을 못하게 되며 비록 형이나 언니가 있어도 본인 자신이 맏이노릇을 하게 된다는 내용의 글자이다.

甲巨乾起基國大德東斗孟明文伯甫上碩奭先秀承始新完元允胤仁一壹日子長宗
柱天初春泰太弘

2) 차남 차녀에만 사용하는 글자

장남 장녀가 사용하면 자연의 순리에 어긋나는 것으로 보아 가운(家運)을 계승하지 못하고 갖은 고생을 다하게 된다는 글자를 말한다.

坤末義禮仲智亨貞西南北夏秋冬二三中下小地月庚短終

05 이름에 사용하면 특별히 좋은 글자

다수의 성명학자들이 길(吉)하다고 추천하는 글자로 불용문자와 겹쳐 있는 경우 사용하지 않는 것이 좋다.

두(斗) 팔(八) 병(秉) 석(晢) 영(永) 옥(玉) 창(昌) 국(國) 봉(鳳) 광(光) 태(泰) 용(龍) 의(義) 훈(勳)
상(相) 수(秀) 승(承) 정(正) 철(哲) 환(煥) 우(愚) 익(益) 립(立) 황(皇) 수(樹) 기(基) 형(衡) 성(成)
홍(弘) 용(勇) 호(豪) 비(飛)

제6장

불용문자

01 불용문자의 유래

　문물제도, 의례, 예절 등에 관한 고서인 『예기(禮記)』에 따르면 '명자자(名字者) 불이국(不以國) 불이일월(不以日月) 불이은질(不以隱疾) 불이산천(不以山川)'이라는 말이 있는데 내용인즉슨 사람의 이름자에 나라 이름, 날의 간지와 달의 이름, 은질, 산천이름 등을 쓰지 말라는 것이다. 고대 왕국에서 한 개인의 이름자에 나라이름을 쓰는 것 자체가 불경스러운 일로 여겨졌고 해와 달은 황제나 왕을 상징하는 것이므로 금하였던 것이다. 이것이 불용문자 발생의 시초이며 이후 성명학자들에 의해 다음과 같이 확대 정립되었다.

① 천체 명: 日, 月, 光, 星 등

② 계절 명: 春, 夏, 秋, 冬 등

③ 동물 명: 態, 馬, 犬, 虎 등

④ 식물 명: 梅, 蘭 竹, 菊 등

⑤ 광물 명: 金, 鐵, 石 錫 등

⑥ 십간(十干), 십이지(十二支)에 해당하는 글자

⑦ 정신세계를 뜻하는 글자: 佛, 神, 尊 등

⑧ 사람의 신체를 일컫는 글자: 手, 足, 頭, 體 등

⑨ 뜻이 너무 원대한 글자: 福, 壽, 峰, 孝, 滿 등

⑩ 뜻이 불길한 글자: 尿, 毒, 汚, 死, 四, 病, 弱, 衰, 亡, 敗, 破, 姦 등

⑪ 흉 수리에 해당하는 10단위의 글자: 十, 百, 千, 萬, 億, 兆 등

이러한 불용문자는 이름자로 사용 시 불행해지거나 좋지 않는 일이 자주 발생하기 때문에 다수의 작명학자들이 사용하기를 꺼려하는 한자로 이름자로 사용하지 않는 것이 좋다. 다만 사주의 용, 희신(用, 喜神)에 적합한 글자일 경우 사용할 수 있다는 것이 성명학자들의 일반적인 견해이다.

02 불용문자 해설(190자)

자음	한글	불용문자	자음	한글	불용문자
ㄱ	갑	甲	ㄹ	란	蘭
	강	江		로	魯
	개	介		료	了
	결	決	ㅁ	마	馬
	경	庚京慶		만	滿萬
	계	系桂		말	末
	곤	坤		매	梅
	광	光鑛		명	命明
	구	九龜		무	武
	국	局菊		묵	黙
	귀	貴		문	文
	극	極		미	美未
	근	根		민	敏
	금	今錦		법	法
	길	吉		병	炳丙柄秉
ㄴ	남	男南		보	寶
ㄷ	대	大代		복	福
	덕	德	ㅂ	봉	鳳峯
	도	桃		복	福
	돌	乭		비	不妃
	동	冬東童		부	富
ㄹ	락	樂		분	分粉芬

자음	한글	불용문자	자음	한글	불용문자
ㅂ	불	不		암	岩
	사	四 絲		애	愛
	산	山		양	良
	삼	三		여	女
	상	上 霜		연	蓮 連
	생	生		열	烈
	석	石 錫		영	英 榮
	선	仙		예	禮
	설	雪		오	五
	성	星		옥	玉 沃
	소	笑		완	完
ㅅ	송	松	ㅇ	외	外
	쇠	釗		용	龍
	수	壽 洙		우	雨 隅
	숙	淑		운	雲
	순	順 純		웅	雄
	승	勝		원	元 遠
	시	時		월	月
	식	植		유	留
	신	辛 伸 新		은	銀 殷
	실	實		의	義
	심	心		이	李 伊 二

자음	한글	불용문자	자음	한글	불용문자
ㅇ	인	仁	ㅊ	춘	春
	일	一 日		충	忠
	임	任		칠	七
ㅈ	자	子	ㅌ	태	兌 泰
	장	長	ㅍ	팔	八
	재	宰 載 哉 裁 在 栽		평	平
	점	占 點		폐	廢
	정	貞 品		풍	豊
	종	宗	ㅎ	하	夏
	주	柱 珠		학	鶴
	죽	竹		한	韓
	중	中 仲 重		해	海
	지	地 枝		행	幸
	진	眞 珍 進 鎭		향	香
ㅊ	창	昌		호	虎 鎬 好
	천	天 千 川		홍	紅
	철	鐵		화	花 華
	청	淸		효	孝
	초	初		훈	勳
	추	秋		희	喜 姬 熙 憙 嬉 僖

제7장

작명실무

01 한자이름 작명

1) 실무1(金氏)

기본사항

성별	성씨	생년월일	음력	2013.2. 1	시	02:00
남	金		양력	2013.3.12		

선천운명

사주(四柱)				희기(喜氣)				
시주	일주	월주	년주	용신	희신	기신	구신	한신
辛	丁	乙	癸	土	金	木	火	水
丑	丑	卯	巳					
癸辛己	癸辛己	甲乙	戊庚丙	사주보완 희(喜)오행1순위: 土, 金				
				사주보완 희(喜)오행2순위: 金, 水				

해설

절기상 경칩과 청명 사이인 중춘(仲春)에 생(生)한 음화(陰火)가 사주오행이 골고루 잘 들었으나 다소 신강한 명(命)이다. 인성(印星)과 비겁(比劫)이 왕(旺)하여 신강한 사주에 용신 제1순위는 식상(食傷)이 되므로 토(土)가 용신이다.

❚작명

● **수리오행**

제9장의 4 성자별 수리구성표에 金씨 8획 성에 적당한 수리구성을 확인하면 아래 도표 1, 2, 3항의 수리음양과 수리오행 4격(원, 형, 이, 정) 획수 등이 모두 해결된다.

● **발음오행**

선택된 수리구성에 의해 아래 도표 4, 6항처럼 이름자의 상, 하명 자를 발음오행에 맞는 글자를 선택하면 된다.

● **자원오행**

글자를 선택할 시는 아래 도표 5, 7항처럼 사주맞춤기법인 자원오행의 용, 희신에 적합한 글자의 오행인지를 먼저 확인한다.

● **삼원오행 등**

아래 도표 8, 9, 10항의 삼원오행, 글자의 자형, 불용문자 등은 성명학자들 간 다소 논란이 있으나 비주요기법으로 참고만 하면 된다.

【작명 도표】

	구분	성자	상명 자	하명 자
1	한자획수	8	8	9
2	수리음양	음	음	양
3	수리오행	원격17획, 형격16획, 이격17획, 정격25획		
4	이름한글	김	지	후
5	이름한자	金	知	厚
6	발음오행	木(水)	金	土
7	자원오행	성 제외	金	土
8	삼원오행 (天人地)	金	土	金
9	한자자형 (풍,패명)	해당 없음		
10	불용문자	해당 없음		

2) 실무2(李氏)

▌기본사항

성별	성씨	생년월일	음력	2012.3.17	시	14:00
여	李		양력	2012.4. 7		

▌선천운명

사주(四柱)				희기(喜氣)				
시주	일주	월주	년주	용신	희신	기신	구신	한신
己 未	戊 戌	甲 辰	壬 辰	木	水	金	土	火
丁乙己	辛丁戊	乙癸戊	乙癸戊	사주보완 희(喜)오행: 木, 水				

(해설)

절기상 청명과 입하사이인 계춘(季春)에 생(生)한 양토(陽土)가 화(火), 금(金)의 오행을 타고 나지 못하였으며 토왕(土旺)하여 군겁쟁재(群劫爭財)의 신왕한 명(命)이다. 비겁(比劫)이 왕(旺)하여 신왕한 사주에 용신 제1순위는 관성(官星)이 되므로 목(木)이 용신이다.

▌작명

● 수리오행

제9장의 4 성자별 수리구성표에 李씨 7획 성에 적당한 수리구성을 확인하면 아래 도표 1, 2, 3항의 수리음양과 수리오행 4격(원, 형, 이, 정) 획수 등이 모두 해결된다.

● 발음오행

선택된 수리구성에 의해 아래 도표 4, 6항처럼 이름자의 상, 하명 자를 발음오행에 맞는 글자를 선택하면 된다.

● 자원오행

글자를 선택할 시는 아래 도표 5, 7항처럼 사주맞춤기법인 자원오행의 용, 희신에 적합한 글자의 오행인지를 먼저 확인한다.

● 삼원오행 등

아래 도표 8, 9, 10항의 삼원오행, 글자의 자형, 불용문자 등은 성명학자들 간 다소 논란이 있으나 비주요기법으로 참고만 하면 된다.

【작명 도표】

구분		성자	상명 자	하명 자
1	한자획수	7	8	16
2	수리음양	양	음	음
3	수리오행	원격24획, 형격15획, 이격23획, 정격31획		
4	이름한글	이	서	윤
5	이름한자	李	抒	潤
6	발음오행	土	金	土
7	자원오행	성 제외	木	水
8	삼원오행 (天人地)	金	土	火
9	한자자형 (풍,패명)	해당 없음		
10	불용문자	해당 없음		

3) 실무3(朴氏)

▌기본사항

성별	성씨	생년월일	음력	2011.4.22	시	22:00
남	朴		양력	2011.5.24		

▌선천운명

사주(四柱)				희기(喜氣)				
시주	일주	월주	년주	용신	희신	기신	구신	한신
乙	己	癸	辛	火	土	水	木	金
亥	卯	巳	卯					
戊甲壬	甲乙	戊庚丙	甲乙	사주보완 희(喜)오행: 火, 土				

(해설)

절기상 입하와 망종 사이인 맹하(孟夏)에 생(生)한 음토(陰土)가 사주오행이 골고루 잘 들었으나 삼 반합(亥卯) 목국(木局) 편관 칠살(七殺)의 중첩으로 신약한 명(命)이다. 살(殺)을 인화하여 일간을 생(生)하는 인성(印星) 화(火)가 용신이다.

105

▍작명

● 수리오행

제9장의 4 성자별 수리구성표에 朴씨 6획 성에 적당한 수리구성을 확인하면 아래 도표 1, 2, 3항의 수리음양과 수리오행 4격(원, 형, 이, 정) 획수 등이 모두 해결된다.

● 발음오행

선택된 수리구성에 의해 아래 도표 4, 6항처럼 이름자의 상, 하명 자를 발음오행에 맞는 글자를 선택하면 된다.

● 자원오행

글자를 선택할 시는 아래 도표 5, 7항처럼 사주맞춤기법인 자원오행의 용, 희신에 적합한 글자의 오행인지를 먼저 확인한다.

● 삼원오행 등

아래 도표 8, 9, 10항의 삼원오행, 글자의 자형, 불용문자 등은 성명학자들 간 다소 논란이 있으나 비주요기법으로 참고만 하면 된다.

【작명 도표】

구분		성자	상명 자	하명 자
1	한자획수	6	9	9
2	수리음양	음	양	양
3	수리오행	원격18획, 형격15획, 이격15획, 정격24획		
4	이름한글	박	시	욱
5	이름한자	朴	施	昱
6	발음오행	金	土	土
7	자원오행	성 제외	土	火
8	삼원오행 (天人地)	土	土	金
9	한자자형 (풍,패명)	해당 없음		
10	불용문자	해당 없음		

4) 실무4(鄭氏)

▌기본사항

성별	성씨	생년월일	음력	2010.10.21	시	08:00
여	鄭		양력	2010.11.26		

▌선천운명

사주(四柱)				희기(喜氣)				
시주	일주	월주	년주	용신	희신	기신	구신	한신
庚 辰	庚 辰	丁 亥	庚 寅	火	木	水	金	土
乙癸戊	乙癸戊	戊甲壬	戊丙甲	사주보완 희(喜)오행: 火, 木				

(해설)

절기상 입동과 대설 사이인 맹동(孟冬)에 양금(陽金)으로 생(生)하여 사주오행이 골고루 들어 비교적 중용이 잘 이루어진 명(命)이다. 양금(陽金)은 뿌리(根)만 있으면 화(火)를 좋아하는데 특히 동금(冬金)이라 화(火)가 용신이다.

▌작명

● 수리오행

제9장의 4 성자별 수리구성표에 정(鄭)씨 19획 성에 적당한 수리구성을 확인하면 아래 도표 1, 2, 3항의 수리음양과 수리오행 4격(원, 형, 이, 정) 획수 등이 모두 해결된다.

● 발음오행

선택된 수리구성에 의해 아래 도표 4, 6항처럼 이름자의 상, 하명 자를 발음오행에 맞는 글자를 선택하면 된다.

● 자원오행

글자를 선택할 시는 아래 도표 5, 7항처럼 사주맞춤기법인 자원오행의 용, 희신에 적합한 글자의 오행인지를 먼저 확인한다.

● 삼원오행 등

아래 도표 8, 9, 10항의 삼원오행, 글자의 자형, 불용문자 등은 성명학자들 간 다소 논란이 있으나 비주요기법으로 참고만 하면 된다.

107

【작명 도표】

구분		성자	상명 자	하명 자
1	한자획수	19	12	6
2	수리음양	양	음	음
3	수리오행	원격18획, 형격31획, 이격25획, 정격37획		
4	이름한글	정	아	율
5	이름한자	鄭	雅	聿
6	발음오행	金(土)	土	土
7	자원오행	성 제외	火	木
8	삼원오행 (天人地)	水	木	金
9	한자자형 (풍,패명)	해당 없음		
10	불용문자	해당 없음		

5) 실무5(崔氏)

▌기본사항

성별	성씨	생년월일	음력	2009. 9. 9	시	03:00
남	崔		양력	2009.10.26		

▌선천운명

사주(四柱)				희기(喜氣)				
시주	일주	월주	년주	용신	희신	기신	구신	한신
乙	甲	甲	己	木	水	金	土	火
丑	辰	戌	丑					
癸辛己	乙癸戊	辛丁戊	癸辛己	사주보완 희(喜)오행: 木, 水				

(해설)

　절기상 한로와 입동사이인 계추(季秋)에 양목(陽木)으로 생(生)하여 사주오행 중 화(火), 금(金), 수(水)의 오행을 타고나지 못하였으며 토왕(土旺)하여 토다목절(土多木折)의 신약한 명(命)이다. 재성(財星)이 왕(旺)하여 재다신약(財多身弱)의 사주에 용신 제1순위는 비겁(比劫)인 목

(木)이 된다.

▌작명

● 수리오행

제9장의 4 성자별 수리구성표에 최(崔)씨 11획 성에 적당한 수리구성을 확인하면 아래 도표 1, 2, 3항의 수리음양과 수리오행 4격(원, 형, 이, 정) 획수 등이 모두 해결된다.

● 발음오행

선택된 수리구성에 의해 아래 도표 4, 6항처럼 이름자의 상, 하명 자를 발음오행에 맞는 글자를 선택하면 된다.

● 자원오행

글자를 선택할 시는 아래 도표 5, 7항처럼 사주맞춤기법인 자원오행의 용, 희신에 적합한 글자의 오행인지를 먼저 확인한다.

● 삼원오행 등

아래 도표 8, 9, 10항의 삼원오행, 글자의 자형, 불용문자 등은 성명학자들 간 다소 논란이 있으나 비주요기법으로 참고만 하면 된다.

【작명 도표】

	구분	성자	상명 자	하명 자
1	한자획수	11	10	14
2	수리음양	양	음	음
3	수리오행	원격24획, 형격21획, 이격25획, 정격35획		
4	이름한글	최	준	우
5	이름한자	崔	准	禑
6	발음오행	金	金	土
7	자원오행	성 제외	水	木
8	삼원오행 (天人地)	木	木	火
9	한자자형 (풍,패명)	해당 없음		
10	불용문자	해당 없음		

6) 실무6(姜氏)

▌기본사항

성별	성씨	생년월일	음력	2008. 5.11	시	13:00
여	姜		양력	2008.6.14		

▌선천운명

사주(四柱)				희기(喜氣)				
시주	일주	월주	년주	용신	희신	기신	구신	한신
壬	乙	戊	戊	水	木	土	金	火
午	酉	午	子					
丙己丁	庚辛	丙己丁	壬癸	사주보완 희(喜)오행: 水, 木				

(해설)

절기상 망종과 소서사이인 중하(仲夏)에 음목(陰木)으로 생(生)하여 사주오행이 골고루 잘 들었으나 신약한 명(命)이다. 식상, 재성, 관성이 고루 왕(旺)하여 신약한 사주에 용신 제1순위는 인성(印星)인 수(水)가 된다. 참고로 하목(夏木)은 약하지 않아도 수(水)를 좋아하는 특성이 있다.

▌작명

● 수리오행

제9장의 4 성자별 수리구성표에 姜씨 9획 성에 적당한 수리구성을 확인하면 아래 도표 1, 2, 3항의 수리음양과 수리오행 4격(원, 형, 이, 정) 획수 등이 모두 해결된다.

● 발음오행

선택된 수리구성에 의해 아래 도표 4, 6항처럼 이름자의 상, 하명 자를 발음오행에 맞는 글자를 선택하면 된다.

● 자원오행

글자를 선택할 시는 아래 도표 5, 7항처럼 사주맞춤기법인 자원오행의 용, 희신에 적합한 글자의 오행인지를 먼저 확인한다.

● 삼원오행 등

아래 도표 8, 9, 10항의 삼원오행, 글자의 자형, 불용문자 등은 성명학자들 간 다소 논란이 있으나 비주요기법으로 참고만 하면 된다.

【작명 도표】

구분		성자	상명 자	하명 자
1	한자획수	9	9	6
2	수리음양	양	양	음
3	수리오행	원격15획, 형격18획, 이격15획, 정격24획		
4	이름한글	강	하	승
5	이름한자	姜	河	丞
6	발음오행	木(土)	土	金
7	자원오행	성 제외	水	木
8	삼원오행 (天人地)	水	金	土
9	한자자형 (풍,패명)	해당 없음		
10	불용문자	해당 없음		

7) 실무7(趙氏)

▍기본사항

성별	성씨	생년월일	음력	2007.6.18	시	17:00
남	趙		양력	2007.7.31		

▍선천운명

사주(四柱)				용신				
시주	일주	월주	년주	용신	희신	기신	구신	한신
丙 申	丙 寅	丁 未	丁 亥	水	金	土	火	木
戊壬庚	戊丙甲	丁乙己	戊甲壬	사주보완 희(喜)오행: 金, 水				

(해설)

  절기상 소서와 입추사이인 계하(季夏)에 양화(陽火)로 생(生)하여 사주오행이 골고루 잘 들었으나 약하지 않는 명(命)으로 조열(燥熱)하다. 인성(印星)과 비겁(比劫)이 고루 왕(旺)하여 신강한 사주에 용신제1순위 미(未)토는 조토(燥土)로 왕(旺)한 화기를 설기(洩氣)할 능력이 없으며,

용신제2순위 신(申)금은 상충하여 파(破)하였다. 용신제3순위 해(亥)수가 용신이다.

▌작명

● 수리오행

제9장의 4 성자별 수리구성표에 趙씨 14획 성에 적당한 수리구성을 확인하면 아래 도표 1, 2, 3항의 수리음양과 수리오행 4격(원, 형, 이, 정) 획수 등이 모두 해결된다.

● 발음오행

선택된 수리구성에 의해 아래 도표 4, 6항처럼 이름자의 상, 하명 자를 발음오행에 맞는 글자를 선택하면 된다.

● 자원오행

글자를 선택할 시는 아래 도표 5, 7항처럼 사주맞춤기법인 자원오행의 용, 희신에 적합한 글자의 오행인지를 먼저 확인한다.

● 삼원오행 등

아래 도표 8, 9, 10항의 삼원오행, 글자의 자형, 불용문자 등은 성명학자들 간 다소 논란이 있으나 비주요기법으로 참고만 하면 된다.

【작명 도표】

	구분	성자	상명 자	하명 자
1	한자획수	14	10	11
2	수리음양	음	음	양
3	수리오행	원격21획, 형격24획, 이격25획, 정격35획		
4	이름한글	조	인	서
5	이름한자	趙	氤	敍
6	발음오행	金	土	金
7	자원오행	성 제외	水	金
8	삼원오행 (天人地)	火	火	木
9	한자자형 (풍,패명)	해당 없음		
10	불용문자	해당 없음		

8) 실무8(尹氏)

▌기본사항

성별	성씨	생년월일	음력	2006.7.28	시	14:00
여	尹		양력	2006.8.21		

▌선천운명

사주(四柱)				용신				
시주	일주	월주	년주	용신	희신	기신	구신	한신
丁 未	壬 午	丙 申	丙 戌	金	水	火	土	木
丁乙己	丙己丁	戊壬庚	辛丁戊	사주보완 희(喜)오행: 金, 水				

(해설)

절기상 입추와 백로사이인 맹추(孟秋)에 양수(陽水)로 생(生)하여 사주오행 중 목(木)의 오행을 타고나지 못하였으며 화왕(火旺)하여 화다수증(火多水烝)의 신약한 명(命)으로 인성(印星)인 금(金)이 용신이다.

▌작명

● 수리오행

제9장의 4 성자별 수리구성표에 尹씨 4획 성에 적당한 수리구성을 확인하면 아래 도표 1, 2, 3항의 수리음양과 수리오행 4격(원, 형, 이, 정) 획수 등이 모두 해결된다.

● 발음오행

선택된 수리구성에 의해 아래 도표 4, 6항처럼 이름자의 상, 하명 자를 발음오행에 맞는 글자를 선택하면 된다.

● 자원오행

글자를 선택할 시는 아래 도표 5, 7항처럼 사주맞춤기법인 자원오행의 용, 희신에 적합한 글자의 오행인지를 먼저 확인한다.

● 삼원오행 등

아래 도표 8, 9, 10항의 삼원오행, 글자의 자형, 불용문자 등은 성명학자들 간 다소 논란이 있으나 비주요기법으로 참고만 하면 된다.

【작명 도표】

구분		성자	상명 자	하명 자
1	한자획수	4	9	12
2	수리음양	음	양	음
3	수리오행	원격21획, 형격13획, 이격16획, 정격25획		
4	이름한글	윤	하	정
5	이름한자	尹	河	玎
6	발음오행	土(火)	土	金
7	자원오행	성 제외	水	金
8	삼원오행 (天人地)	火	火	木
9	한자자형 (풍,패명)	해당 없음		
10	불용문자	해당 없음		

9) 실무9(河氏)

▌기본사항

성별	성씨	생년월일	음력	2001.11. 1	시	14:00
남	河		양력	2001.12.15		

▌선천운명

사주(四柱)				용신				
시주	일주	월주	년주	용신	희신	기신	구신	한신
丁 未	壬 子	庚 子	辛 巳	火	木	水	金	土
丁乙己	壬癸	壬癸	戊庚丙	사주보완 1순위: 火, 木 사주보완 2순위: 火, 土				

(해설)

절기상 대설과 소한 사이인 중동(仲冬)에 생(生)한 양수(陽水)가 목(木)의 오행을 타고나지 못
하였으며 금, 수(金, 水)의 오행이 왕(旺)하여 신강한 명(命)이다. 인성(印星)과 비겁(比劫)이 왕

(旺)하여 신강한 사주에 용신 제 1순위는 식상(食傷)이 되지만 사주 원국에 보이지 않는다. 따라서 용신 제 2순위인 재성(財星)을 용(用)하고 식상(食傷)인 목(木)을 운(運)에서 기다려 보는 수밖에 없다. 미(未)중 을목(乙木)이 있으나 근재묘선(根在苗先)의 원리에 따라 차선으로 밀렸다. 한신인 토(土)는 기신(忌神)겸 병신(病神) 인 수(水)를 제압하는 약신(藥神)이 된다.

▌작명

● 수리오행

제9장의 4 성자별 수리구성표에 河씨 9획 성에 적당한 수리구성을 확인하면 아래 도표 1, 2, 3항의 수리음양과 수리오행 4격(원, 형, 이, 정) 획수 등이 모두 해결된다.

● 발음오행

선택된 수리구성에 의해 아래 도표 4, 6항처럼 이름자의 상, 하명 자를 발음오행에 맞는 글자를 선택하면 된다.

● 자원오행

글자를 선택할 시는 아래 도표 5, 7항처럼 사주맞춤기법인 자원오행의 용, 희신에 적합한 글자의 오행인지를 먼저 확인한다.

● 삼원오행 등

아래 도표 8, 9, 10항의 삼원오행, 글자의 자형, 불용문자 등은 성명학자들 간 다소 논란이 있으나 비주요기법으로 참고만 하면 된다.

【작명 도표】

구분		성자	상명 자	하명 자
1	한자획수	9	8	7
2	수리음양	양	음	양
3	수리오행	원격15획, 형격17획, 이격16획, 정격24획		
4	이름한글	하	승	우
5	이름한자	河	承	佑
6	발음오행	土	金	土
7	자원오행	성 제외	木	火
8	삼원오행 (天人地)	水	金	土

구분		성자	상명 자	하명 자
9	한자자형 (풍,패명)		해당 없음	
10	불용문자		해당 없음	

10) 실무10(申氏)

▌기본사항

성별	성씨	생년월일	음력	2005.8.23	시	11:00
여	申		양력	2005.9.26		

▌선천운명

사주(四柱)				용신				
시주	일주	월주	년주	용신	희신	기신	구신	한신
丁 巳	癸 丑	乙 酉	乙 酉	火	木	水	金	土
戊庚丙	癸辛己	庚申	庚申	사주보완 희(喜)오행: 火, 木				

(해설)

　절기상 백로와 한로사이인 중추(仲秋)에 음수(陰水)로 생(生)하여 사주오행 이 골고루 잘 들었으나 삼합(巳酉丑) 금국(金局)형성으로 금다수탁(金多水濁)의 신강한 명(命)이다. 인성(印星)인 금(金)이 많아 신강한 사주로 용신 제1순위는 재성인 화(火)가 된다.

▌작명

● 수리오행

제9장의 4 성자별 수리구성표에 申씨 5획 성에 적당한 수리구성을 확인하면 아래 도표 1, 2, 3항의 수리음양과 수리오행 4격(원, 형, 이, 정) 획수 등이 모두 해결된다.

● 발음오행

선택된 수리구성에 의해 아래 도표 4, 6항처럼 이름자의 상, 하명 자를 발음오행에 맞는 글자를 선택하면 된다.

● **자원오행**

글자를 선택할 시는 아래 도표 5, 7항처럼 사주맞춤기법인 자원오행의 용, 희신에 적합한 글자의 오행인지를 먼저 확인한다.

● **삼원오행 등**

아래 도표 8, 9, 10항의 삼원오행, 글자의 자형, 불용문자 등은 성명학자들 간 다소 논란이 있으나 비주요기법으로 참고만 하면 된다.

【작명 도표】

구분		성자	상명 자	하명 자
1	한자획수	5	10	8
2	수리음양	양	음	음
3	수리오행	원격18획, 형격15획, 이격13획, 정격23획		
4	이름한글	신	은	채
5	이름한자	申	恩	采
6	발음오행	金(火)	土	金
7	자원오행	성 제외	火	木
8	삼원오행 (天人地)	土	土	金
9	한자자형 (풍,패명)	해당 없음		
10	불용문자	해당 없음		

02 한글이름 작명

【자음의 획수】

획수	단자음	복자음
1	ㄱ.ㄴ.ㅇ	없음
2	ㄷ.ㅅ.ㅈ.ㅋ	ㄲ
3	ㄹ.ㅁ.ㅊ.ㅌ.ㅎ	없음
4	ㅂ.ㅍ	ㄸ.ㅆ.ㅉ
8	없음	ㅃ

【모음의 획수】

획수	단모음	복모음
1	ㅡ.ㅣ	없음
2	ㅏ.ㅓ.ㅗ.ㅜ	없음
3	ㅐ.ㅔ.ㅚ.ㅟ	ㅑ.ㅕ.ㅛ.ㅠ
4	없음	ㅘ.ㅝ.ㅒ.ㅖ
5	없음	ㅙ.ㅞ

▌기본사항

성별	성씨	생년월일	음력	2013.5.24	시	14:00
坤命	李		양력	2013.7.02		

▌선천운명

사주(四柱)				용신				
시주	일주	월주	년주	용신	희신	기신	구신	한신
辛 未	己 巳	戊 午	癸 巳	金	水	火	土	木
丁乙己	戊庚丙	丙己丁	戊庚丙	사주보완 오행 1순위: 金, 水 사주보완 오행 1순위: 水, 木				

(해설)

　절기상 망종과 소서사이인 중하(仲夏)에 음토(陰土)로 생(生)하여 사주오행 중 목(木)의 오행을 타고나지 못하였으며 신강한 명(命)이다. 인성(印星)과 비겁(比劫)이 중첩하여 신강 한 사주로 용신 제1순위는 식상인 금(金)이 된다.

▌작명

● 음양조화

상기 도표(자음, 모음 획수)를 참고하여 성과 이름자 획수의 음양조화를 이루어낸다.

● 발음오행

성과 이름자의 상, 하명 자를 발음오행 상생의 원리에 맞게 연결 선택하면 된다.

● 사주보완

한글 발음(음령)오행이 사주 용, 희신에 적합한 글자의 오행인지를 확인한다.

【작명 도표】

구분		성자	상명 자	하명 자
1	이름한글	이	새	미
2	한글획수	2	5	4
3	수리음양	음	양	음
4	발음오행	土	金	水
5	사주보완	성 제외	金	水

▌기법

● 음양조화

성과 이름자 한글획수의 음양조화가 잘 이루어졌다.

● 발음오행

성과 상명 자 및 상, 하명 자간 음이 상생으로 이루어졌다.

● 사주보완

사주맞춤인 용, 희신에 적합한 오행의 글자를 발음오행으로 보완하였다.

03 상호 작명법

▌기본사항

성별	업종	생년월일	음력	1982.윤4.9	시	10:00
乾命	건설		양력	1982.5.31		

▌선천운명

사주(四柱)				용신				
시주	일주	월주	년주	용신	희신	기신	구신	한신
己 巳	甲 寅	乙 巳	壬 戌	水	金	土	火	木
戊庚丙	戊丙甲	戊庚丙	辛丁戊	사주보완 희(喜)오행: 水, 金				

(해설)

절기상 입하와 망종사이인 맹하(孟夏)에 양목(陽木)으로 생(生)하여 사주오행 중 금(金)의 오행을 타고나지 못하였으며 다소 신약한 명(命)이다. 식상(食傷)이 많아 신약 한 사주로 용신 제1순위는 인성인 수(水)가 된다.

▌작명

● 음양조화

각 글자 및 주, 부운의 수리오행이 음양의 균형을 이루어야 한다.

● 수리오행

주운과 부운의 수리구성을 길수로 하여야 함은 물론 합계 수리 총운도 길하여야 한다.

● 발음오행

각 운(주, 부운)의 음이 상생되어야 함은 물론 주운의 끝 자와 부운의 첫 자의 음도 상생으로 이루어져야 한다. 단, 부운이 고정되어 있는 음이라면 부운 간의 상생 및 수리구성은 예외이다.

● 자원오행

사주맞춤기법인 자원오행의 용, 희신에 적합한 글자의 오행인지를 먼저 확인한다.

【작명 도표】

구분		주운(主運)		부운(副運)	
後天運命 商號作名	한문	璨	甫	建	設
	한글	찬	보	건	설
	발음오행	金	水	木	金
	자원오행	金	水	木	金
		18(원획)	7	9	11
		음	양	양	양
	수리오행	25		20	
		양		음	
	총격(總格): 45(大智 格, 顯達 運)				

▌기법

● 음양조화

주운은 음양조화가 잘 이루어졌으나 부운은 음이 고정되어 있어 예외이다.

● 수리오행

주운의 각 음 및 합수의 수리구성은 길수이나 부운의 각 음 및 합수는 고정되어 있어 예외이다.
또한 주, 부운의 합수인 총격도 길수로 이루어져 있다.

● 발음오행

주운의 각 음 및 주운 끝자와 부운 첫 자의 음은 상생으로 잘 이루어져 있으나 부운 간의 음은
고정되어 있어 예외이다.

● 자원오행

사주맞춤기법인 용, 희신에 적합한 오행의 글자를 보완하였다.

04 아호 작명법

▌기본사항

성별	성명	생년월일	음력	1982.윤4.9	시	10:00
乾命	芮俊亨		양력	1982.5.31		

▌선천운명

사주(四柱)				용신				
시주	일주	월주	년주	용신	희신	기신	구신	한신
己 巳	甲 寅	乙 巳	壬 戌	水	金	土	火	木
戊庚丙	戊丙甲	戊庚丙	辛丁戊	사주보완 희(喜)오행: 水, 金				

(해설)

절기상 입하와 망종사이인 맹하(孟夏)에 양목(陽木)의 기운으로 생(生)하여 사주오행 중 금
(金)의 오행을 타고나지 못하였으며 다소 신약한 명(命)이다. 식상(食傷)이 많아 신약 한 사주로
용신 제1순위는 인성인 수(水)가 된다.

▌작명

● 음양조화

각 글자의 수리오행이 음양의 균형을 이루어야 한다.

● 수리오행

아호와 성명의 수리구성을 길수로 하여야 함은 물론 합계 수리 총운도 길하여야 한다.

● 발음오행

각 운(아호, 성명)의 음이 상생되어야 함은 물론 아호의 끝 자와 성명의 첫 자의 음도 상생으로 이루어져야 한다.

● 자원오행

사주맞춤기법인 자원오행의 용, 희신에 적합한 글자의 오행인지를 먼저 확인한다.

【작명 도표】

구분		아호		성명		
한자		白	沙	芮	俊	亨
한글		백	사	예	준	형
수리오행	획수	5	8	10	9	7
	음양	양	음	음	양	양
	주, 부운	13			26	
	음양	양			음	
	총획	39획: 將星 格, 富榮 運				
발음오행		水	金	土	金	土
자원오행		金	水	木	火	土

▌기법

● 음양조화

아호는 음양조화가 잘 이루어졌으나 성명은 음이 고정되어 있어 예외이다.

● 수리오행

아호의 각 음 및 합수의 수리구성은 길수이나 성명의 각 음 및 합수는 고정되어 있어 예외이다. 또한 아호+성명의 합수인 총획도 길수로 이루어져 있다.

● **발음오행**

아호의 각 음 및 아호 끝자와 성자의 음은 상생으로 잘 이루어져 있으나 성명 간의 음은 고정되어 있어 예외이다.

● **자원오행**

사주맞춤기법인 용, 희신에 적합한 오행의 글자를 보완하였다.

제8장

인명용 한자

01 대법원규칙 등 해설

1990년 12월 31일자 호적법 부분개정으로 그 이전에 규제하지 않았던 이름자의 한자를 대법원 규칙으로 지정한 한자만 사용할 수 있도록 하였으며 그 시행 시기는 91.4.1부터이다. 따라서 1991년 4월 1일 이후 출생 신고자나 그 이전 출생자라도 개명하고자 할 때는 대법원 규칙으로 정한 인명용 한자 이외의 한자로는 출생신고 및 개명허가가 되지 않는다.

종전「호적법 시행규칙」 및「가족관계의 등록 등에 관한규칙」의 몇 차례 개정으로 인명용 한자의 범위가 지속적으로 확대되어 1991년 4월 1일 최초 시행 시 2,731자(한문교육용기초한자 1,800자 포함)이던 것이 2010년 3월 1일 현재 5,376자에 이르고 있으며 그 이후에도 꾸준히 늘어나고 있는 실정이다.

인명용 한자의 표제 자는 정자(正字)를 원칙으로 하고 동자, 속자, 약자 등은 대법원규칙으로 고시한 것에 한하여 사용할 수 있다.

인명용 한자의 발음은 대법원 규칙으로 지정된 발음으로만 사용할 수 있게 하였다. 단, 발음의 첫소리가 ㄴ, ㄹ인 한자는 각각 소리 나는바에 따라 ㅇ, ㄴ으로 사용할 수 있다.

동자이음어(同字異音語)는 대법원 규칙으로 인정한 발음으로만 신고, 허가가 가능하다.

성과 본의 한자는 인명용 한자의 제한을 받지 않는다.

이 책에 기재된 한자의 획수는 옥편, 인터넷 등 한자사전에 실린 필획이 아닌 원획으로 작명학 상의 획수이다.

이 책에 수록된 인명용 한자는 가장 최근에 고시한 5,385(속자, 약자, 동자 247자포함 5,632자)자이며 글자의 음과 훈, 부수, 획수, 발음오행, 자원오행, 기본수리 등을 실었다. 특히 작명가들조차 자료 확보에 어려움을 겪는다는 자원오행을 완벽히 풀이해놓았다.

 인명용 한자해설 5,385자(속자, 약자, 동자 247자포함 5,632자)

음	字	音·訓	획수	부수	발음	자원	수리(비고)
가	家	집 가	10	宀	木	木	水
	價	값 가	15	人	木	火	土
	可	옳을 가	5	口	木	水	土
	加	더할 가	5	力	木	土	土
	假	거짓 가	11	人	木	火	木
	街	거리 가	12	行	木	火	木
	伽	절 가	7	人	木	火	金
	佳	아름다울 가	8	人	木	火	金
	架	시렁 가	9	木	木	木	水
	嘉	아름다울 가	14	口	木	水	火
	稼	심을 가	15	禾	木	木	土
	賈	값 가	13	貝	木	金	火
	駕	멍에 가	15	馬	木	火	土
	茄	연 줄기 가	11	艸	木	木	木
	苛	매울 가	11	艸	木	木	木
	迦	막을 가	12	辵	木	土	木
	柯	자루 가	9	木	木	木	水
	袈	가사 가	11	衣	木	木	木
	嫁	시집갈 가	13	女	木	土	火
	哥	노래 가	10	口	木	水	水

음	字	音 · 訓	획수	부수	발음	자원	수리(비고)
가	呵	꾸짖을 가	8	口	木	水	金
	枷	도리깨 가	9	木	木	木	水
	痂	헌데 딱지 가	10	疒	木	水	水
	珂	옥 이름 가	10	玉	木	金	水
	哿	좋을 가	10	口	木	水	水
	訶	꾸짖을 가	12	言	木	金	木
	跏	책상다리 가	12	足	木	土	木
	軻	굴대 가	12	車	木	火	木
	暇	겨를 가	13	日	木	火	火
	歌	노래 가	14	欠	木	金	火
	舸	배 가	11	舟	木	木	木
각	各	각각 각	6	口	木	水	土
	角	뿔 각	7	角	木	木	金
	脚	다리 각	13	肉	木	水	火
	閣	누각 각	14	門	木	木	火
	却	물리칠 각	7	卩	木	火	金
	覺	깨달을 각	20	見	木	火	水
	刻	새길 각	8	刀	木	金	金
	珏	쌍옥 각	10	玉	木	金	水
	恪	삼갈 각	10	心	木	火	水

음	字	音·訓	획수	부수	발음	자원	수리(비고)
각	殼	껍질 각	12	殳	木	金	木
	慤	성실할 각	15	心	木	火	土(愨)
간	干	방패 간	3	干	木	木	火
	看	볼 간	9	目	木	木	水
	肝	간 간	9	肉	木	木	水
	幹	줄기 간	13	干	木	木	火
	間	사이 간	12	門	木	土	木
	刊	책 펴낼 간	5	刀	木	金	土
	簡	편지 간	18	竹	木	木	金
	姦	간사할 간	9	女	木	土	水
	懇	정성 간	17	心	木	火	金
	艮	견고할 간	6	艮	木	土	土
	侃	굳셀 간	8	人	木	火	金
	杆	나무이름 간	7	木	木	木	金(桿)
	玕	옥돌 간	8	玉	木	金	金
	竿	장대 간	9	竹	木	木	水
	揀	분별할 간	13	手	木	木	火
	諫	고칠 간	16	言	木	金	土
	墾	개간할 간	16	土	木	土	土
	栞	깎을 간	10	木	木	木	水

음	字	音·訓	획수	부수	발음	자원	수리(비고)
간	柬	가릴 간	9	木	木	木	水
	澗	산골 물 간	16	水	木	水	土
	磵	산골짜기 물 간	17	石	木	金	金
	稈	짚 간	12	禾	木	木	木
	艱	어려울 간	17	艮	木	土	金
	癎	간질 간	17	疒	木	水	金(癎)
	忓	방해할 간	7	心	木	火	金
	矸	산돌 간	8	石	木	金	金
갈	渴	목마를 갈	13	水	木	水	火
	葛	칡 갈	15	艸	木	木	土
	乫	땅이름 갈	6	乙	木	土	土
	喝	꾸짖을 갈	12	口	木	水	木
	曷	어찌 갈	9	曰	木	火	水
	碣	비석 갈	14	石	木	金	火
	竭	다할 갈	14	立	木	金	火
	褐	갈색 갈	15	衣	木	木	土
	蝎	전갈 갈	15	虫	木	水	土
	鞨	말갈 갈	18	革	木	金	金
감	甘	달 감	5	甘	木	土	土
	減	덜 감	13	水	木	水	火

음	字	音·訓	획수	부수	발음	자원	수리(비고)
감	感	느낄 감	13	心	木	火	火
	敢	감히 감	12	攴	木	金	木
	監	볼 감	14	皿	木	金	火
	鑑	거울 감	22	金	木	金	木(鑒)
	勘	헤아릴 감	11	力	木	土	木
	堪	견딜 감	12	土	木	土	木
	瞰	내려다볼 감	17	目	木	木	金
	坎	구덩이 감	7	土	木	土	金
	嵌	산골짜기 감	12	山	木	土	木
	憾	섭섭할 감	17	心	木	火	金
	戡	이길 감	13	戈	木	金	火
	橄	감람나무 감	16	木	木	木	土
	疳	감질 감	10	疒	木	水	水
	紺	감색 감	11	糸	木	木	木
	邯	땅이름 감	12	邑	木	土	木
	龕	감실 감	22	龍	木	土	木
	玪	옥 이름 감	9	玉	木	金	水
갑	甲	갑옷 갑	5	田	木	木	土
	鉀	갑옷 갑	13	金	木	金	火
	匣	갑 갑	7	匚	木	木	金

음	字	音·訓	획수	부수	발음	자원	수리(비고)
갑	岬	곶 갑	8	山	木	土	金
	胛	어깨 갑	11	肉	木	水	木
	閘	수문 갑	13	門	木	木	火
강	江	강 강	7	水	木	水	金
	降	내릴 강	14	阜	木	土	火
	講	익힐 강	17	言	木	金	金
	強	강할 강	11	弓	木	金	木(强)
	康	편안할 강	11	广	木	木	木
	剛	굳셀 강	10	刀	木	金	水
	鋼	강철 강	16	金	木	金	土(鎠)
	綱	벼리 강	14	糸	木	木	火
	杠	깃대 강	7	木	木	木	金
	堈	항아리 강	11	土	木	土	木
	岡	언덕 강	8	山	木	土	金(崗)
	姜	성 강	9	女	木	土	水
	橿	나무이름 강	17	木	木	木	金
	彊	힘쓸 강	16	弓	木	金	土
	慷	강개할 강	15	心	木	火	土
	畺	지경 강	13	田	木	木	火
	疆	지경 강	19	田	木	木	水

음	字	音·訓	획수	부수	발음	자원	수리(비고)
강	糠	겨 강	17	米	木	木	金
	絳	진홍색 강	12	糸	木	木	木
	羌	오랑캐 강	8	羊	木	土	金
	腔	속빌 강	14	肉	木	水	火
	舡	배 강	9	舟	木	木	水
	薑	생강 강	19	艸	木	木	水
	鱇	아귀 강	22	魚	木	水	木
	嫝	편안할 강	14	女	木	土	火
	跭	세울 강	13	足	木	土	火
	玒	옥 이름 강	8	玉	木	金	金
	顜	밝을 강	19	頁	木	火	水
	茳	천궁 모종 강	12	艸	木	木	木
	鏹	돈 강	20	金	木	金	水
개	改	고칠 개	7	攴	木	金	金
	皆	다 개	9	白	木	金	水
	個	낱 개	10	人	木	火	水(箇)
	開	열 개	12	門	木	火	木
	介	끼일 개	4	人	木	火	火
	慨	개탄할 개	15	心	木	火	土
	概	대개 개	15	木	木	木	土

음	字	音 · 訓	획수	부수	발음	자원	수리(비고)
개	蓋	덮을 개	16	艸	木	木	土(盖)
	价	착할 개	6	人	木	火	土
	凱	즐길 개	12	几	木	木	木
	愷	즐거울 개	14	心	木	火	火
	漑	물델 개	15	水	木	水	土
	塏	높은 땅 개	13	土	木	土	火
	愾	성낼 개	14	心	木	火	火
	疥	옴 개	9	疒	木	水	水
	芥	겨자 개	10	艸	木	木	水
	豈	개가 개	10	豆	木	木	水
	鎧	갑옷 개	18	金	木	金	金
	玠	홀 개	9	玉	木	金	水
객	客	손 객	9	宀	木	木	水
	喀	토할 객	12	口	木	水	木
갱	更	다시 갱	7	曰	木	金	金
	坑	구덩이 갱	7	土	木	土	金
	粳	메벼 갱	13	米	木	木	火
	羹	국 갱	19	羊	木	土	水
갹	醵	추렴할 갹	20	酉	木	金	水
거	去	갈 거	5	厶	木	水	土

음	字	音·訓	획수	부수	발음	자원	수리(비고)
거	巨	클 거	5	工	木	火	土
	居	살 거	8	尸	木	木	金
	車	수레 거	7	車	木	火	金
	擧	들 거	18	手	木	木	金
	距	떨어질 거	12	足	木	土	木
	拒	막을 거	9	手	木	木	水
	據	의지할 거	17	手	木	木	金
	渠	개천 거	13	水	木	水	火
	遽	급할 거	20	辵	木	土	水
	鉅	클 거	13	金	木	金	火
	炬	횃불 거	9	火	木	火	水
	倨	거만할 거	10	人	木	火	水
	据	근거 거	12	手	木	木	木
	祛	떨 거	10	示	木	木	水
	踞	걸어앉을 거	15	足	木	土	土
	鋸	톱 거	16	金	木	金	土
건	建	세울 건	9	廴	木	木	水(建)
	乾	하늘 건	11	乙	木	金	木(漧)
	件	사건 건	6	人	木	火	土
	健	굳셀 건	11	人	木	火	木

음	字	音·訓	획수	부수	발음	자원	수리(비고)
건	巾	수건 건	3	巾	木	木	火
	虔	공경할 건	10	虍	木	木	水
	楗	문빗장 건	13	木	木	木	火
	蹇	밟을 건	16	足	木	土	土
	鍵	열쇠 건	17	金	木	金	金
	愆	허물 건	13	心	木	火	火
	腱	힘줄 밑 둥 건	15	肉	木	水	土
	蹇	절뚝발이 건	17	足	木	土	金
	騫	이지러질 건	20	馬	木	火	水
	搴	빼낼 건	14	手	木	木	火
	漣	물 이름 건	13	水	木	水	火
걸	傑	뛰어날 걸	12	人	木	火	木(杰)
	乞	빌 걸	3	乙	木	木	火
	桀	홰 걸	10	木	木	木	水
검	儉	검소할 검	15	人	木	火	土
	劍	칼 검	15	刀	木	金	土(劒)
	檢	검사할 검	17	木	木	木	金
	瞼	눈꺼풀 검	18	目	木	木	金
	鈐	비녀장 검	12	金	木	金	木
	黔	검을 검	16	黑	木	水	土

음	字	音·訓	획수	부수	발음	자원	수리(비고)
겁	劫	위협할 겁	7	力	木	土	金
	怯	겁낼 겁	9	心	木	火	水
	迲	자래 겁	12	辵	木	土	木
게	揭	높이들 게	13	手	木	木	火
	偈	쉴 게	11	人	木	火	木
	憩	쉴 게	16	心	木	火	土
격	格	격식 격	10	木	木	木	水
	擊	칠 격	17	手	木	木	金
	激	과격할 격	17	水	木	水	金
	隔	막힐 격	18	阜	木	土	金
	檄	편지 격	17	木	木	木	金
	膈	가슴 격	16	肉	木	水	土
	覡	박수 격	14	見	木	火	火
견	犬	개 견	4	犬	木	土	火
	見	볼 견	7	見	木	火	金
	堅	굳을 견	11	土	木	土	木
	肩	어깨 견	10	肉	木	水	水
	絹	명주 견	13	糸	木	木	火
	遣	보낼 견	17	辵	木	土	金
	牽	끌 견	11	牛	木	土	木

음	字	音·訓	획수	부수	발음	자원	수리(비고)
견	鵑	두견이 견	18	鳥	木	火	金
	甄	질그릇 견	14	瓦	木	土	火
	繭	고치 견	19	糸	木	木	水
	譴	꾸짖을 견	21	言	木	金	木
결	決	정할 결	8	水	木	水	金
	結	맺을 결	12	糸	木	木	木
	潔	깨끗할 결	16	水	木	水	土(潔)
	缺	이지러질 결	10	缶	木	土	水
	訣	이별할 결	11	言	木	金	木
	抉	도려낼 결	8	手	木	木	金
	挈	맑을 결	9	女	木	土	水
	焆	불빛 결	11	火	木	火	木
	趏	뛸 결	13	辵	木	土	火
	玦	패옥 결	9	玉	木	金	水
	鍥	새길 결	17	金	木	金	金
겸	兼	겸할 겸	10	八	木	金	水
	謙	겸손할 겸	17	言	木	金	金
	鎌	낫 겸	18	金	木	金	金
	慊	찐덥지 않을 겸	14	心	木	火	火
	箝	재갈 먹일 겸	14	竹	木	木	火

음	字	音·訓	획수	부수	발음	자원	수리(비고)
겸	鉆	칼 겸	13	金	木	金	火
	嗛	겸손할 겸	13	口	木	水	火
	槏	문설주 겸	14	木	木	木	火
경	京	서울 경	8	亠	木	土	金(京)
	景	볕 경	12	日	木	火	木(暻)
	經	경서 경	13	糸	木	木	火
	庚	별 경	8	广	木	金	金
	耕	밭갈 경	10	耒	木	土	水
	敬	공경할 경	13	攴	木	金	火
	輕	가벼울 경	14	車	木	火	火
	驚	놀랄 경	23	馬	木	火	火
	慶	경사 경	15	心	木	火	土
	競	겨룰 경	20	立	木	金	水
	竟	다할 경	11	立	木	金	木
	境	지경 경	14	土	木	土	火
	鏡	거울 경	19	金	木	金	水
	頃	잠깐 경	11	頁	木	火	木
	傾	기울어질 경	13	人	木	火	火
	硬	굳을 경	12	石	木	金	木
	警	경계할 경	20	言	木	金	水

음	字	音·訓	획수	부수	발음	자원	수리(비고)
경	徑	지름길 경	10	彳	木	火	水
	卿	벼슬 경	12	卩	木	木	木
	倞	굳셀 경	10	人	木	火	水
	鯨	고래 경	19	魚	木	水	水
	坰	들 경	8	土	木	土	金
	耿	빛날 경	10	耳	木	火	水
	炅	빛날 경	8	火	木	火	金
	更	고칠 경	7	曰	木	金	金
	梗	대개 경	11	木	木	木	木
	憬	깨달을 경	16	心	木	火	土
	璟	옥빛 경	17	玉	木	金	金(璥)
	瓊	아름다운 옥 경	20	玉	木	金	水
	擎	떠받칠 경	17	手	木	木	金
	儆	경계할 경	15	人	木	火	土
	俓	지름길 경	9	人	木	火	水
	涇	통할 경	11	水	木	水	木
	莖	줄기 경	13	艸	木	木	火
	勁	굳셀 경	9	力	木	金	水
	逕	좁은 길 경	14	辵	木	土	火
	熲	빛날 경	15	火	木	火	土

음	字	音·訓	획수	부수	발음	자원	수리(비고)
경	冏	빛날 경	7	冂	木	火	金(囧)
	勍	강할 경	10	力	木	金	水
	烱	빛날 경	11	火	木	火	木
	璥	경옥 경	18	玉	木	金	金
	痙	경련 경	12	疒	木	水	木
	磬	경쇠 경	16	石	木	金	土
	絅	끌어 죌 경	11	糸	木	木	木
	脛	정강이 경	13	肉	木	水	火
	頸	목 경	16	頁	木	火	土
	鶊	꾀꼬리 경	19	鳥	木	火	水
	檠	도지개 경	17	木	木	木	金(橷)
	冂	멀 경	2	冂	木	土	木
	憼	공경할 경	17	心	木	火	金
	巠	물줄기 경	7	巛	木	水	金
	暻	밝을 경	17	日	木	火	金
	燛	밝을 경	16	火	木	火	土
계	癸	북방 계	9	癶	木	水	水
	季	끝 계	8	子	木	水	金
	界	지경 계	9	田	木	土	水(堺)
	計	셀 계	9	言	木	金	水

음	字	音·訓	획수	부수	발음	자원	수리(비고)
계	溪	시내 계	14	水	木	水	火
	鷄	닭 계	21	鳥	木	火	木
	系	맬 계	7	糸	木	木	金
	係	걸릴 계	9	人	木	火	水
	戒	경계할 계	7	戈	木	金	金
	械	형틀 계	11	木	木	木	木
	繼	이을 계	20	糸	木	木	水
	契	맺을 계	9	大	木	木	水
	桂	계수나무 계	10	木	木	木	水
	啓	일깨울 계	11	口	木	水	木
	階	섬돌 계	17	阜	木	土	金
	繫	맬 계	19	糸	木	木	水
	誡	경계할 계	14	言	木	金	火
	炷	화덕 계	10	火	木	火	水
	屆	이를 계	8	尸	木	木	金
	悸	두근거릴 계	12	心	木	火	木
	棨	창 계	12	木	木	木	木
	稽	상고할 계	16	禾	木	木	土
	谿	시내 계	17	谷	木	水	金(磎)
고	古	옛 고	5	口	木	水	土

음	字	音·訓	획수	부수	발음	자원	수리(비고)
고	故	연고 고	9	攵	木	金	水
	固	굳을 고	8	口	木	水	金
	苦	쓸 고	11	艸	木	木	木
	高	높을 고	10	高	木	火	水
	考	상고할 고	8	老	木	土	金(攷)
	告	알릴 고	7	口	木	水	金
	枯	마를 고	9	木	木	木	水
	姑	시어머니 고	8	女	木	土	金
	庫	곳집 고	10	广	木	木	水
	孤	외로울 고	8	子	木	水	金
	鼓	북 고	13	鼓	木	金	木
	稿	볏짚 고	15	禾	木	木	土
	顧	돌아볼 고	21	頁	木	火	木
	叩	두드릴 고	5	口	木	水	土
	敲	두드릴 고	14	攴	木	金	火
	皋	언덕 고	11	白	木	水	木(皐)
	暠	깨끗할 고	14	日	木	火	火
	呱	울 고	8	口	木	水	金
	尻	꽁무니 고	5	尸	木	木	土
	拷	칠 고	10	手	木	木	水

음	字	音·訓	획수	부수	발음	자원	수리(비고)
고	槁	마를 고	14	木	木	木	火
	沽	팔 고	9	水	木	水	水
	痼	고질 고	13	疒	木	水	火
	睪	불알 고	14	目	木	木	火
	羔	새끼 양 고	10	羊	木	土	水
	股	넓적다리 고	10	肉	木	水	水
	膏	기름 고	16	肉	木	水	土
	苽	줄 고	11	艸	木	木	木
	菰	줄 고	14	艸	木	木	火
	藁	짚 고	20	艸	木	木	水
	蠱	뱃속벌레 고	23	虫	木	水	火
	袴	바지 고	12	衣	木	木	木
	誥	고할 고	14	言	木	金	火
	賈	장사 고	13	貝	木	金	火
	辜	허물 고	12	辛	木	金	木
	錮	막을 고	16	金	木	金	土
	雇	품 팔 고	12	隹	木	火	木
	杲	밝을 고	8	木	木	木	金
	鼓	북칠 고	13	鼓	木	金	火
곡	谷	골 곡	7	谷	木	水	金

음	字	音·訓	획수	부수	발음	자원	수리(비고)
곡	曲	굽을 곡	6	曰	木	土	土
	穀	곡식 곡	15	禾	木	木	土
	哭	울 곡	10	口	木	水	水
	斛	휘 곡	11	斗	木	火	木
	梏	수갑 곡	11	木	木	木	木
	鵠	고니 곡	18	鳥	木	火	金
곤	困	곤할 곤	7	口	木	水	金
	坤	땅 곤	8	土	木	土	金
	昆	맏 곤	8	日	木	火	金
	崑	산 이름 곤	11	山	木	土	木
	琨	패옥 곤	13	玉	木	金	火
	錕	붉은 쇠 곤	16	金	木	金	土
	梱	문지방 곤	11	木	木	木	木
	棍	몽둥이 곤	12	木	木	木	木
	滾	흐를 곤	15	水	木	水	土
	鯤	곤이 곤	19	魚	木	水	水
골	骨	뼈 골	10	骨	木	金	水
	汨	골몰할 골	8	水	木	水	金
	滑	익살스러울 골	14	水	木	水	火
공	工	장인 공	3	工	木	火	火

음	字	音·訓	획수	부수	발음	자원	수리(비고)
공	功	공(공로)공	5	力	木	木	土
	空	빌(허공)공	8	穴	木	水	金
	共	함께 공	6	八	木	金	土
	公	관청 공	4	八	木	金	火
	孔	구멍 공	4	子	木	水	火
	供	이바지할 공	8	人	木	火	金
	恭	공손할 공	10	心	木	火	水
	攻	칠 공	7	攴	木	金	金
	恐	두려울 공	10	心	木	火	水
	貢	바칠 공	10	貝	木	金	水
	琪	옥 이름 공	11	玉	木	金	木
	控	당길 공	12	手	木	木	木
	拱	팔장 낄 공	10	手	木	木	水
	蚣	지네 공	10	虫	木	水	水
	鞏	굳을 공	15	革	木	金	土
	龔	공손할 공	22	龍	木	土	木
곳	串	땅이름 곳	7	丨	木	金	金
과	果	과실 과	8	木	木	木	金
	課	부과할 과	15	言	木	金	土
	科	과거 과	9	禾	木	木	水

음	字	音·訓	획수	부수	발음	자원	수리(비고)
과	過	지날 과	16	辶	木	土	土
	誇	자랑할 과	13	言	木	金	火
	寡	적을 과	14	宀	木	木	火
	菓	과자 과	14	艹	木	木	火
	跨	넘을 과	13	足	木	土	火
	鍋	노구솥 과	17	金	木	金	金
	顆	낟알 과	17	頁	木	火	金
	戈	창 과	4	戈	木	金	火
	瓜	오이 과	5	瓜	木	木	土
곽	郭	성곽 곽	15	邑	木	土	土
	廓	외성 곽	14	广	木	木	火
	槨	외관 곽	15	木	木	木	土
	藿	콩잎 곽	22	艹	木	木	木
관	官	벼슬 관	8	宀	木	木	金
	觀	볼 관	25	見	木	火	土
	關	빗장 관	19	門	木	木	水
	館	객사 관	17	食	木	水	金(舘)
	管	대롱 관	14	竹	木	木	火
	貫	꿸 관	11	貝	木	金	木
	慣	익숙할 관	15	心	木	火	土

음	字	音·訓	획수	부수	발음	자원	수리(비고)
관	冠	갓 관	9	冖	木	木	水
	寬	너그러울 관	15	宀	木	木	土(寬)
	款	정성 관	12	欠	木	金	木
	琯	옥피리 관	13	玉	木	金	火
	錧	비녀장 관	16	金	木	金	土
	灌	물댈 관	22	水	木	水	木
	瓘	옥 이름 관	23	玉	木	金	火
	梡	도마 관	11	木	木	木	木
	串	꿸 관	7	丨	木	金	金
	棺	널 관	12	木	木	木	木
	罐	두레박 관	24	缶	木	土	火
	菅	골 풀 관	14	艸	木	木	火
	涫	끓을 관	12	水	木	水	木
	輨	줏대 관	15	車	木	火	土
괄	括	묶을 괄	10	手	木	木	水
	刮	긁을 괄	8	刂	木	金	金
	恝	여유가 없을 괄	10	心	木	火	水
	适	빠를 괄	13	辵	木	土	火
광	光	빛 광	6	儿	木	火	土(炑)
	廣	넓을 광	15	广	木	木	土(広)

음	字	音·訓	획수	부수	발음	자원	수리(비고)
광	鑛	쇳돌 광	23	金	木	金	火
	狂	미칠 광	8	犬	木	土	金
	侊	성할 광	8	人	木	火	金
	洸	물 용솟음칠 광	10	水	木	水	水
	珖	옥피리 광	11	玉	木	金	木
	桄	광랑나무 광	10	木	木	木	水
	匡	바를 광	6	匚	木	土	土
	曠	밝을 광	19	日	木	火	水
	壙	뫼 구덩이 광	18	土	木	土	金
	筐	광주리 광	12	竹	木	木	木
	胱	오줌통 광	12	肉	木	水	木
괘	掛	걸 괘	12	手	木	木	木
	卦	점괘 괘	8	卜	木	火	金
	罫	줄 괘	14	网	木	木	火
괴	塊	흙덩이 괴	13	土	木	土	火
	愧	부끄러워할 괴	14	心	木	火	火
	怪	괴이할 괴	9	心	木	火	水
	壞	무너질 괴	19	土	木	土	水
	乖	어그러질 괴	8	丿	木	火	金
	傀	허수아비 괴	12	人	木	火	木

음	字	音・訓	획수	부수	발음	자원	수리(비고)
괴	拐	후릴 괴	9	手	木	木	水
	槐	회화나무 괴	14	木	木	木	火
	魁	괴수 괴	14	鬼	木	火	火
굉	宏	클 굉	7	宀	木	木	金
	紘	끈 굉	10	糸	木	木	水
	肱	팔뚝 굉	10	肉	木	水	水
	轟	울릴 굉	21	車	木	火	木
교	交	사귈 교	6	亠	木	火	土
	校	학교 교	10	木	木	木	水
	橋	다리 교	16	木	木	木	土
	敎	가르칠 교	11	攴	木	金	木(敎)
	郊	교외 교	13	邑	木	土	火
	較	비교할 교	13	車	木	火	火
	巧	공교로울 교	5	工	木	火	土
	矯	바로잡을 교	17	矢	木	金	金
	僑	객지에 살 교	14	人	木	火	火
	喬	높을 교	12	口	木	水	木
	嬌	아리따울 교	15	女	木	土	土
	膠	아교 교	17	肉	木	水	金
	咬	물 교	9	口	木	水	水

음	字	音·訓	획수	부수	발음	자원	수리(비고)
교	皎	달 밝을 교	11	白	木	金	木
	絞	목맬 교	12	糸	木	木	木
	翹	뛰어날 교	18	羽	木	火	金
	蕎	메밀 교	18	艸	木	木	金
	蛟	교룡 교	12	虫	木	水	木
	轎	가마 교	19	車	木	火	水
	餃	경단 교	15	食	木	水	土
	驕	교만할 교	22	馬	木	火	木
	鮫	상어 교	17	魚	木	水	金
	姣	아리따울 교	9	女	木	土	水
	佼	예쁠 교	8	人	木	火	金
	噭	부르짖을 교	16	口	木	水	土
	憍	교만할 교	16	心	木	火	土
	鄗	땅 이름 교	17	邑	木	土	金
구	九	아홉 구	9	乙	木	水	水
	口	입 구	3	口	木	水	火
	求	구할 구	7	水	木	水	金
	救	구원할 구	11	攴	木	金	木
	究	궁리할 구	7	穴	木	水	金
	久	오랠 구	3	丿	木	水	火

음	字	音·訓	획수	부수	발음	자원	수리(비고)
구	句	글귀 구	5	口	木	水	土
	舊	옛 구	18	臼	木	土	金
	具	갖출 구	8	八	木	金	金
	俱	함께 구	10	人	木	火	水
	區	구역 구	11	匸	木	土	木
	驅	달릴 구	22	馬	木	火	木
	苟	진실로 구	11	艸	木	木	木
	拘	거리낄 구	9	手	木	木	水
	狗	개 구	9	犬	木	土	水
	丘	언덕 구	5	一	木	土	土(坵)
	懼	두려워할 구	22	心	木	火	木
	龜	땅이름 구	16	龜	木	水	土
	構	꾸밀 구	14	木	木	木	火
	球	공 구	12	玉	木	金	木
	玖	옥돌 구	8	玉	木	金	金
	矩	자 구	10	矢	木	金	水
	邱	언덕 구	12	邑	木	土	木
	鉤	끌 구	15	金	木	金	土
	溝	도랑 구	14	水	木	水	火
	購	살 구	17	貝	木	金	金

음	字	音·訓	획수	부수	발음	자원	수리(비고)
구	鳩	비둘기 구	13	鳥	木	火	火
	軀	몸(신체) 구	18	身	木	土	金
	枸	구기자 구	9	木	木	木	水
	仇	원수 구	4	人	木	火	火
	勾	글귀 구	4	勹	木	金	火
	咎	허물 구	8	口	木	水	金
	嘔	게울 구	14	口	木	水	火
	垢	때 구	9	土	木	土	水
	寇	도적 구	11	宀	木	木	木
	嶇	험할 구	14	山	木	土	火
	柩	널 구	9	木	木	木	水
	歐	구라파 구	15	欠	木	金	土
	毆	때릴 구	15	殳	木	金	土
	毬	공 구	11	毛	木	火	木
	灸	뜸 구	7	火	木	火	金
	瞿	놀랄 구	18	目	木	木	金
	絿	급할 구	13	糸	木	木	火
	臼	절구 구	6	臼	木	土	土
	舅	시아버지 구	13	臼	木	土	火
	衢	네거리 구	24	行	木	火	火

음	字	音 · 訓	획수	부수	발음	자원	수리(비고)
구	謳	노래 구	18	言	木	金	金
	逑	짝 구	14	辵	木	土	火
	鉤	갈고리 구	13	金	木	金	火
	駒	망아지 구	15	馬	木	火	土
	鷗	갈매기 구	22	鳥	木	火	木
	玽	옥돌 구	10	玉	木	金	水
	耈	늙을 구	11	老	木	土	木(耇)
	廐	마구간 구	14	广	木	木	火(廏)
	龜	땅 이름 구	16	龜	木	水	土
	颶	구풍 구	17	風	木	木	金
국	國	나라 국	11	囗	木	水	木(国)
	菊	국화 국	14	艸	木	木	火
	局	판 국	7	尸	木	木	金
	鞠	공 국	17	革	木	金	金
	鞫	국문할 국	18	革	木	金	金
	麴	누룩 국	19	麥	木	木	水
군	君	임금 군	7	口	木	水	金
	郡	고을 군	14	邑	木	土	火
	軍	군사 군	9	車	木	火	水
	群	무리 군	13	羊	木	土	火

음	字	音·訓	획수	부수	발음	자원	수리(비고)
군	窘	군색할 군	12	穴	木	水	木
	裙	치마 군	13	衣	木	木	火
굴	屈	굽을 굴	8	尸	木	土	金
	窟	굴 굴	13	穴	木	水	火
	堀	굴 굴	11	土	木	土	木
	掘	팔 굴	12	手	木	木	木
궁	弓	활 궁	3	弓	木	火	火
	宮	집 궁	10	宀	木	木	水
	窮	가난 궁	15	穴	木	水	土
	躬	몸 궁	10	身	木	水	水
	穹	하늘 궁	8	穴	木	水	金
	芎	궁궁이 궁	9	艸	木	木	水
권	棬	정성스러울 권	8	囗	木	木	金
	權	권세 권	22	木	木	木	木(権)
	勸	권할 권	20	力	木	土	水
	券	문서 권	8	刀	木	木	金
	拳	주먹 권	10	手	木	木	水
	圈	둘레 권	11	口	木	水	木
	眷	돌볼 권	11	目	木	木	木
	倦	게으를 권	10	人	木	火	水

음	字	音·訓	획수	부수	발음	자원	수리(비고)
권	捲	거둘 권	12	手	木	木	木
	港	물돌아 흐를 권	12	水	木	水	木
궐	厥	나라이름 궐	12	厂	木	土	木
	闕	대궐 궐	18	門	木	木	金
	獗	날뛸 궐	16	犬	木	土	土
	蕨	고사리 궐	18	艸	木	木	金
	蹶	넘어질 궐	19	足	木	土	水
궤	軌	궤도 궤	9	車	木	火	水
	机	책상 궤	6	木	木	木	土
	櫃	궤 궤	18	木	木	木	金
	潰	무너질 궤	16	水	木	水	土
	詭	속일 궤	13	言	木	金	火
	饋	보낼 궤	21	食	木	水	木
귀	貴	귀할 귀	12	貝	木	金	木
	歸	돌아갈 귀	18	止	木	土	金
	鬼	귀신 귀	10	鬼	木	火	水
	句	글귀 귀	5	口	木	水	土
	晷	그림자 귀	12	日	木	火	木
	鉥	삽 귀	14	金	木	金	火
	龜	거북 귀	16	龜	木	水	土

음	字	音 · 訓	획수	부수	발음	자원	수리(비고)
규	叫	부를 규	5	口	木	水	土
	規	법 규	11	見	木	火	木
	糾	얽힐 규	8	糸	木	木	金(糺)
	圭	홀 규	6	土	木	土	土
	奎	별 규	9	大	木	土	水
	珪	서옥 규	11	玉	木	金	木
	揆	헤아릴 규	13	手	木	木	火
	逵	길 규	15	辵	木	土	土
	窺	엿볼 규	16	穴	木	水	土
	葵	해바라기 규	15	艸	木	木	土
	槻	물푸레나무 규	15	木	木	木	土
	硅	규소 규	11	石	木	金	木
	竅	구멍 규	18	穴	木	水	金
	赳	헌걸찰 규	9	走	木	火	水
	閨	안방 규	14	門	木	木	火
	邽	고을이름 규	13	邑	木	土	火
	嫢	가는허리 규	14	女	木	土	火
	湀	물이 솟아오를 규	13	水	木	水	火
	茥	딸기 규	12	艸	木	木	本
	煃	불꽃 규	13	火	木	火	火

음	字	音·訓	획수	부수	발음	자원	수리(비고)
균	均	고를 균	7	土	木	土	金
	菌	버섯 균	14	艸	木	木	火
	畇	밭 개간할 균	9	田	木	土	水
	鈞	서른 근 균	12	金	木	金	木
	筠	대 균	13	竹	木	木	火
	勻	고를 균	4	勹	木	金	火
	龜	터질 균	16	龜	木	水	土
	覲	크게 볼 균	14	見	木	火	火
귤	橘	귤나무 귤	16	木	木	木	土
극	極	다할 극	13	木	木	木	火
	克	이길 극	7	儿	木	木	金
	劇	연극 극	15	刀	木	金	土
	剋	이길 극	9	刀	木	金	水
	隙	틈 극	18	阜	木	土	金
	戟	창 극	12	戈	木	金	木
	棘	가시 극	12	木	木	木	木
근	近	가까울 근	11	辶	木	土	木
	勤	부지런할 근	13	力	木	土	火

음	字	音·訓	획수	부수	발음	자원	수리(비고)
근	根	뿌리 근	10	木	木	木	水
	斤	도끼 근	4	斤	木	金	火
	僅	겨우 근	13	人	木	火	火
	謹	삼갈 근	18	言	木	金	金
	墐	도랑 길 근	14	土	木	土	火
	漌	맑을 근	15	水	木	水	土
	槿	무궁화나무 근	15	木	木	木	土
	瑾	아름다운 옥 근	16	玉	木	金	土
	嫤	고울 근	14	女	木	土	火
	筋	힘줄 근	12	竹	木	木	木
	劤	힘 근	6	力	木	金	土
	懃	은근할 근	17	心	木	火	金
	芹	미나리 근	10	艸	木	木	水
	菫	진흙 근	14	艸	木	木	火
	覲	뵐 근	18	見	木	火	金
	饉	주릴 근	20	食	木	水	水
글	契	부족 이름 글	9	大	木	木	水
	劼	뜻 글	6	力	木	土	土

음	字	音·訓	획수	부수	발음	자원	수리(비고)
금	金	쇠 금	8	金	木	金	金
	今	이제 금	4	人	木	火	火
	禁	금지할 금	13	示	木	木	火
	錦	비단 금	16	金	木	金	土
	禽	날짐승 금	13	内	木	金	火
	琴	거문고 금	13	玉	木	金	火
	衾	이불 금	10	衣	木	木	水
	襟	옷깃 금	19	衣	木	木	水
	昑	밝을 금	8	日	木	火	金
	妗	외숙모 금	7	女	木	土	金
	擒	사로잡을 금	17	手	木	木	金
	檎	능금나무 금	17	木	木	木	金
	芩	풀이름 금	10	艸	木	木	水
	衿	옷깃 금	10	衣	木	木	水
급	及	미칠 급	4	又	木	水	火
	給	넉넉할 급	12	糸	木	木	木
	急	급할 급	9	心	木	火	水
	級	등급 급	10	糸	木	木	水
	汲	물길을 급	8	水	木	水	金
	伋	속일 급	6	人	木	火	土

음	字	音·訓	획수	부수	발음	자원	수리(비고)
급	扱	미칠 급	8	手	木	木	金
긍	肯	긍정할 긍	10	肉	木	水	水
	亘	뻗칠 긍	6	二	木	火	土(瓦)
	兢	삼갈 긍	14	儿	木	水	火
	矜	자랑할 긍	9	矛	木	金	水
기	己	몸 기	3	己	木	土	火
	記	기록할 기	10	言	木	金	水
	起	일어날 기	10	走	木	火	水
	其	그 기	8	八	木	金	金
	期	기약할 기	12	月	木	水	木
	基	터 기	11	土	木	土	木
	氣	기운 기	10	气	木	水	水
	技	재주 기	8	手	木	木	金
	幾	몇 기	12	幺	木	火	木
	旣	이미 기	11	无	木	水	木
	紀	벼리 기	9	糸	木	木	水
	忌	꺼릴 기	7	心	木	火	金
	旗	기 기	14	方	木	木	火

음	字	音 · 訓	획수	부수	발음	자원	수리(비고)
기	欺	속일 기	12	欠	木	火	木
	奇	기이할 기	8	大	木	土	金
	騎	말 탈 기	18	馬	木	火	金
	寄	부칠 기	11	宀	木	木	木
	豈	어찌 기	10	豆	木	水	水
	棄	버릴 기	12	木	木	木	木
	祈	빌 기	9	示	木	木	水
	企	꾀할 기	6	人	木	火	土
	畿	경기 기	15	田	木	土	土
	飢	주릴 기	11	食	木	水	木
	器	그릇 기	16	口	木	水	土
	機	베틀 기	16	木	木	木	土
	淇	강 이름 기	12	水	木	水	木
	琪	옥 이름 기	13	玉	木	金	火
	璂	피변꾸미개 옥 기	16	玉	木	金	土
	棋	바둑 기	12	木	木	木	木(碁)
	祺	복 기	13	示	木	木	木
	錤	호미 기	16	金	木	金	土

음	字	音·訓	획수	부수	발음	자원	수리(비고)
기	騏	천리마 기	18	馬	木	火	金
	麒	기린 기	19	鹿	木	土	水
	玘	패옥 기	8	玉	木	金	金
	杞	구기자나무 기	7	木	木	木	金
	埼	낭떠러지 기	11	土	木	土	木
	崎	험할 기	11	山	木	土	木
	琦	옥 이름 기	13	玉	木	金	火
	綺	비단 기	14	糸	木	木	火
	錡	세발솥 기	16	金	木	金	土
	箕	키 기	14	竹	木	木	火
	岐	갈림길 기	7	山	木	土	金
	汽	김 기	8	水	木	水	金
	沂	물 이름 기	8	水	木	水	金
	圻	경기 기	7	土	木	土	金
	耆	늙은이 기	10	老	木	土	水
	璣	구슬 기	17	玉	木	金	金
	磯	문지를 기	17	石	木	金	金
	譏	나무랄 기	19	言	木	金	水
	冀	바랄 기	16	八	木	土	土
	驥	천리마 기	17	馬	木	火	金

	字	音·訓	획수	부수	발음	자원	수리(비고)
기	嗜	즐길 기	13	口	木	水	火
	晲	볕 기운 기	14	日	木	火	火
	伎	재주 기	6	人	木	火	土
	夔	조심할 기	20	夊	木	金	水
	妓	기생 기	7	女	木	土	金
	朞	돌 기	12	月	木	水	木
	畸	뙈기밭 기	13	田	木	土	火
	祈	성할 기	8	示	木	木	金
	祇	땅 귀신 기	9	示	木	木	水
	羈	굴레 기	25	网	木	木	土
	穖	갈 기	18	耒	木	金	金
	肌	살가죽 기	8	肉	木	水	金
	饑	주릴 기	21	食	木	水	木
	稘	돌 기	13	禾	木	木	火
	檍	오리나무 기	14	木	木	木	火
	嶜	높을 기	15	山	木	土	土
	恝	사랑할 기	8	心	木	火	金
긴	緊	매우 긴	14	糸	木	木	火
길	吉	길할 길	6	口	木	水	土
	佶	장할 길	8	人	木	火	金

음	字	音·訓	획수	부수	발음	자원	수리(비고)
길	桔	도라지 길	10	木	木	木	水
	姞	삼갈 길	9	女	木	土	水
	拮	일할 길	10	手	木	木	水
김	金	성 김	8	金	木	金	金
끽	喫	먹을 끽	12	口	木	水	木
나	那	어찌 나	11	邑	火	土	木
	奈	나락 나	8	大	火	火	金
	柰	어찌 나	9	木	火	木	水
	娜	아름다울 나	10	女	火	土	水
	拏	잡을 나	9	手	火	木	水
	儺	역귀 쫓을 나	21	人	火	火	木
	喇	나팔 나	12	口	火	水	木
	懦	나약할 나	18	心	火	火	金
	拿	붙잡을 나	10	手	火	木	水
	挐	잡을 나	10	手	火	木	水
	挪	옮길 나	11	手	火	木	木
	梛	나무이름 나	11	木	火	木	木
	糯	찰벼 나	20	米	火	木	水
	誽	붙잡을 나	13	言	火	金	火
낙	諾	대답할 낙	16	言	火	金	土

음	字	音·訓	획수	부수	발음	자원	수리(비고)
난	暖	따뜻할 난	13	日	火	火	火
	難	어려울 난	19	隹	火	火	水
	煖	따뜻할 난	13	火	火	火	火
날	捺	손으로 누를 날	12	手	火	木	木
	捏	이길 날	11	手	火	木	木
남	南	남녘 남	9	十	火	火	水
	男	사내 남	7	田	火	土	金
	楠	녹나무 남	13	木	火	木	火
	湳	강 이름 남	13	水	火	水	火
	枏	녹나무 남	8	木	火	木	金
납	納	바칠 납	10	糸	火	木	水
	衲	옷 수선할 납	10	衣	火	木	水
낭	娘	어머니 낭	10	女	火	土	水
	囊	주머니 낭	22	口	火	水	木
내	內	안 내	4	入	火	木	火
	乃	이에 내	2	丿	火	金	木
	奈	어찌 내	8	大	火	火	金
	耐	견딜 내	9	而	火	水	水
	柰	능금나무 내	9	木	火	木	水
녀	女	계집 녀	3	女	火	土	火

음	字	音·訓	획수	부수	발음	자원	수리(비고)
년	年	해 년	6	干	火	木	土(季)
	撚	비틀 년	16	手	火	木	土
념	念	생각 념	8	心	火	火	金
	恬	편안할 념	10	心	火	火	水
	拈	집을 념	9	手	火	木	水
	捻	비틀 념	12	手	火	木	木
녑	惗	생각할 녑	12	心	火	火	木
녕	寧	편안할 녕	14	宀	火	火	火(寗)
	獰	모질 녕	18	犬	火	土	金
	佞	아첨할 녕	7	人	火	火	金
노	怒	성낼 노	9	心	火	火	水
	奴	종 노	5	女	火	土	土
	努	힘쓸 노	7	力	火	土	金
	弩	쇠뇌 노	8	弓	火	火	金
	瑙	옥돌 노	14	玉	火	金	火
	駑	둔할 노	15	馬	火	火	土
	譹	기뻐할 노	14	言	火	金	火
농	農	농사 농	13	辰	火	土	火
	膿	고름 농	19	肉	火	水	水
	濃	짙을 농	17	水	火	水	金

음	字	音·訓	획수	부수	발음	자원	수리(비고)
뇨	尿	오줌 뇨	7	尸	火	水	金
	鬧	시끄러울 뇨	15	鬥	火	木	土
	撓	흔들릴 뇨	16	手	火	木	土
누	耨	김맬 누	16	耒	火	土	土
눈	嫩	어릴 눈	14	女	火	土	火
눌	訥	과묵할 눌	11	言	火	金	木
뇌	腦	뇌 뇌	15	肉	火	水	土
	惱	괴로워할 뇌	13	心	火	火	火
뉴	紐	맬 뉴	10	糸	火	木	水
	鈕	단추 뉴	12	金	火	金	木
	杻	박달나무 뉴	8	木	火	木	金
능	能	능할 능	12	肉	火	水	木
니	泥	진흙 니	9	水	火	水	水
	尼	여승 니	5	尸	火	土	土
	柅	굄목 니	9	木	火	木	水
	濔	많을 니	18	水	火	水	金
	膩	미끄러울 니	18	肉	火	水	金
	馜	진한향기 니	14	香	火	木	火
	愵	마음 좋을 니	16	心	火	火	土
닉	匿	숨을 닉	11	匚	火	土	木

음	字	音·訓	획수	부수	발음	자원	수리(비고)
닉	溺	빠질 닉	14	水	火	水	火
다	多	많을 다	6	夕	火	水	土(歹)
	茶	차 다	12	艸	火	木	木
	爹	아비 다	10	父	火	木	水
	蓼	마름 다	12	艸	火	木	木
	觰	뿔 밑동 다	16	角	火	木	土
단	丹	붉을 단	4	丶	火	火	火
	但	다만 단	7	人	火	火	金
	單	다할 단	12	口	火	水	木
	短	짧을 단	12	矢	火	金	木
	端	끝 단	14	立	火	金	火
	旦	아침 단	5	日	火	火	土
	段	구분 단	9	殳	火	金	水
	壇	제터 단	16	土	火	土	土
	檀	박달나무 단	17	木	火	木	金
	斷	끊을 단	18	斤	火	金	金
	團	둥글 단	14	口	火	水	火
	緞	비단 단	15	糸	火	木	土
	鍛	쇠 불릴 단	17	金	火	金	金
	亶	믿을 단	13	亠	火	土	火

음	字	音·訓	획수	부수	발음	자원	수리(비고)
단	彖	판단할 단	9	⺕	火	火	水
	湍	여울 단	13	水	火	水	火
	簞	대광주리 단	18	竹	火	木	金
	蛋	새알 단	11	虫	火	水	木
	袒	웃통 벗을 단	11	衣	火	木	木
	鄲	현 이름 단	19	邑	火	土	水
	煓	빛날 단	13	火	火	火	火
	旦	밝을 단	9	日	火	火	水
	担	떨칠 단	9	手	火	木	水
달	達	통달할 달	16	辵	火	土	土
	撻	매질할 달	17	手	火	木	金
	澾	미끄러울 달	17	水	火	水	金
	獺	수달 달	20	犬	火	土	水
	疸	황달 달	10	疒	火	水	水
담	談	말씀 담	15	言	火	金	土
	淡	묽을 담	12	水	火	水	木
	擔	멜 담	17	手	火	木	金
	譚	이야기 담	19	言	火	金	水
	膽	쓸개 담	19	肉	火	水	水
	澹	담박할 담	17	水	火	水	金

음	字	音·訓	획수	부수	발음	자원	수리(비고)
담	覃	미칠 담	12	西	火	金	木
	啖	먹을 담	11	口	火	水	木
	坍	무너질 담	7	土	火	土	金
	憺	편안할 담	17	心	火	火	金
	曇	흐릴 담	16	日	火	火	土
	湛	즐길 담	13	水	火	水	火
	痰	천식 담	13	疒	火	水	火
	聃	귓바퀴 없을 담	11	耳	火	火	木
	薝	지모 담	18	艹	火	木	金
	錟	창 담	16	金	火	金	土
	潭	깊을 담	16	水	火	水	土
	倓	고요할 담	10	人	火	火	水
	啿	적적할 담	12	口	火	水	木
	埮	평평한 땅 담	11	土	火	土	木
	炎	아름다울 담	8	火	火	火	金
답	答	대답할 답	12	竹	火	木	木
	畓	논 답	9	田	火	土	水
	踏	밟을 답	15	足	火	土	土
	畗	논 답	9	田	火	土	水
	遝	뒤섞일 답	17	辶	火	土	金

음	字	音 · 訓	획수	부수	발음	자원	수리(비고)
당	堂	집 당	11	土	火	土	木
	當	당할 당	13	田	火	土	火
	唐	당나라 당	10	口	火	水	水
	糖	사탕 당	16	米	火	木	土
	黨	무리 당	20	黑	火	水	水
	塘	못 당	13	土	火	土	火
	鐺	쇠사슬 당	21	金	火	金	木
	撞	칠 당	16	手	火	木	土
	幢	휘장 당	15	巾	火	木	土
	戇	어리석을 당	28	心	火	火	金
	棠	해당화 당	12	木	火	木	木
	螳	매미 당	17	虫	火	水	金
대	大	큰 대	3	大	火	木	火
	代	대신할 대	5	人	火	火	土
	待	기다릴 대	9	彳	火	火	水
	對	대답할 대	14	寸	火	木	火
	帶	띠 대	11	巾	火	木	木
	臺	돈대 대	14	至	火	土	火(坮)
	貸	빌릴 대	12	貝	火	金	木
	隊	대 대	17	阜	火	土	金

음	字	音·訓	획수	부수	발음	자원	수리(비고)
대	坮	터 대	8	土	火	土	金
	玳	대모 대	10	玉	火	金	水
	袋	자루 대	11	衣	火	木	木
	戴	받들 대	18	戈	火	金	金
	擡	들 대	18	手	火	木	金(抬)
	旲	햇빛 대	7	日	火	火	金
	岱	클 대	8	山	火	土	金
	黛	눈썹먹 대	17	黑	火	水	金
	曼	해가 돋을 대	13	日	火	火	火
	曃	무성할 대	18	日	火	火	金
댁	宅	집 댁	6	宀	火	木	土
덕	德	큰 덕	15	彳	火	火	土(悳·德)
도	刀	칼 도	2	刀	火	金	木
	到	이를 도	8	刀	火	金	金
	度	법도 도	9	广	火	木	水
	道	길 도	16	辵	火	土	土
	島	섬 도	10	山	火	土	水(嶋)
	徒	무리 도	10	彳	火	火	水
	圖	그림 도	14	囗	火	水	火
	倒	넘어질 도	10	人	火	火	水

음	字	音·訓	획수	부수	발음	자원	수리(비고)
도	都	도읍 도	16	邑	火	土	土
	桃	복숭아 도	10	木	火	木	水
	挑	굽을 도	10	手	火	木	水
	跳	뛸 도	13	足	火	土	火
	逃	달아날 도	13	辶	火	土	火
	渡	건널 도	13	水	火	水	火
	陶	질그릇 도	16	阜	火	土	土
	途	길(도로)도	14	辶	火	土	火
	稻	벼 도	15	禾	火	木	土
	導	인도할 도	16	寸	火	木	土
	盜	도둑질할 도	12	皿	火	金	木
	塗	바를 도	13	土	火	土	火
	堵	담장 도	12	土	火	土	木
	棹	노 도	12	木	火	木	木
	濤	큰 물결 도	18	水	火	水	金
	燾	비출 도	18	灬	火	火	金
	禱	빌 도	19	示	火	木	水
	鍍	도금할 도	17	金	火	金	金
	蹈	밟을 도	17	足	火	土	金
	屠	잡을 도	12	尸	火	水	木

음	字	音·訓	획수	부수	발음	자원	수리(비고)
도	悼	슬퍼할 도	12	心	火	火	木
	掉	흔들 도	12	手	火	木	木
	搗	찧을 도	14	手	火	木	火
	櫂	노 도	18	木	火	木	金
	淘	일 도	12	水	火	水	木
	滔	물 넘칠 도	14	水	火	水	火
	睹	볼 도	14	目	火	木	火
	萄	포도 도	14	艹	火	木	火
	覩	볼 도	16	見	火	火	土
	賭	도박 도	16	貝	火	金	土
	韜	활집 도	19	韋	火	金	水
	馣	향기 날 도	16	香	火	木	土
	禱	복 도	13	示	火	木	火
	鍍	쇳덩이 도	16	金	火	金	土
	夲	나아갈 도	5	大	火	木	土
	稌	찰벼 도	12	禾	火	木	木
독	讀	읽을 독	22	言	火	金	木
	獨	홀로 독	17	犬	火	土	金
	毒	독(해칠)독	8	母	火	土	金
	督	통솔할 독	13	目	火	木	火

음	字	音·訓	획수	부수	발음	자원	수리(비고)
독	篤	도타울 독	16	竹	火	木	土
	瀆	도랑 독	19	水	火	水	水
	牘	편지 독	19	片	火	木	水
	犢	송아지 독	19	牛	火	土	水
	禿	대머리 독	7	禾	火	木	金
	纛	둑 독	25	糸	火	木	土
돈	豚	돼지 돈	11	豕	火	水	木
	敦	도타울 돈	12	攴	火	金	木
	墩	돈대 돈	15	土	火	土	土
	惇	정성 돈	12	心	火	火	木
	暾	아침 해 돈	16	日	火	火	土
	燉	불빛 돈	16	火	火	火	土
	頓	조아릴 돈	13	頁	火	火	火
	旽	밝을 돈	8	日	火	火	金
	沌	흐릴 돈	8	水	火	水	金
	焞	성할 돈	12	火	火	火	木
돌	突	갑자기 돌	9	穴	火	水	水
	乭	이름 돌	6	乙	火	金	土
동	同	한 가지 동	6	口	火	水	土(全)
	洞	골 동	10	水	火	水	水

음	字	音·訓	획수	부수	발음	자원	수리(비고)
동	童	아이 동	12	立	火	金	木
	冬	겨울 동	5	冫	火	水	土
	東	동녘 동	8	木	火	木	金
	動	움직일 동	11	力	火	土	木
	銅	구리 동	14	金	火	金	火
	凍	얼 동	10	冫	火	水	水
	棟	마룻대 동	12	木	火	木	木
	董	견고할 동	15	艸	火	木	土
	潼	강 이름 동	16	水	火	水	土
	垌	항아리 동	9	土	火	土	水
	瞳	논 동자 동	17	目	火	木	金
	蝀	무지개 동	14	虫	火	水	火
	憧	그리워할 동	16	心	火	火	土
	疼	아플 동	10	疒	火	水	水
	胴	형상 동	12	肉	火	水	木
	桐	오동나무 동	10	木	火	木	水
	朣	달떠오를 동	16	月	火	水	土
	曈	동틀 동	16	日	火	火	土
	彤	붉을 동	7	彡	火	火	金
	烔	태울 동	10	火	火	火	水

음	字	音·訓	획수	부수	발음	자원	수리(비고)
동	橦	나무이름 동	16	木	火	木	土
	勭	자랄 동	14	力	火	土	火
두	斗	말 두	4	斗	火	火	火
	豆	콩 두	7	豆	火	木	金
	頭	머리 두	16	頁	火	火	土
	杜	막을 두	7	木	火	木	金
	枓	두공 두	8	木	火	木	金
	兜	투구 두	11	儿	火	木	木
	痘	천연두 두	12	疒	火	水	木
	竇	구멍 두	20	穴	火	水	水
	荳	통 두	12	艸	火	木	木
	讀	구절 두	22	言	火	金	木
	逗	머무를 두	14	辵	火	土	火
	阧	수문 두	12	阜	火	土	木
둔	鈍	무딜 둔	12	金	火	金	木
	屯	진칠 둔	4	屮	火	木	火
	遁	달아날 둔	16	辵	火	土	土
	臀	볼기 둔	19	肉	火	水	水
	芚	콩나물 둔	10	艸	火	木	水
	遯	피할 둔	18	辵	火	土	金

음	字	音·訓	획수	부수	발음	자원	수리(비고)
둘	乧	음역자 둘	5	乙	火	木	土
득	得	얻을 득	11	彳	火	火	木
등	等	무리 등	12	竹	火	木	木
	登	오를 등	12	癶	火	火	木
	燈	등잔 등	16	火	火	火	土
	騰	이길 등	20	馬	火	火	水
	藤	등나무 등	21	艸	火	木	木
	謄	베낄 등	17	言	火	金	金
	鄧	나라이름 등	19	邑	火	土	水
	嶝	고개 등	15	山	火	土	土
	橙	등자나무 등	16	木	火	木	土
라	羅	펼 라	20	网	火	木	水
	螺	소라 라	17	虫	火	水	金
	喇	나팔 라	12	口	火	水	木
	懶	게으를 라	20	心	火	火	水
	癩	문둥병 라	21	疒	火	水	木
	蘿	무 라	24	艸	火	木	火
	裸	벌거벗을 라	14	衣	火	木	火
	邏	순행할 라	26	辵	火	土	土
	剌	칠 라	9	刀	火	金	水

음	字	音·訓	획수	부수	발음	자원	수리(비고)
라	覶	자세할 라	19	見	火	火	水
	攭	정돈할 라	15	手	火	木	土
	蓏	열매 라	16	艸	火	木	土
	鑼	징 라	27	金	火	金	金
	儸	간능 있을 라	21	人	火	火	木
	砢	돌 쌓일 라	10	石	火	金	水
	臝	벌거벗을 라	24	肉	火	水	火
락	落	떨어질 락	15	艸	火	木	土
	樂	즐길 락	15	木	火	木	土
	絡	묶을 락	12	糸	火	木	木
	珞	구슬 목걸이 락	11	玉	火	金	木
	酪	식초 락	13	酉	火	金	火
	烙	지질 락	10	火	火	火	水
	駱	낙타 락	16	馬	火	火	土
	洛	물 이름 락	10	水	火	水	水
란	卵	알 란	7	卩	火	水	金
	亂	어지러울 란	13	乙	火	木	火
	蘭	난초 란	23	艸	火	木	火
	欄	난간 란	21	木	火	木	木
	瀾	큰 물결 란	21	水	火	水	木

음	字	音·訓	획수	부수	발음	자원	수리(비고)
란	瓓	옥 무늬 란	22	玉	火	金	木
	丹	붉을 란	4	丶	火	火	火
	欒	나무이름 란	23	木	火	木	火
	鸞	난새 란	30	鳥	火	火	水
	爛	빛날 란	21	火	火	火	木
	鑾	방울 란	27	金	火	金	金
랄	剌	어그러질 랄	9	刀	火	金	水
	辣	매울 랄	14	辛	火	金	火
람	覽	볼 람	21	見	火	火	木
	濫	넘칠 람	18	水	火	水	金
	嵐	산기운 람	12	山	火	土	木
	攬	잡을 람	25	手	火	木	土(擥)
	欖	감람나무 람	25	木	火	木	土
	籃	바구니 람	20	竹	火	木	水
	纜	닻줄 람	27	糸	火	木	金
	襤	누더기 람	20	衣	火	木	水
	藍	쪽 람	20	艸	火	木	水
	婪	예쁠 람	11	女	火	土	木
	灆	물맑을 람	22	水	火	水	木
	婪	탐할 람	11	女	火	土	木

음	字	音·訓	획수	부수	발음	자원	수리(비고)
람	漤	과실 짱아찌 람	15	水	火	水	土
	爁	불 번질 람	18	火	火	火	金
	瓓	옥 이름 람	19	玉	火	金	水
랍	拉	꺾을 랍	9	手	火	木	水
	臘	납향 랍	21	肉	火	水	木
	蠟	밀랍 랍	21	虫	火	水	木
랑	浪	물결 랑	11	水	火	水	木
	郞	사나이 랑	14	邑	火	土	火(郎)
	廊	행랑 랑	13	广	火	木	火
	琅	옥돌 랑	12	玉	火	金	木
	瑯	옥돌 랑	15	玉	火	金	土
	狼	이리 랑	11	犬	火	土	木
	朗	밝을 랑	11	月	火	水	木
	烺	빛 밝을 랑	11	火	火	火	木
	蜋	사마귀 랑	13	虫	火	水	火(螂)
	庴	높을 랑	10	广	火	木	水
	駺	꼬리 흰말 랑	17	馬	火	火	金
	榔	나무이름 랑	14	木	火	木	火
래	來	올 래	8	人	火	火	金(来)
	崍	산 이름 래	11	山	火	土	木

음	字	音·訓	획수	부수	발음	자원	수리(비고)
래	萊	명아주래	14	艸	火	木	火
	徠	위로할 래	11	彳	火	火	木
랭	冷	찰 랭	7	冫	火	水	金
략	略	간략할 략	11	田	火	土	木
	掠	노략질할 략	12	手	火	木	木
량	良	어질 량	7	艮	火	土	金
	兩	두 량	8	入	火	土	金
	量	헤아릴 량	12	里	火	火	木
	涼	서늘할 량	10	冫	火	水	水(凉)
	梁	들보 량	11	木	火	木	木
	糧	양식 량	18	米	火	木	金(粮)
	諒	믿을 량	15	言	火	金	土
	亮	밝을 량	9	亠	火	火	水
	倆	재주 량	10	人	火	火	水
	樑	들보 량	15	木	火	木	土
	粱	기장 량	13	米	火	木	火
	輛	수레 량	15	車	火	火	土
	駺	꼬리 흰말 량	17	馬	火	火	金
	俍	어질 량	9	人	火	火	水
려	旅	나그네 려	10	方	火	土	水

음	字	音·訓	획수	부수	발음	자원	수리(비고)
려	麗	고울 려	19	鹿	火	土	水
	慮	생각할 려	15	心	火	火	土
	勵	힘쓸 려	17	力	火	土	金
	呂	음률 려	7	口	火	水	金
	侶	벗할 려	9	人	火	火	水
	閭	마을 려	15	門	火	木	土
	黎	검을 려	15	黍	火	木	土
	儷	짝 려	21	人	火	火	木
	廬	농막집 려	19	广	火	木	水
	戾	돌아올 려	8	戶	火	金	金
	櫚	종려나무 려	19	木	火	木	水
	濾	거를 려	19	水	火	水	水
	礪	거친 숫돌 려	20	石	火	金	水
	藜	명아주 려	21	艸	火	木	木
	蠣	굴 려	21	虫	火	水	木
	驢	나귀 려	26	馬	火	火	土
	驪	검은말 려	29	馬	火	火	水
	曬	퍼질 려	19	日	火	火	水
력	力	힘 력	2	力	火	土	木
	歷	지낼 력	16	止	火	土	土

음	字	音·訓	획수	부수	발음	자원	수리(비고)
력	曆	책력 력	16	日	火	火	土
	瀝	거를 력	20	水	火	水	水
	礫	조약돌 력	20	石	火	金	水
	轢	업신여길 력	22	車	火	火	木
	靂	벼락 력	24	雨	火	水	火
련	連	잇닿을 련	14	辵	火	土	火
	練	익힐 련	15	糸	火	木	土
	鍊	단련할 련	17	金	火	金	金
	憐	불쌍히 여길 련	16	心	火	火	土
	聯	연결할 련	17	耳	火	火	金
	戀	사모할 련	23	心	火	火	火
	蓮	연밥 련	17	艸	火	木	金
	煉	쇠 불릴 련	13	火	火	火	火
	璉	호련 련	16	玉	火	金	土
	攣	걸릴 련	23	手	火	木	火
	漣	물놀이 련	15	水	火	水	土
	輦	손수레 련	15	車	火	火	土
	孌	아름다울 련	22	女	火	女	木
렬	列	여러 렬	6	刀	火	金	土
	烈	매울 렬	10	火	火	火	水

음	字	音·訓	획수	부수	발음	자원	수리(비고)
렬	裂	찢을 렬	12	衣	火	木	木
	劣	적을 렬	6	力	火	土	土
	洌	맑을 렬	10	水	火	水	水
	冽	찰 렬	8	冫	火	水	金
렴	廉	청렴할 렴	13	广	火	木	火
	濂	엷을 렴	17	水	火	水	金
	簾	발 렴	19	竹	火	木	水
	斂	거둘 렴	17	攴	火	金	金
	殮	빈소 렴	17	歹	火	水	金
렵	獵	사냥할 렵	19	犬	火	土	水
령	令	다스릴 령	5	人	火	火	土
	領	우두머리 령	14	頁	火	火	火
	嶺	재 령	17	山	火	土	金
	零	떨어질 령	13	雨	火	水	火
	靈	신령 령	24	雨	火	水	火
	伶	영리할 령	7	人	火	火	金
	玲	옥 소리 령	10	玉	火	金	水
	姶	영리할 령	8	女	火	土	金
	昤	빛날 령	9	日	火	火	水
	鈴	방울 령	13	金	火	金	火

음	字	音 · 訓	획수	부수	발음	자원	수리(비고)
령	齡	나이 령	20	齒	火	金	水
	怜	영리할 령	9	心	火	火	水
	囹	옥 령	8	口	火	水	金
	笭	작은 농 령	11	竹	火	木	木
	羚	큰양 령	11	羊	火	土	木
	翎	새깃 령	11	羽	火	火	木
	聆	깨달을 령	11	耳	火	火	木
	逞	굳셀 령	14	辵	火	土	火
	泠	깨우칠 령	9	水	火	水	水
	澪	맑을 령	17	水	火	水	金
	岭	고개 령	8	山	火	土	金(岺)
	呤	속삭일 령	8	口	火	水	金
례	例	법식 례	8	人	火	火	金
	禮	예도 례	18	示	火	木	金(礼)
	隷	붙을 례	16	隶	火	水	土
	澧	강 이름 례	17	水	火	水	金
	醴	단술 례	20	酉	火	金	水
로	路	길 로	13	足	火	土	火
	露	이슬 로	20	雨	火	水	水
	老	늙을 로	6	老	火	土	土

음	字	音·訓	획수	부수	발음	자원	수리(비고)
로	勞	수고로울 로	12	力	火	火	木
	爐	화로 로	20	火	火	火	水
	魯	둔할 로	15	魚	火	水	土
	盧	검을 로	16	皿	火	水	土
	鷺	해오라기 로	23	鳥	火	火	火
	撈	잡을 로	16	手	火	木	土
	擄	사로잡을 로	17	手	火	木	金
	櫓	방패 로	19	木	火	木	水
	潞	물 이름 로	17	水	火	水	金
	瀘	강 이름 로	20	水	火	水	水
	蘆	갈대 로	22	艸	火	木	木
	輅	수레 로	13	車	火	火	火
	鹵	소금 로	11	鹵	火	水	木
	嚧	웃을 로	19	口	火	水	水
	虜	하인 로	12	虍	火	木	木
	璐	아름다운 옥 로	18	玉	火	金	金
	櫨	두공 로	20	木	火	木	水
	蕗	감초 로	19	艸	火	木	水
	潦	큰비 로	16	水	火	水	土
	瓐	비취옥 로	21	玉	火	金	木

음	字	音·訓	획수	부수	발음	자원	수리(비고)
로	澇	큰 물결 로	16	水	火	水	土
록	綠	초록빛 록	14	糸	火	木	火
	祿	녹(녹봉)록	13	示	火	木	火
	錄	기록할 록	16	金	火	金	土
	鹿	사슴 록	11	鹿	火	土	木
	彔	근본 록	8	ヨ	火	火	金
	碌	돌 모양 록	13	石	火	金	火
	菉	조개풀 록	14	艸	火	木	火
	麓	산림 록	19	鹿	火	土	水
론	論	논의할 론	15	言	火	金	土
롱	弄	희롱할 롱	7	廾	火	金	金
	瀧	젖을 롱	20	水	火	水	水
	瓏	옥 소리 롱	21	玉	火	金	木
	籠	대 이름 롱	22	竹	火	木	木
	壟	언덕 롱	19	土	火	土	水
	朧	흐릿할 롱	20	月	火	水	水
	聾	귀머거리 롱	22	耳	火	火	木
뢰	雷	우뢰 뢰	13	雨	火	水	火
	賴	힘입을 뢰	16	貝	火	金	土(賴)
	瀨	여울 뢰	20	水	火	水	水

음	字	音·訓	획수	부수	발음	자원	수리(비고)
뢰	儡	꼭두각시 뢰	17	人	火	火	金
	牢	견고할 뢰	7	牛	火	土	金
	磊	돌 무덤 뢰	15	石	火	金	土
	賂	재화 뢰	13	貝	火	金	火
	賚	하사할 뢰	15	貝	火	金	土
	耒	가래 뢰	6	耒	火	土	土
료	料	헤아릴 료	10	斗	火	火	水
	了	마칠 료	2	亅	火	金	木
	僚	동료 료	14	人	火	火	火
	遼	멀 료	19	辵	火	土	水
	寮	동관 료	15	宀	火	木	土
	廖	공허할 료	14	广	火	木	火
	燎	밝을 료	16	火	火	火	土
	療	병 고칠 료	17	疒	火	水	金
	瞭	눈 밝을 료	17	目	火	木	金
	聊	의지할 료	11	耳	火	火	木
	蓼	여뀌 료	17	艸	火	木	金
룡	龍	용 룡	16	龍	火	土	土(竜)
루	屢	자주 루	14	尸	火	水	火
	樓	다락 루	15	木	火	木	土

음	字	音·訓	획수	부수	발음	자원	수리(비고)
루	累	여러 루	11	糸	火	木	木
	淚	눈물 루	12	水	火	水	木
	漏	샐 루	15	水	火	水	土
	壘	성채 루	18	土	火	土	金
	婁	별 이름 루	11	女	火	土	木
	瘻	부스럼 루	16	疒	火	水	土
	縷	실 루	17	糸	火	木	金
	蔞	쑥 루	17	艸	火	木	金
	褸	남루할 루	17	衣	火	木	金
	鏤	강철 루	19	金	火	金	水
	陋	좁을 루	14	阜	火	土	火
	慺	정성스러울 루	15	心	火	火	土
	嶁	봉우리 루	14	山	火	土	火
	耬	씨 뿌리는 기계 루	17	耒	火	土	金
	熡	불꽃 루	15	火	火	火	土
류	柳	버들 류	9	木	火	木	水
	留	머무를 류	10	田	火	土	水
	流	흐를 류	11	水	火	水	木
	類	무리 류	19	頁	火	火	水
	琉	유리 류	12	玉	火	金	木(瑠)

음	字	音·訓	획수	부수	발음	자원	수리(비고)
류	劉	칼 류	15	刀	火	金	土
	硫	유황 류	12	石	火	金	木
	瘤	혹 류	15	疒	火	水	土
	旒	깃발 류	13	方	火	土	火
	榴	석류나무 류	14	木	火	木	火
	溜	여울 류	14	水	火	水	火
	瀏	물 맑을 류	19	水	火	水	水
	謬	속일 류	18	言	火	金	金
륙	六	여섯 륙	6	八	火	土	土
	陸	뭍 륙	16	阜	火	土	土
	戮	형벌 륙	15	戈	火	金	土
륜	倫	인륜 륜	10	人	火	火	水
	輪	바퀴 륜	15	車	火	火	土
	侖	둥글 륜	8	人	火	火	金
	崙	산 이름 륜	11	山	火	土	木(崘)
	綸	낚시줄 륜	14	糸	火	木	火
	淪	물놀이 륜	12	水	火	水	木
	錀	금 륜	16	金	火	金	土
	圇	완전할 륜	11	口	火	水	木
률	律	법 률	9	彳	火	火	水

음	字	音 · 訓	획수	부수	발음	자원	수리(비고)
률	栗	밤 률	10	木	火	木	水
	率	비율 률	11	玄	火	火	木
	慄	두려워할 률	14	心	火	火	火
	嵂	가파를 률	12	山	火	土	木
	瑮	옥 무늬 률	15	玉	火	金	土
륭	隆	클 륭	17	阜	火	土	金
륵	勒	굴레 륵	11	力	火	金	木
	肋	갈비 륵	8	肉	火	水	金
름	廩	곳집 름	16	广	火	木	土
	凜	찰 름	15	冫	火	水	土
릉	陵	큰 언덕 릉	16	阜	火	土	土
	綾	비단 릉	14	糸	火	木	火
	菱	마름 릉	14	艸	火	木	火
	稜	논두렁 릉	13	禾	火	木	火
	凌	업신여길 릉	10	冫	火	水	水
리	里	마을 리	7	里	火	土	金
	理	다스릴 리	12	玉	火	金	木
	利	이로울 리	7	刀	火	金	金
	梨	배나무 리	11	木	火	木	木
	李	오얏 리	7	木	火	木	金

음	字	音·訓	획수	부수	발음	자원	수리(비고)
리	吏	아전 리	6	口	火	水	土
	離	떠날 리	19	隹	火	火	水(离)
	裏	속 리	13	衣	火	木	火(裡)
	履	신(밟을)리	15	尸	火	木	土
	俚	속될 리	9	人	火	火	水
	莉	말리 리	13	艸	火	木	火
	璃	유리 리	16	玉	火	金	土
	俐	똑똑할 리	9	人	火	火	水(悧)
	喇	가는 소리 리	10	口	火	水	水
	浬	해리 리	11	水	火	水	木
	狸	너구리 리	11	犬	火	土	木
	痢	설사 리	12	疒	火	水	木
	籬	울타리 리	25	竹	火	木	土
	罹	걸릴 리	17	网	火	火	金
	羸	파리할 리	19	羊	火	土	水
	釐	다스릴 리	18	里	火	土	金(厘)
	鯉	잉어 리	18	魚	火	水	金
	涖	임할 리	11	水	火	水	木
	犂	밭갈 리	12	牛	火	土	木(犁)
	摛	퍼질 리	15	手	火	木	土

음	字	音·訓	획수	부수	발음	자원	수리(비고)
린	隣	이웃 린	20	阜	火	土	水(鄰)
	潾	물 맑을 린	16	水	火	水	土
	璘	옥빛 린	17	玉	火	金	金
	麟	기린 린	23	鹿	火	土	火
	吝	아낄 린	7	口	火	水	金
	燐	반딧불 린	16	火	火	火	土
	藺	골풀 린	22	艸	火	木	木
	躪	유린할 린	27	足	火	土	金
	鱗	비늘 린	23	魚	火	水	火
	撛	뺄(뽑을)린	16	手	火	木	土
	鏻	굳셀 린	20	金	火	金	水
	獜	튼튼할 린	16	犬	火	土	土
	橉	나무이름 린	16	木	火	木	土
	粦	도깨비 불 린	12	米	火	木	木
	粼	물 맑을 린	14	米	火	木	火
	蟒	반딧불 린	18	虫	火	水	金
	繗	이을 린	18	糸	火	木	金
림	林	수풀 림	8	木	火	木	金
	臨	임할 림	17	臣	火	火	金
	琳	옥 이름 림	13	玉	火	金	火

음	字	音·訓	획수	부수	발음	자원	수리(비고)
림	霖	장마 림	16	雨	火	水	土
	淋	물 뿌릴 림	12	水	火	水	木
	棽	무성할 림	12	木	火	木	木
	琳	약돌 림	13	石	火	金	火
	晽	알고자 할 림	12	日	火	火	木
	玲	옥 이름 림	9	玉	火	金	水
립	立	설 립	5	立	火	金	土
	笠	삿갓 립	11	竹	火	木	木
	粒	낟알 립	11	米	火	木	木
	砬	약돌 립	10	石	火	金	水
마	馬	말 마	10	馬	水	火	水
	麻	삼 마	11	麻	水	木	木
	磨	갈 마	16	石	水	金	土
	瑪	마노 마	15	玉	水	金	土
	摩	연마할 마	15	手	水	木	土
	痲	저릴 마	13	疒	水	水	火
	碼	저울추 마	15	石	水	金	土
	魔	마귀 마	21	鬼	水	火	木
	媽	어머니 마	13	女	水	土	火
막	莫	없을 막	13	艸	水	木	火

음	字	音·訓	획수	부수	발음	자원	수리(비고)
막	幕	장막 막	14	巾	水	木	火
	漠	사막 막	15	水	水	水	土
	寞	쓸쓸할 막	14	宀	水	木	火
	膜	막 막	17	肉	水	水	金
	邈	멀 막	21	辵	水	土	木
만	萬	일만 만	15	艸	水	木	土(万)
	晚	저물 만	11	日	水	火	木
	滿	찰 만	15	水	水	水	土
	慢	게으를 만	15	心	水	火	土
	漫	흩어질 만	15	水	水	水	土
	曼	길게 끌 만	11	曰	水	火	木
	蔓	덩굴 만	17	艸	水	木	金
	鏋	순금 만	19	金	水	金	水
	卍	만자 만	6	十	水	火	土
	娩	해산할 만	10	女	水	土	水
	巒	뫼(산봉우리)만	22	山	水	土	木
	彎	굽을 만	22	弓	水	火	木
	挽	당길 만	11	手	水	木	木
	灣	물굽이 만	26	水	水	水	土
	瞞	속일 만	16	目	水	木	土

음	字	音 · 訓	획수	부수	발음	자원	수리(비고)
만	輓	수레 끌 만	14	車	水	火	火
	饅	만두 만	20	食	水	水	水
	鰻	뱀장어 만	22	魚	水	水	木
	蠻	오랑캐 만	25	虫	水	水	土
말	末	끝 말	5	木	水	木	土
	茉	말리 말	11	艸	水	木	木
	唜	끝 말	10	口	水	水	水
	抹	바를 말	9	手	水	木	水
	沫	침 말	9	水	水	水	水
	襪	버선 말	21	衣	水	木	木
	靺	말갈 말	14	革	水	金	火
망	亡	망할 망	3	亠	水	水	火
	忙	바쁠 망	7	心	水	火	金
	忘	잊을 망	7	心	水	火	金
	望	바랄 망	11	月	水	水	木(朢)
	茫	망망할 망	12	艸	水	木	木
	妄	허망할 망	6	女	水	土	土
	罔	그물 망	9	网	水	木	水
	網	법(규칙) 망	14	糸	水	木	火
	芒	가시 망	9	艸	水	木	水

음	字	音·訓	획수	부수	발음	자원	수리(비고)
망	輞	바퀴 테 망	15	車	水	火	土
	邙	산 이름 망	10	邑	水	土	水
매	每	매양 매	7	母	水	土	金
	買	살 매	12	貝	水	金	木
	賣	팔 매	15	貝	水	金	土
	妹	손아래누이 매	8	女	水	土	金
	梅	매화나무 매	11	木	水	木	木
	埋	묻을 매	10	土	水	土	水
	媒	중매 매	12	女	水	土	木
	寐	잠잘 매	12	宀	水	木	木
	昧	새벽 매	9	日	水	火	水
	枚	줄기 매	8	木	水	木	金
	煤	검은 먹 매	13	火	水	火	火
	罵	욕할 매	16	网	水	木	土
	邁	갈(떠날)매	20	辵	水	土	水
	魅	도깨비 매	15	鬼	水	火	土
	苺	딸기 매	11	艸	水	木	木
맥	麥	보리 맥	11	麥	水	木	木
	脈	줄기 맥	12	肉	水	水	木
	貊	오랑캐 맥	13	豸	水	水	火

음	字	音 · 訓	획수	부수	발음	자원	수리(비고)
맥	陌	밭두렁 맥	14	阜	水	土	火
	驀	말 탈 맥	21	馬	水	火	木
맹	孟	맏 맹	8	子	水	水	金
	猛	사나울 맹	12	犬	水	土	木
	盟	맹세할 맹	13	皿	水	土	火
	盲	소경 맹	8	目	水	木	金
	萌	싹 맹	14	艸	水	木	火
	氓	백성 맹	8	氏	水	火	金
멱	冪	덮을 멱	16	冖	水	木	土
	覓	찾을 멱	11	見	水	火	木
면	免	면할 면	7	儿	水	木	金
	勉	힘쓸 면	9	力	水	金	水
	面	낯 면	9	面	水	火	水
	眠	잠잘 면	10	目	水	木	水
	綿	잇닿을 면	14	糸	水	木	火
	冕	면류관 면	11	冂	水	木	木
	棉	목화 면	12	木	水	木	木
	沔	물 흐를 면	8	水	水	水	金
	眄	곁눈질 면	9	目	水	木	水
	緬	멀 면	15	糸	水	木	土

음	字	音 · 訓	획수	부수	발음	자원	수리(비고)
면	麪	밀가루 면	15	麥	水	木	土(麵)
멸	滅	멸망할 멸	14	水	水	水	火
	蔑	없을 멸	17	艸	水	木	金
명	名	이름 명	6	口	水	水	土
	命	목숨 명	8	口	水	水	金
	明	밝을 명	8	日	水	火	金
	鳴	울 명	14	鳥	水	火	火
	銘	새길 명	14	金	水	金	火
	冥	어두울 명	10	冖	水	水	水
	溟	바다 명	14	水	水	水	火
	暝	저녁 명	14	日	水	火	火
	榠	홈통 명	12	木	水	木	木
	皿	그릇 명	5	皿	水	火	土
	瞑	눈감을 명	15	目	水	木	土
	茗	차싹 명	12	艸	水	木	木
	蓂	책력 풀 명	16	艸	水	木	土
	螟	해충 명	16	虫	水	水	土
	酩	술취할 명	13	酉	水	金	火
	慏	생각 깊을 명	14	心	水	火	火
	洺	강 이름 명	10	水	水	水	水

음	字	音·訓	획수	부수	발음	자원	수리(비고)
명	明	밝게 볼 명	9	日	水	木	水
	鵬	새이름 명	19	鳥	水	火	水
메	袂	소매 메	10	衣	水	木	水
모	母	어머니 모	5	母	水	土	土
	毛	털 모	4	毛	水	火	火
	暮	저물 모	15	日	水	火	土
	某	아무 모	9	木	水	木	水
	謀	꾀할 모	16	言	水	金	土
	模	법 모	15	木	水	木	土
	貌	얼굴 모	14	豸	水	水	火
	募	모을 모	13	力	水	土	火
	慕	사모할 모	15	心	水	火	土
	冒	무릅쓸 모	9	冂	水	水	水
	侮	깔볼 모	9	人	水	火	水
	摸	본뜰 모	15	手	水	木	土
	牟	보리 모	6	牛	水	土	土
	謨	꾀 모	18	言	水	金	金
	姆	맏동서 모	8	女	水	土	金
	帽	모자 모	12	巾	水	木	木
	摹	베낄 모	15	艸	水	木	土

음	字	音·訓	획수	부수	발음	자원	수리(비고)
모	牡	수컷 모	7	牛	水	土	金
	瑁	서옥 모	14	玉	水	金	火
	眸	눈 모	11	目	水	木	木
	耗	줄일 모	10	耒	水	木	水
	芼	나물 모	10	艸	水	木	水
	茅	띠 모	11	艸	水	木	木
	矛	창 모	5	矛	水	金	土
	橅	법 모	16	木	水	木	土
	軞	병거 모	11	車	水	火	木
	慔	힘쓸 모	15	心	水	火	土
목	木	나무 목	4	木	水	木	火
	目	눈 목	5	目	水	木	土
	牧	칠 목	8	牛	水	土	金
	睦	화목할 목	13	目	水	木	火
	穆	공경할 목	16	禾	水	木	土
	鶩	집오리 목	20	鳥	水	火	水
	沐	목욕할 목	8	水	水	水	金
몰	沒	잠길 몰	8	水	水	水	金
	歿	죽을 몰	8	歹	水	水	金
몽	夢	꿈 몽	14	夕	水	木	火

음	字	音・訓	획수	부수	발음	자원	수리(비고)
몽	蒙	기운 몽	16	艸	水	木	土
	朦	풍부할 몽	18	月	水	水	金
묘	卯	토끼 묘	5	卩	水	木	土
	妙	묘할 묘	7	女	水	土	金(玅)
	苗	모 묘	11	艸	水	木	木
	廟	사당 묘	15	广	水	木	土
	墓	무덤 묘	14	土	水	土	火
	描	그릴 묘	13	手	水	木	火
	錨	닻 묘	17	金	水	金	金
	畝	삼십평 묘	10	田	水	土	水
	昴	모낼 묘	9	日	水	火	水
	杳	어두울 묘	8	木	水	木	金
	渺	아득할 묘	13	水	水	水	火
	猫	고양이 묘	13	犬	水	土	火
무	戊	천간 무	5	戈	水	土	土
	茂	무성할 무	11	艸	水	木	木
	武	호반 무	8	止	水	土	金
	務	힘쓸 무	11	力	水	土	木
	無	없을 무	12	火	水	火	木(无)
	舞	춤출 무	14	舛	水	木	火

음	字	音·訓	획수	부수	발음	자원	수리(비고)
무	貿	바꿀 무	12	貝	水	金	木
	霧	안개 무	19	雨	水	水	水
	拇	엄지손가락 무	9	手	水	木	水
	珷	옥돌 무	12	玉	水	金	木
	畝	밭이랑 무	10	田	水	土	水
	撫	어루만질 무	16	手	水	木	土
	懋	성대할 무	17	心	水	火	金
	巫	무당 무	7	工	水	火	金
	憮	어루만질 무	16	心	水	火	土
	楙	무성할 무	13	木	水	木	火
	毋	아닐 무	4	毋	水	土	火
	繆	묶을 무	17	糸	水	木	金
	蕪	거칠어질 무	18	艸	水	木	金
	誣	무고할 무	14	言	水	金	火
	鵡	앵무새 무	18	鳥	水	火	金
	橅	어루만질 무	16	木	水	木	土
묵	墨	먹 묵	15	土	水	土	土
	默	조용할 묵	16	黑	水	水	土
문	門	문 문	8	門	水	木	金
	問	물을 문	11	口	水	水	木

음	字	音·訓	획수	부수	발음	자원	수리(비고)
문	聞	들을 문	14	耳	水	火	火
	文	글월 문	4	文	水	木	火
	汶	물 이름 문	8	水	水	水	金
	炆	따뜻할 문	8	火	水	火	金
	紋	무늬 문	10	糸	水	木	水
	們	들 문	10	人	水	火	水
	刎	목 벨 문	6	刀	水	金	土
	吻	입술 문	7	口	水	水	金
	紊	어지러울 문	10	糸	水	木	水
	蚊	모기 문	10	虫	水	水	水
	雯	구름무늬 문	12	雨	水	水	木
	抆	닦을 문	8	手	水	木	金
물	勿	말 물	4	勹	水	金	火
	物	만물 물	8	牛	水	土	金
	沕	숨을 물	8	水	水	水	金
미	米	쌀 미	6	米	水	木	土
	未	아닐 미	5	木	水	木	土
	味	맛 미	8	口	水	水	金
	美	아름다울 미	9	羊	水	土	水
	尾	꼬리 미	7	尸	水	木	金

음	字	音 · 訓	획수	부수	발음	자원	수리(비고)
미	迷	미혹할 미	13	辶	水	土	火
	微	작을 미	13	彳	水	火	火
	眉	눈썹 미	9	目	水	木	水
	渼	물결무늬 미	13	水	水	木	火
	薇	백일홍 미	19	艸	水	木	水
	彌	두루 미	17	弓	水	金	金(弥)
	嵄	산 미	12	山	水	土	木
	媄	빛 고울 미	12	女	水	土	木
	媚	사랑할 미	12	女	水	土	木
	嵋	산 이름 미	12	山	水	土	木
	梶	나무 끝 미	11	木	水	木	木
	楣	처마 미	13	木	水	木	火
	湄	물가 미	13	水	水	水	火
	謎	수수께끼 미	17	言	水	金	金
	靡	쓰러질 미	19	非	水	水	水
	黴	썩을 미	23	黑	水	水	火
	躾	모양낼 미	16	身	水	火	土
	瀰	넘칠 미	18	水	水	水	金
	煝	빛날 미	13	火	水	火	火
	娓	장황할 미	10	女	水	土	水

음	字	音·訓	획수	부수	발음	자원	수리(비고)
미	洣	강 이름 미	10	水	水	水	水
	侎	어루만질 미	8	人	水	火	金
	瑂	옥돌 미	14	玉	水	金	火
	溦	이슬비 미	17	水	水	水	金
	采	점점 미	8	釆	水	木	金
	蘪	천궁 미	23	艸	水	木	火
민	民	백성 민	5	氏	水	火	土
	敏	민첩할 민	11	攴	水	金	木
	憫	근심할 민	16	心	水	火	土
	玟	옥돌 민	9	玉	水	金	水
	旻	하늘 민	8	日	水	火	金
	旼	온화할 민	8	日	水	火	金
	閔	민망할 민	12	門	水	木	木
	珉	옥돌 민	10	玉	水	金	水(瑉)
	岷	산 이름 민	8	山	水	土	金
	忞	힘쓸 민	8	心	水	火	金(忟)
	慜	총명할 민	15	心	水	火	土
	敃	강할 민	9	攴	水	金	水
	愍	힘쓸 민	13	心	水	火	火
	潤	물 흘러내릴 민	16	水	水	水	土

음	字	音·訓	획수	부수	발음	자원	수리(비고)
민	暋	굳셀 민	13	日	水	火	火
	頣	강할 민	14	頁	水	火	火
	泯	물 맑을 민	9	水	水	水	水
	悶	민망할 민	12	心	水	火	木
	緡	낚싯줄 민	15	糸	水	木	土
	鈱	철판 민	13	金	水	金	火
	脗	물결 가없는 모양 민	13	肉	水	水	火
	閩	종족이름 민	14	門	水	木	火
	旼	볼 민	9	日	水	木	水
	罠	낚싯줄 민	11	网	水	木	木
	瑉	옥돌 민	13	玉	水	金	火
	瑉	옥돌 민	14	玉	水	金	火
밀	密	빽빽할 밀	11	宀	水	木	木
	蜜	꿀 밀	14	虫	水	水	火
	謐	고요할 밀	17	言	水	金	金
	樒	침향 밀	15	木	水	木	土
박	泊	배댈 박	9	水	水	水	水
	拍	손뼉 칠 박	9	手	水	木	水
	迫	궁할 박	12	辵	水	土	木
	朴	순박할 박	6	木	水	木	土

음	字	音·訓	획수	부수	발음	자원	수리(비고)
박	博	넓을 박	12	十	水	水	木
	薄	엷을 박	19	艸	水	木	水
	珀	호박(악기)박	10	玉	水	金	水
	撲	두드릴 박	16	手	水	木	土
	璞	옥돌 박	17	玉	水	金	金
	鉑	금박 박	13	金	水	金	火
	舶	큰배 박	11	舟	水	木	木
	剝	벗길 박	10	刀	水	金	水
	樸	통나무 박	16	木	水	木	土
	箔	발 박	14	竹	水	木	火
	粕	지게미 박	11	米	水	木	木
	縛	묶을 박	16	糸	水	木	土
	膊	포 박	16	肉	水	水	土
	雹	우박 박	13	雨	水	水	火
	駁	얼룩말 박	14	馬	水	火	火
반	反	되돌릴 반	4	又	水	水	火
	飯	밥 반	13	食	水	水	火
	半	반(조각)반	5	十	水	土	土
	般	돌릴 반	10	舟	水	木	水
	盤	쟁반 반	15	皿	水	金	土

음	字	音 · 訓	획수	부수	발음	자원	수리(비고)
반	班	나눌 반	11	玉	水	金	木
	返	돌아올 반	11	辵	水	土	木
	叛	배반할 반	9	又	水	水	水
	伴	짝 반	7	人	水	火	金
	畔	물가 반	10	田	水	土	水
	頒	반포할 반	13	頁	水	火	火
	潘	강 이름 반	16	水	水	水	土
	磐	너럭바위 반	15	石	水	金	土
	拌	버릴 반	9	手	水	木	水
	搬	옮길 반	14	手	水	木	火
	攀	당길 반	19	手	水	木	水
	斑	얼룩 반	12	文	水	木	木
	槃	쟁반 반	14	木	水	木	火
	泮	학교 반	9	水	水	水	水
	瘢	흉터 반	15	疒	水	水	土
	盼	눈 예쁠 반	9	目	水	木	水
	磻	강 이름 반	17	石	水	金	金
	礬	명반 반	20	石	水	金	水
	絆	줄 반	11	糸	水	木	木
	蟠	서릴 반	18	虫	水	水	金

음	字	音·訓	획수	부수	발음	자원	수리(비고)
반	豳	얼룩 반	17	豸	水	水	金
	攽	나눌 반	8	攵	水	金	金
발	發	꽃필 발	12	癶	水	火	木
	拔	뺄 발	9	手	水	木	水
	髮	터럭 발	15	髟	水	火	土
	潑	물 뿌릴 발	16	水	水	水	土
	鉢	바리때 발	13	金	水	金	火
	渤	물소리 발	13	水	水	水	火
	勃	변색할 발	9	力	水	土	水
	撥	다스릴 발	16	手	水	木	土
	跋	밟을 발	12	足	水	土	木
	醱	술 괴일 발	19	酉	水	金	水
	魃	가물귀신 발	16	鬼	水	火	土
	炦	불기운 발	9	火	水	火	水
방	方	모(방위)방	4	方	水	土	火
	房	방 방	8	戶	水	木	金
	防	둑 방	12	阜	水	土	木
	放	놓을 방	8	攴	水	金	金
	訪	찾을 방	11	言	水	金	木
	芳	꽃다울 방	10	艸	水	木	水

음	字	音·訓	획수	부수	발음	자원	수리(비고)
방	傍	곁 방	12	人	水	火	木
	妨	방해할 방	7	女	水	土	金
	倣	본뜰 방	10	人	水	火	水
	邦	나라 방	11	邑	水	土	木
	坊	막을 방	7	土	水	土	金
	彷	거닐 방	7	彳	水	火	金
	昉	비로소 방	8	日	水	火	金
	龐	클 방	19	龍	水	土	水
	榜	방목 방	14	木	水	木	火
	尨	클 방	7	尢	水	土	金
	旁	두루 방	10	方	水	土	水
	枋	나무이름 방	8	木	水	木	金
	滂	큰비 방	14	水	水	水	火
	磅	돌 소리 방	15	石	水	金	土
	紡	실(길쌈)방	10	糸	水	木	水
	肪	기름 방	10	肉	水	水	水
	膀	오줌통 방	16	肉	水	水	土
	舫	쌍배 방	10	舟	水	木	水
	蒡	우엉 방	16	艸	水	木	土
	蚌	방합 방	10	虫	水	水	水

음	字	音·訓	획수	부수	발음	자원	수리(비고)
방	謗	비방할 방	17	言	水	金	金
	幫	도울 방	17	巾	水	木	金(幇)
배	拜	절 배	9	手	水	木	水
	杯	잔 배	8	木	水	木	金(盃)
	倍	갑절 배	10	人	水	火	水
	培	북돋을 배	11	土	水	土	木
	配	나눌 배	10	酉	水	金	水
	排	물리칠 배	12	手	水	木	木
	輩	무리 배	15	車	水	火	土
	背	등 배	11	肉	水	水	木
	陪	도울 배	16	阜	水	土	土
	裵	옷 치렁치렁할 배	14	衣	水	木	火(裴)
	湃	물결칠 배	13	水	水	水	火
	俳	장난 배	10	人	水	火	水
	徘	노닐 배	11	彳	水	火	木
	焙	불에 말릴 배	12	火	水	火	木
	胚	아이 밸 배	11	肉	水	水	木
	褙	속적삼 배	15	衣	水	木	土
	賠	배상할 배	15	貝	水	金	土
	北	달아날 배	5	匕	水	水	土

음	字	音·訓	획수	부수	발음	자원	수리(비고)
배	蓓	꽃봉오리 배	17	艸	水	木	金
	貝	조개패 배	7	貝	水	金	金
백	白	흰 백	5	白	水	金	土
	百	일백 백	6	白	水	水	土
	伯	맏 백	7	人	水	火	金
	佰	밭두둑 백	8	人	水	火	金
	帛	비단 백	8	巾	水	木	金
	魄	혼(넋)백	15	鬼	水	火	土
	柏	측백나무 백	9	木	水	木	水(栢)
	苩	성씨 백	11	艸	水	木	木
	趨	넘칠 백	12	走	水	火	木
	珀	호박 백	10	玉	水	金	水
번	番	번성할 번	12	田	水	土	木
	煩	번민할 번	13	火	水	火	火
	繁	많을 번	17	糸	水	木	金
	飜	날을 번	21	飛	水	火	木(翻)
	蕃	우거질 번	18	艸	水	木	金
	幡	기 번	15	巾	水	木	土
	樊	새장 번	15	木	水	木	土
	燔	구울 번	16	火	水	火	土

음	字	音·訓	획수	부수	발음	자원	수리(비고)
번	磻	강 이름 번	17	石	水	金	金
	藩	덮을 번	21	艸	水	木	木
벌	伐	칠 벌	6	人	水	火	土
	罰	죄 벌	15	网	水	木	土
	閥	가문 벌	14	門	水	木	火
	筏	떼 벌	12	竹	水	木	木
범	凡	무릇 범	3	几	水	水	火
	犯	범할 범	6	犬	水	土	土
	範	법 범	15	竹	水	木	土
	帆	돛 범	6	巾	水	木	土
	机	나무이름 범	7	木	水	木	金
	氾	넘칠 범	6	水	水	水	土
	范	풀이름 범	11	艸	水	木	木
	梵	불경 범	11	木	水	木	木
	泛	뜰(떠울)범	9	水	水	水	水
	汎	넓을(뜰)범	7	水	水	水	金
	釩	바나듐 범	11	金	水	金	木
	渢	풍류소리 범	13	水	水	水	火
	滼	뜰 범	15	水	水	水	土
법	法	법 법	9	水	水	水	水

음	字	音·訓	획수	부수	발음	자원	수리(비고)
법	琺	법랑 법	13	玉	水	金	火
벽	壁	바람벽 벽	16	土	水	土	土
	碧	푸를 벽	14	石	水	金	火
	璧	둥근 옥 벽	18	玉	水	金	金
	闢	열 벽	21	門	水	木	木
	僻	피할 벽	15	人	水	火	土
	劈	쪼갤 벽	15	刀	水	金	土
	擘	나눌 벽	17	手	水	木	金
	檗	회양목 벽	17	木	水	木	金(蘗)
	癖	버릇 벽	18	疒	水	水	金
	霹	벼락 벽	21	雨	水	水	木
	辟	임금 벽	13	辛	水	金	火
변	變	변할 변	23	言	水	金	火
	辯	말 잘할 변	21	辛	水	金	木
	辨	분별할 변	16	辛	水	金	土
	邊	가 변	22	辵	水	土	木
	卞	조급할 변	4	卜	水	土	火
	弁	고깔 변	5	廾	水	木	土
	便	문득 변	9	人	水	火	水
	釆	나눌 변	7	釆	水	火	金

음	字	音·訓	획수	부수	발음	자원	수리(비고)
별	別	다를 별	7	刀	水	金	金
	瞥	잠깐 볼 별	17	目	水	木	金
	鼈	자라 별	25	黽	水	土	土(鱉)
	襒	털어낼 별	17	衣	水	木	金
	莂	모종낼 별	13	艸	水	木	火
	鷩	금계 별	23	鳥	水	火	火
	馦	짙지 않는 향기 별	17	香	水	木	金
	劰	클 별	12	力	水	土	木
	炦	불기운 별	9	火	水	火	水
병	丙	남녘 병	5	一	水	火	土
	病	병들 병	10	疒	水	水	水
	兵	군사 병	7	八	水	金	金
	竝	아우를 병	10	立	水	金	水(並)
	屛	병풍 병	11	尸	水	水	木
	幷	합할 병	8	干	水	火	金
	倂	다툴 병	10	人	水	火	水
	甁	두레박 병	11	瓦	水	土	木
	輧	거마소리 병	15	車	水	火	土
	炳	밝을 병	9	火	水	火	水
	柄	자루 병	9	木	水	木	水

음	字	音·訓	획수	부수	발음	자원	수리(비고)
병	昺	밝을 병	9	日	水	火	水(昺)
	秉	잡을 병	8	禾	水	木	金
	餠	떡 병	17	食	水	水	金
	騈	나란히 할 병	18	馬	水	火	金
	抦	잡을 병	9	手	水	木	水
보	保	보호할 보	9	人	水	火	水
	步	걸을 보	7	止	水	土	金
	報	갚을 보	12	土	水	土	木
	普	널리 보	12	日	水	火	木
	補	기울 보	13	衣	水	木	火
	譜	계보 보	20	言	水	金	水
	寶	보배 보	20	宀	水	金	水(宝)
	堡	작은 성 보	12	土	水	土	木
	甫	클 보	7	用	水	水	金
	輔	덧방나무 보	14	車	水	火	火
	菩	보살 보	14	艸	水	木	火
	潽	물 보	16	水	水	水	土
	洑	나루 보	10	水	水	水	水
	湺	보 보	13	水	水	水	火
	褓	포대기 보	15	衣	水	木	土

음	字	音·訓	획수	부수	발음	자원	수리(비고)
보	俌	도울 보	9	人	水	火	水
	睸	볼 보	12	目	水	木	木
복	福	복 복	14	示	水	木	火
	伏	엎드릴 복	6	人	水	火	土
	服	옷 복	8	月	水	水	金
	復	돌아올 복	12	彳	水	火	木
	腹	배 복	15	肉	水	水	土
	複	겹칠 복	15	衣	水	木	土
	卜	점 복	2	卜	水	火	木
	覆	뒤집힐 복	18	襾	水	金	金
	馥	향기 복	18	香	水	木	金
	鍑	가마솥 복	17	金	水	金	金
	僕	종 복	14	人	水	火	火
	匐	길 복	11	勹	水	金	木
	宓	편안할 복	8	宀	水	木	金
	茯	복령 복	12	艸	水	木	木
	蔔	무 복	17	艸	水	木	金
	輹	복토 복	16	車	水	火	土
	輻	모여들 복	16	車	水	火	土
	鰒	전복 복	20	魚	水	水	水

음	字	音·訓	획수	부수	발음	자원	수리(비고)
본	本	근본 본	5	木	水	木	土
볼	乶	땅이름 볼	8	乙	水	木	金
봉	奉	받들 봉	8	大	水	木	金
	逢	만날 봉	14	辶	水	土	火
	峯	봉우리 봉	10	山	水	土	水(峰)
	蜂	벌 봉	13	虫	水	水	火
	封	봉할 봉	9	寸	水	土	水
	鳳	봉황새 봉	14	鳥	水	火	火
	俸	봉급 봉	10	人	水	火	水
	捧	받들 봉	12	手	水	木	木
	琫	칼집장식 봉	13	玉	水	金	火
	烽	봉화 봉	11	火	水	火	木
	棒	몽둥이 봉	12	木	水	木	木
	蓬	쑥 봉	17	艸	水	木	金
	鋒	첨단 봉	15	金	水	金	土
	熢	불기운 봉	15	火	水	火	土
	縫	붙일 봉	17	糸	水	木	金
	漨	물 이름 봉	15	水	水	水	土
	芃	무성할 봉	9	艸	水	木	水
부	夫	지아비 부	4	大	水	木	火

음	字	音·訓	획수	부수	발음	자원	수리(비고)
부	扶	도울 부	8	手	水	木	金
	父	아비 부	4	父	水	木	火
	富	넉넉할 부	12	宀	水	木	木
	部	거느릴 부	15	邑	水	土	土
	婦	며느리 부	11	女	水	土	木
	否	아닐 부	7	口	水	水	金
	浮	뜰 부	11	水	水	水	木
	付	붙일 부	5	人	水	火	土
	符	인장 부	11	竹	水	木	木
	附	가까이할 부	13	阜	水	土	火
	府	마을 부	8	广	水	土	金
	腐	썩을 부	14	肉	水	水	火
	負	짐질 부	9	貝	水	金	水
	副	버금 부	11	刀	水	金	木
	簿	장부 부	19	竹	水	木	木
	赴	다다를 부	9	走	水	火	水
	賦	구실 부	15	貝	水	金	土
	孚	기를 부	7	子	水	水	金
	芙	연꽃 부	10	艸	水	木	水
	傅	스승 부	12	人	水	火	木

음	字	音·訓	획수	부수	발음	자원	수리(비고)
부	溥	넓을 부	14	水	水	水	火
	敷	베풀 부	15	攴	水	金	土
	復	다시 부	12	彳	水	火	木
	不	아닐 부	4	一	水	水	火
	俯	숨을 부	10	人	水	火	水
	剖	쪼갤 부	10	刀	水	金	水
	咐	분부할 부	8	口	水	水	金
	埠	선창 부	11	土	水	土	木
	孵	알 깔(기를)부	14	子	水	水	火
	斧	도끼 부	8	斤	水	金	金
	缶	장군 부	6	缶	水	土	土
	腑	장부 부	14	肉	水	水	火
	艀	거루 배 부	13	舟	水	木	火
	莩	풀이름 부	13	艸	水	木	火
	訃	부고 부	9	言	水	金	水
	賻	부의 부	17	貝	水	金	金
	趺	발등 부	11	足	水	土	木
	釜	가마 부	10	金	水	金	水
	阜	언덕 부	8	阜	水	土	金
	駙	가까울 부	15	馬	水	火	土

음	字	音 · 訓	획수	부수	발음	자원	수리(비고)
부	鳧	오리 부	13	鳥	水	火	火
	膚	살갗 부	17	肉	水	水	金
북	北	북녘 북	5	匕	水	水	土
분	分	나눌 분	4	刀	水	金	火
	紛	어지러울 분	10	糸	水	木	水
	粉	가루 분	10	米	水	木	水
	奔	달아날 분	8	大	水	木	金
	墳	봉분 분	15	土	水	土	土
	憤	분할 분	16	心	水	火	土
	奮	떨칠 분	16	大	水	木	土
	汾	클 분	8	水	水	水	金
	芬	향기 분	10	艸	水	木	水
	盆	동이 분	9	皿	水	金	水
	吩	뿜을 분	7	口	水	水	金
	噴	노할 분	15	口	水	水	土
	忿	분할 분	8	心	水	火	金
	扮	꾸밀 분	8	手	水	木	金
	昐	햇빛 분	8	日	水	火	金
	焚	불사를 분	12	火	水	火	木
	糞	똥 분	17	米	水	木	金

음	字	音·訓	획수	부수	발음	자원	수리(비고)
분	賁	클 분	12	貝	水	金	木
	雰	안개 분	12	雨	水	水	木
불	不	아니 불	4	一	水	水	火
	佛	부처 불	7	人	水	火	金
	拂	떨어버릴 불	9	手	水	木	水
	彿	비슷할 불	8	彳	水	火	金
	弗	아닐(달러)불	5	弓	水	火	土
붕	朋	벗 붕	8	月	水	水	金
	崩	무너질 붕	11	山	水	土	木
	鵬	대붕 새 붕	19	鳥	水	火	水
	棚	시렁 붕	12	木	水	木	木
	硼	붕산 붕	13	石	水	金	火
	繃	감을 붕	17	糸	水	木	金
비	比	견줄 비	4	比	水	火	火
	非	아닐 비	8	非	水	水	金
	悲	슬플 비	12	心	水	火	木
	飛	날 비	9	飛	水	火	水
	鼻	코 비	14	鼻	水	火	火
	備	갖출 비	12	人	水	火	木
	批	비평할 비	8	手	水	木	金

음	字	音·訓	획수	부수	발음	자원	수리(비고)
비	卑	낮을 비	8	十	水	土	金
	婢	계집 종 비	11	女	水	土	木
	碑	비석 비	13	石	水	金	火
	妃	왕비 비	6	女	水	土	土
	肥	살찔 비	10	肉	水	水	水
	祕	숨길 비	10	示	水	木	水(秘)
	費	소비할 비	12	貝	水	金	木
	庇	덮을 비	7	广	水	木	金
	枇	비파나무 비	8	木	水	木	金
	琵	비파 비	13	玉	水	金	火
	扉	문짝 비	12	戶	水	木	木
	譬	비유할 비	20	言	水	金	水
	丕	클 비	5	一	水	木	土
	匕	비수 비	2	匕	水	木	木
	匪	아닐 비	10	匚	水	土	水
	憊	고달플 비	16	心	水	火	土
	斐	문채 날 비	12	文	水	木	木
	榧	비자나무 비	14	木	水	木	火
	毖	삼갈 비	9	比	水	火	水
	毗	도울 비	9	比	水	火	水(毘)

음	字	音·訓	획수	부수	발음	자원	수리(비고)
비	沸	물 끓을 비	9	水	水	水	水
	泌	샘물 흐를 비	9	水	水	水	水
	痺	각기 비	13	疒	水	水	火
	砒	비상 비	9	石	水	金	水
	秕	쭉정이 비	9	禾	水	木	水
	粃	아닐 비	10	米	水	木	水
	緋	붉은 빛 비	14	糸	水	木	火
	翡	물총새 비	14	羽	水	火	火
	脾	지라 비	14	肉	水	水	火
	臂	팔 비	19	肉	水	水	水
	菲	엷을 비	14	艸	水	木	火
	蜚	바퀴 비	14	虫	水	水	火
	裨	도울 비	14	衣	水	木	火
	誹	비방할 비	15	言	水	金	土
	鄙	더러울 비	18	邑	水	土	金
	棐	도울 비	12	木	水	木	木
	庀	다스릴 비	5	广	水	木	土
	奜	클 비	11	大	水	木	木
	霏	눈 펄펄 내릴 비	16	雨	水	水	土
	俾	더할 비	10	人	水	火	水

음	字	音·訓	획수	부수	발음	자원	수리(비고)
비	馡	향기로울 비	17	香	水	木	金
	伾	힘셀 비	7	人	水	火	金
빈	貧	가난할 빈	11	貝	水	金	木
	賓	손 빈	14	貝	水	金	火
	頻	자주 빈	16	頁	水	火	土
	彬	빛날 빈	11	彡	水	火	木(份)
	斌	문채 빛날 빈	12	文	水	木	木
	濱	물가 빈	18	水	水	水	金
	嬪	아내 빈	17	女	水	土	金
	穦	향기 빈	19	禾	水	木	木
	儐	인도할 빈	16	人	水	火	土
	璸	진주이름 빈	19	玉	水	金	水
	玭	진주 빈	9	玉	水	金	水
	嚬	찡그릴 빈	19	口	水	水	水
	檳	빈랑나무 빈	18	木	水	木	金
	殯	염할 빈	18	歹	水	水	金
	浜	물가 빈	11	水	水	水	木
	瀕	물가 빈	20	水	水	水	水
	牝	골짜기 빈	6	牛	水	土	土
	邠	나라이름 빈	11	邑	水	土	木

음	字	音·訓	획수	부수	발음	자원	수리(비고)
빈	繽	성할 빈	20	糸	水	木	水
	豳	얼룩무늬 빈	17	豸	水	水	金
	霦	옥 광채 빈	19	雨	水	水	水
	贇	예쁠 빈	19	貝	水	金	水
	鑌	많을 빈	22	金	水	金	木
	擯	물리칠 빈	18	手	水	木	金
	馪	향내 날 빈	23	香	水	木	火
빙	氷	얼음 빙	5	水	水	水	土
	聘	부를 빙	13	耳	水	火	火
	憑	건널 빙	16	心	水	火	土
	騁	달릴 빙	17	馬	水	火	金
사	四	넉 사	4	口	金	水	火
	巳	뱀 사	3	己	金	土	火
	士	선비 사	3	士	金	木	火
	仕	벼슬 사	5	人	金	火	土
	寺	절 사	6	寸	金	木	土
	史	역사 사	5	口	金	水	土
	使	하여금 사	8	人	金	火	金
	舍	집 사	8	舌	金	火	金
	射	쏠 사	10	寸	金	土	水

음	字	音·訓	획수	부수	발음	자원	수리(비고)
사	謝	사례할 사	17	言	金	金	金
	師	스승 사	10	巾	金	木	水
	死	죽을 사	6	歹	金	水	土
	私	사사 사	7	禾	金	木	金
	絲	실 사	12	糸	金	木	木
	思	생각할 사	9	心	金	火	水
	事	일 사	8	亅	金	木	金
	司	맡을 사	5	口	金	水	土
	詞	말 사	12	言	金	金	木
	蛇	뱀 사	11	虫	金	水	木
	捨	버릴 사	12	手	金	木	木
	邪	간사할 사	11	邑	金	土	木
	賜	줄 사	15	貝	金	金	土
	斜	비낄 사	11	斗	金	火	木
	詐	속일 사	12	言	金	金	木
	社	단체 사	8	示	金	木	金
	沙	모래 사	8	水	金	水	金
	似	같을 사	7	人	金	火	金
	査	조사할 사	9	木	金	木	水
	寫	베낄 사	15	宀	金	木	土

음	字	音 · 訓	획수	부수	발음	자원	수리(비고)
사	辭	사절할 사	19	辛	金	金	水
	斯	이 사	12	斤	金	金	木
	祀	제사 사	8	示	金	木	金
	泗	내 이름 사	9	水	金	水	水
	砂	모래 사	9	石	金	金	水
	糸	실 사	6	糸	金	木	土
	紗	깁 사	10	糸	金	木	水
	娑	춤출 사	10	女	金	土	水
	徙	옮길 사	11	彳	金	火	木
	奢	사치할 사	12	大	金	木	木
	嗣	이을 사	13	口	金	水	火
	赦	용서할 사	11	赤	金	火	木
	乍	잠깐 사	5	丿	金	火	土
	些	적을 사	7	二	金	木	金
	伺	살필 사	7	人	金	火	金
	俟	클 사	9	人	金	火	水
	儸	잘게 부술 사	15	人	金	火	土
	唆	부추길 사	10	口	金	水	水
	柶	수저 사	9	木	金	木	水
	梭	베 짜는 북 사	11	木	金	木	木

음	字	音·訓	획수	부수	발음	자원	수리(비고)
사	渣	강 이름 사	13	水	金	水	火
	瀉	물 쏟을 사	19	水	金	水	水
	獅	사자 사	14	犬	金	土	火
	祠	사당 사	10	示	金	木	水
	肆	방사할 사	13	聿	金	木	火
	莎	향 부자 사	13	艸	金	木	火
	蓑	덮을 사	16	艸	金	木	土
	裟	가사 사	13	衣	金	木	火
	飼	사료 사	14	食	金	水	火
	駟	말 사	15	馬	金	火	土
	麝	사향 사	21	鹿	金	土	木
	篩	왕대 사	16	竹	金	木	土
삭	削	깎을 삭	9	刀	金	金	水
	朔	초하루 삭	10	月	金	水	水
	數	셀 삭	15	攴	金	金	土
	索	동아줄 삭	10	糸	金	木	水
	爍	빛날 삭	19	火	金	火	水
	鑠	녹일 삭	23	金	金	金	火
	搠	바를 삭	14	手	金	木	火
산	山	뫼 산	3	山	金	土	火

음	字	音·訓	획수	부수	발음	자원	수리(비고)
산	産	낳을 산	11	生	金	木	木
	散	흩을 산	12	攴	金	金	木
	算	셈할 산	14	竹	金	木	火
	珊	산호 산	10	玉	金	金	水
	傘	우산 산	12	人	金	火	木
	刪	깎을 산	7	刀	金	金	金
	汕	통발 산	7	水	金	水	金
	疝	산증 산	8	疒	金	水	金
	蒜	마늘 산	16	艸	金	木	土
	霰	싸락눈 산	20	雨	金	水	水
	酸	초(신맛)산	14	酉	金	金	火
	產	낳을 산	11	生	金	木	木
	祘	셈 산	10	示	金	木	水
	憪	온전한 덕 산	15	心	金	火	土
살	殺	죽일 살	11	殳	金	金	木
	薩	보살 살	20	艸	金	木	水
	乷	음역자 살	8	乙	金	木	金
	撒	뿌릴 살	16	手	金	木	土
	煞	죽일 살	13	灬	金	火	火
삼	三	석 삼	3	一	金	火	火

음	字	音·訓	획수	부수	발음	자원	수리(비고)
삼	參	별 이름 삼	11	厶	金	火	木
	蔘	인삼 삼	17	艸	金	木	金
	杉	삼나무 삼	7	木	金	木	金
	衫	적삼 삼	9	衣	金	木	水
	滲	스밀 삼	15	水	金	水	土
	芟	풀벨 삼	10	艸	金	木	水
	森	성할(빽빽할)삼	12	木	金	木	木
삽	插	가래 삽	13	手	金	木	火(挿)
	澁	떫을 삽	16	水	金	水	土
	鈒	새길 삽	12	金	金	金	木
	颯	꺾을 삽	14	風	金	木	火
상	上	위 상	3	一	金	木	火
	尙	오히려 상	8	小	金	金	金
	常	떳떳할 상	11	巾	金	木	木
	賞	상줄 상	15	貝	金	金	土
	商	장사 상	11	口	金	水	木
	相	서로 상	9	目	金	木	水
	霜	서리 상	17	雨	金	水	金
	想	생각할 상	13	心	金	火	火
	傷	상처 상	13	人	金	火	火

음	字	音·訓	획수	부수	발음	자원	수리(비고)
상	喪	초상 상	12	口	金	水	木
	嘗	맛볼 상	14	口	金	水	火
	裳	치마 상	14	衣	金	木	火
	詳	자세할 상	13	言	金	金	火
	祥	상서 상	11	示	金	金	木
	象	코끼리 상	12	豕	金	水	木
	像	형상 상	14	人	金	火	火
	床	밥상 상	7	广	金	木	金
	桑	뽕나무 상	10	木	金	木	水
	狀	모양 상	8	犬	金	土	金
	償	갚을 상	17	人	金	火	金
	庠	학교 상	9	广	金	木	水
	湘	강 이름 상	13	水	金	水	火
	箱	상자 상	15	竹	金	木	土
	翔	날 상	12	羽	金	火	木
	爽	시원할 상	11	爻	金	火	木
	塽	땅 높을 상	14	土	金	土	火
	孀	홀어머니 상	20	女	金	土	水
	峠	고개 상	9	山	金	土	水
	廂	행랑 상	12	广	金	木	木

음	字	音·訓	획수	부수	발음	자원	수리(비고)
상	橡	상수리 상	16	木	金	木	土
	觴	잔 상	18	角	金	木	金
	樣	상수리나무 상	15	木	金	木	土
	牀	평상 상	8	爿	金	木	金
	愴	성품 밝을 상	15	心	金	火	土
	潒	세찰 상	16	水	金	水	土
새	塞	변방 새	13	土	金	土	火
	璽	도장 새	19	玉	金	金	水
	賽	굿할 새	17	貝	金	金	金
색	色	빛 색	6	色	金	土	土
	索	찾을 색	10	糸	金	木	水
	嗇	인색할 색	13	口	金	水	火
	穡	거둘 색	18	禾	金	木	金
	塞	요새 색	13	土	金	土	火
생	生	날 생	5	生	金	木	土
	牲	희생 생	9	牛	金	土	水
	甥	생질 생	12	生	金	木	木
	省	덜 생	9	目	金	木	水
	笙	생황 생	11	竹	金	木	木
서	西	서녘 서	6	襾	金	金	土

음	字	音·訓	획수	부수	발음	자원	수리(비고)
서	序	차례 서	7	广	金	木	金
	書	글(쓸)서	10	曰	金	木	水
	署	더울 서	13	日	金	木	火
	敍	펼 서	11	攴	金	金	木(叙·敘)
	徐	천천히 서	10	彳	金	火	水
	庶	뭇 서	11	广	金	木	木
	恕	용서할 서	10	心	金	火	水
	暑	관청 서	15	网	金	木	土
	緒	실마리 서	15	糸	金	木	土
	誓	맹세할 서	14	言	金	金	火
	逝	떠날 서	14	辵	金	土	火
	抒	펼(풀)서	8	手	金	木	金
	舒	펼 서	12	舌	金	火	木
	瑞	상서 서	14	玉	金	金	火
	棲	깃들일 서	12	木	金	木	木(栖.捿)
	曙	새벽 서	18	日	金	火	金
	壻	사위 서	12	土	金	木	木(婿)
	惰	지혜 서	13	心	金	火	火
	諝	슬기 서	16	言	金	金	土
	墅	농막 서	14	土	金	土	火

음	字	音·訓	획수	부수	발음	자원	수리(비고)
서	嶼	섬 서	17	山	金	土	金
	犀	물소 서	12	牛	金	土	木
	筮	점칠 서	13	竹	金	木	火
	絮	솜 서	12	糸	金	木	木(芯)
	胥	서로 서	11	肉	金	水	木(縃)
	薯	첨마 서	20	艸	金	木	水
	鋤	호미 서	15	金	金	金	土
	黍	기장 서	12	黍	金	木	木
	鼠	쥐 서	13	鼠	金	水	火
	藇	아름다울 서	20	艸	金	木	水
	揟	잡을 서	13	手	金	木	火
	恕	기뻐할 서	11	心	金	火	木
	湑	거를 서	13	水	金	水	火
	偦	재주 있을 서	11	人	金	火	木
	稰	가을할 서	14	禾	金	木	火
	焫	밝을 서	12	火	金	火	木
	遾	미칠 서	20	辵	金	土	水
석	石	돌 석	5	石	金	金	土
	夕	저녁 석	3	夕	金	水	火
	昔	옛 석	8	日	金	火	金

음	字	音·訓	획수	부수	발음	자원	수리(비고)
석	惜	아낄 석	12	心	金	火	木
	席	자리 석	10	巾	金	木	水
	析	가를 석	8	木	金	木	金
	釋	해설할 석	20	釆	金	火	水
	碩	클(단단할)석	14	石	金	金	火
	奭	클(성할)석	15	大	金	火	土
	汐	조수 석	7	水	金	水	金
	淅	쌀일 석	12	水	金	水	木
	晳	밝을 석	12	日	金	火	木(晰)
	租	섬 석	10	禾	金	木	水
	鉐	놋쇠 석	13	金	金	金	火
	錫	주석 석	16	金	金	金	土
	潟	개펄 석	16	水	金	水	土
	蓆	자리 석	16	艸	金	木	土
	舃	신 석	12	臼	金	土	木
	鼫	석서 석	18	鼠	金	土	金
	褯	자리 석	16	衣	金	木	土
선	先	먼저 선	6	儿	金	木	土
	仙	신선 선	5	人	金	火	土
	線	줄 선	15	糸	金	木	土

음	字	音·訓	획수	부수	발음	자원	수리(비고)
선	鮮	고울 선	17	魚	金	水	金
	善	착할 선	12	口	金	水	木
	船	배 선	11	舟	金	木	木
	選	가릴 선	19	辵	金	土	水
	宣	베풀 선	9	宀	金	火	水
	旋	갑자기 선	11	方	金	木	木
	禪	사양할 선	17	示	金	木	金
	扇	부채 선	10	戶	金	木	水
	渲	바림 선	13	水	金	水	火
	瑄	도리옥 선	14	玉	金	金	火
	愃	쾌할 선	13	心	金	火	火
	墡	백토 선	15	土	金	土	土
	膳	반찬 선	18	肉	金	水	金(饍)
	繕	기울(다스릴)선	18	糸	金	木	金
	琁	아름다운 옥 선	12	玉	金	金	木
	璿	이름다운 옥 선	19	玉	金	金	水
	璇	아름다운 옥 선	16	玉	金	金	土
	羨	부러워할 선	13	羊	金	土	火
	嬋	고울 선	15	女	金	土	土
	銑	무쇠 선	14	金	金	金	火

음	字	音·訓	획수	부수	발음	자원	수리(비고)
선	琁	옥돌 선	11	玉	金	金	木
	嫙	예쁠 선	14	女	金	土	火
	僊	춤출 선	13	人	金	火	火
	敾	흙을 선	16	示	金	木	土
	煽	부채질할 선	14	火	金	火	火
	癬	옴 선	22	疒	金	水	木
	腺	샘 선	15	肉	金	水	土
	蘚	이끼 선	23	艸	金	木	火
	蟬	매미 선	18	虫	金	水	金
	詵	많을 선	13	言	金	金	火
	跣	맨발 선	13	足	金	土	火
	鐥	복자 선	20	金	金	金	水
	洒	물뿌릴 선	10	水	金	水	水
	亘	베풀 선	6	二	金	火	土
	譔	가르칠 선	19	言	金	金	水
	暶	아름다울 선	16	日	金	木	土
	璿	아름다운 옥 선	18	玉	金	金	金
	洗	깨끗할 선	10	水	金	水	水
설	雪	눈 설	11	雨	金	水	木
	說	말씀 설	14	言	金	金	火

음	字	音 · 訓	획수	부수	발음	자원	수리(비고)
설	設	베풀 설	11	言	金	金	木
	舌	혀(말)설	6	舌	金	火	土
	薜	맑은 대쑥 설	19	艸	金	木	水
	楔	문설주 설	13	木	金	木	火
	屑	가루 설	10	尸	金	土	水
	泄	물샐 설	9	水	金	水	水
	洩	샐 설	10	水	金	水	水
	渫	칠 설	13	水	金	水	火
	褻	더러울 설	17	衣	金	木	金
	齧	깨물 설	21	齒	金	金	木
	卨	사람이름 설	12	凵	金	土	木(禼)
	藔	향기로울 설	17	艸	金	木	金
	契	사람이름 설	9	大	金	木	水
	偰	맑을 설	11	人	金	火	木
	揳	없앨 설	15	手	金	木	土
섬	纖	가늘 섬	23	糸	金	木	火
	暹	해돋을 섬	16	日	金	火	土
	蟾	두꺼비 섬	19	虫	金	水	水
	剡	땅이름 섬	10	刀	金	金	水
	殲	멸할 섬	21	歹	金	水	木

음	字	音·訓	획수	부수	발음	자원	수리(비고)
섬	贍	넉넉할 섬	20	貝	金	金	水
	閃	번쩍할 섬	10	門	金	木	水
	陝	고을이름 섬	15	阜	金	土	土
섭	涉	건널 섭	11	水	金	水	木
	攝	끌어당길 섭	22	手	金	木	木
	燮	불꽃 섭	17	火	金	火	金
	葉	땅 이름 섭	15	艸	金	木	土
	欆	삿자리 섭	21	木	金	木	木
	躞	걸을 섭	24	足	金	土	火
	躡	밟을 섭	25	足	金	土	土
성	姓	성 성	8	女	金	土	金
	性	성품 성	9	心	金	火	水
	成	이룰 성	7	戈	金	火	金
	城	재 성	10	土	金	土	水
	誠	정성 성	14	言	金	金	火
	盛	성할 성	12	皿	金	火	木
	省	살필 성	9	目	金	木	水
	聖	성인 성	13	耳	金	火	火
	聲	소리 성	17	耳	金	火	金
	星	별 성	9	日	金	火	水

음	字	音 · 訓	획수	부수	발음	자원	수리(비고)
성	珹	옥 이름 성	12	玉	金	金	木
	娍	아름다울 성	10	女	金	土	水
	瑆	빛날 성	14	玉	金	金	火
	惺	깨달을 성	13	心	金	火	火
	醒	술 깰 성	16	酉	金	金	土
	宬	서고 성	10	宀	金	木	水
	猩	성성이 성	13	犬	金	土	火
	筬	베틀 성	13	竹	金	木	火
	腥	비릴 성	15	肉	金	水	土
	賍	재물 성	12	貝	金	金	木
	胜	비릴 성	11	肉	金	水	木
	晟	밝을 성	11	日	金	火	木(晟)
세	世	세상 세	5	一	金	火	土
	洗	씻을 세	10	水	金	水	水
	稅	세금 세	12	禾	金	木	木
	細	가늘 세	11	糸	金	木	木
	勢	기세 세	13	力	金	金	火
	歲	해 세	13	止	金	土	火
	貰	빌릴 세	12	貝	金	金	木
	笹	조릿대 세	11	竹	金	木	木

음	字	音·訓	획수	부수	발음	자원	수리(비고)
세	說	달랠 세	14	言	金	金	火
	忕	익숙할 세	7	心	金	火	金
	洒	물 뿌릴 세	10	水	金	水	水
	涗	잿물 세	11	水	金	水	木
	鏏	구리 녹날 세	15	金	金	金	土
	彗	살별 세	11	彐	金	火	木
소	小	작을 소	3	小	金	水	火
	少	젊을 소	4	小	金	水	火
	所	처소 소	8	戶	金	木	金
	消	삭을 소	11	水	金	水	木
	素	흴 소	10	糸	金	木	水
	笑	웃을 소	10	竹	金	木	水(咲)
	召	부를 소	5	口	金	水	土
	昭	밝을 소	9	日	金	火	水
	蘇	차조기 소	22	艸	金	木	木
	騷	시끄러울 소	20	馬	金	火	水
	燒	불사를 소	16	火	金	火	土
	訴	하소연할 소	12	言	金	金	木
	掃	쓸(버릴)소	12	手	金	木	木
	疏	트일 소	12	疋	金	土	木(疎)

음	字	音·訓	획수	부수	발음	자원	수리(비고)
소	蔬	나물 소	17	艸	金	木	金
	沼	늪 소	9	水	金	水	水
	炤	밝을 소	9	火	金	火	水
	紹	이을 소	11	糸	金	木	木
	邵	땅 이름 소	12	邑	金	土	木
	韶	순임금 풍류 소	14	音	金	金	火
	巢	집 소	11	巛	金	水	木
	遡	거스를 소	17	辵	金	土	金(溯)
	栥	과녁 소	9	木	金	木	水
	玿	아름다운 옥 소	10	玉	金	金	水
	嘯	휘파람불 소	15	口	金	水	土
	塑	토우 소	13	土	金	土	火
	宵	밤(야간) 소	10	宀	金	木	水
	搔	긁을 소	14	手	金	木	火
	梳	빗 소	11	木	金	木	木
	瀟	강 이름 소	20	水	金	水	水
	瘙	종기 소	15	疒	金	水	土
	篠	조릿대 소	16	竹	金	木	土
	簫	퉁소 소	18	竹	金	木	金
	蕭	비뚤어질 소	18	艸	金	木	金

음	字	音·訓	획수	부수	발음	자원	수리(비고)
소	逍	거닐 소	14	辵	金	土	火
	銷	녹일 소	15	金	金	金	土
	愫	정성 소	14	心	金	火	火
	穌	소생할 소	16	禾	金	木	土(甦)
	卲	높을 소	7	卩	金	木	金
	霄	하늘 소	15	雨	金	水	土
	劭	힘쓸 소	7	力	金	土	金
	衛	깨끗할 소	16	行	金	火	土
	璅	옥돌 소	16	玉	金	金	土
	傃	향할 소	12	人	金	火	木
	鮹	소금 소	18	鹵	金	水	金
속	俗	풍속 속	9	人	金	火	水
	速	빠를 속	14	辵	金	土	火
	續	이을 속	21	糸	金	木	木
	束	묶을 속	7	木	金	木	金
	粟	조(오곡)속	12	米	金	木	木
	屬	살붙이 속	21	尸	金	木	木
	涑	빨 속	11	水	金	水	木
	謖	일어날 속	17	言	金	金	金
	贖	바꿀 속	22	貝	金	金	木

음	字	音 · 訓	획수	부수	발음	자원	수리(비고)
손	孫	손자 손	10	子	金	水	水
	損	덜 손	14	手	金	木	火
	遜	겸손할 손	17	辶	金	土	金
	巽	유순할 손	12	己	金	木	木
	蓀	난초 손	16	艸	金	木	土
	飧	저녁밥 손	12	食	金	水	木(飱)
솔	率	거느릴 솔	11	玄	金	火	木
	帥	거느릴(인도할)솔	9	巾	金	木	水
	乺	솔 솔	9	乙	金	木	水
	達	거느릴 솔	18	辶	金	土	金
송	松	소나무 송	8	木	金	木	金
	送	보낼 송	13	辶	金	土	火
	頌	칭송할 송	13	頁	金	火	火
	訟	송사할 송	11	言	金	金	木
	誦	의논할 송	14	言	金	金	火
	宋	송나라 송	7	宀	金	木	金
	淞	강 이름 송	12	水	金	水	木
	悚	두려울 송	11	心	金	火	木
	竦	공경할 송	12	立	金	金	木
	憁	똑똑할 송	17	心	金	火	金

음	字	音·訓	획수	부수	발음	자원	수리(비고)
쇄	刷	인쇄할 쇄	8	刀	金	金	金
	鎖	쇠사슬 쇄	18	金	金	金	金(鏁)
	殺	빠를 쇄	11	殳	金	金	木
	灑	물 뿌릴 쇄	23	水	金	水	火
	碎	깨뜨릴 쇄	13	石	金	金	火
쇠	衰	쇠할 쇠	10	衣	金	木	水
	釗	철 쇠	10	金	金	金	水
수	水	물 수	4	水	金	水	火
	手	손 수	4	手	金	木	火
	受	받을 수	8	又	金	水	金
	授	줄 수	12	手	金	木	木
	首	머리 수	9	首	金	水	水
	守	지킬 수	6	宀	金	木	土
	收	거둘 수	6	攴	金	金	土
	誰	누구 수	15	言	金	金	土
	須	모름지기 수	12	頁	金	火	木
	雖	비록 수	17	隹	金	火	金
	愁	근심 수	13	心	金	火	火
	樹	나무 수	16	木	金	木	土
	壽	목숨 수	14	士	金	水	火

음	字	音·訓	획수	부수	발음	자원	수리(비고)
수	數	셈할 수	15	攵	金	金	土
	修	닦을 수	10	人	金	火	水(俻)
	秀	빼어날 수	7	禾	金	木	金
	囚	가둘 수	5	口	金	水	土
	需	구할 수	14	雨	金	水	火
	帥	장수 수	9	巾	金	木	水
	殊	다를 수	10	歹	金	水	水
	隨	따를 수	21	阜	金	土	木
	輸	나를 수	16	車	金	火	土
	獸	짐승 수	19	犬	金	土	水
	睡	잠잘 수	13	目	金	木	火
	遂	이룩할 수	16	辵	金	土	土
	垂	드리울 수	8	土	金	土	金
	搜	찾을 수	14	手	金	木	火
	洙	물가(강 이름)수	10	水	金	水	水
	琇	옥돌 수	12	玉	金	金	木
	銖	무게단위 수	14	金	金	金	火
	粹	순수할 수	14	米	金	木	火
	穗	이삭 수	17	禾	金	木	金(穗)
	繡	수놓을 수	18	糸	金	木	金

음	字	音·訓	획수	부수	발음	자원	수리(비고)
수	隋	나라이름 수	17	阜	金	土	金
	髓	골수 수	23	骨	金	金	火
	袖	소매 수	11	衣	金	木	木
	嗽	기침할 수	14	口	金	水	火
	嫂	형수 수	13	女	金	土	火
	岫	산굴 수	8	山	金	土	金(峀)
	戍	지킬 수	6	戈	金	金	土
	漱	양치질할 수	15	水	金	水	土
	燧	부싯돌 수	17	火	金	火	金
	狩	사냥 수	10	犬	金	土	水
	璲	패옥 수	18	玉	金	金	金
	瘦	여윌 수	15	疒	金	水	土
	綏	편안할 수	13	糸	金	木	火
	綬	인끈 수	14	糸	金	木	火
	羞	바칠 수	11	羊	金	土	木
	茱	수유나무 수	12	艸	金	木	木
	蒐	사냥 수	16	艸	金	木	土
	蓚	수산 수	16	艸	金	木	土
	藪	큰늪 수	21	艸	金	木	木
	邃	깊을 수	21	辵	金	土	木

음	字	音·訓	획수	부수	발음	자원	수리(비고)
수	酬	갚을 수	13	酉	金	金	火
	銹	녹슬 수	15	金	金	金	土
	隧	길(도로)수	21	阜	金	土	木
	鬚	수염 수	22	髟	金	火	木
	賥	재물 수	15	貝	金	金	土
	竪	세울 수	15	豆	金	木	土(豎)
	讎	원수 수	23	言	金	金	火(讐)
	睢	물 이름 수	13	目	金	木	火(濉)
	睟	바로 볼 수	13	目	金	木	火
	瓍	구슬 수	21	玉	金	金	木
	宿	별자리 수	11	宀	金	木	木
	泅	헤엄칠 수	7	水	金	水	金
	瑪	옥 이름 수	18	玉	金	金	金
숙	叔	아재비 숙	8	又	金	水	金
	淑	맑을 숙	12	水	金	水	木
	宿	잘 숙	11	宀	金	木	木
	孰	누구 숙	11	子	金	水	木
	熟	익을 숙	15	火	金	火	土
	肅	엄숙할 숙	13	聿	金	火	火
	塾	글방 숙	14	土	金	土	火

음	字	音 · 訓	획수	부수	발음	자원	수리(비고)
숙	琡	옥 이름 숙	13	玉	金	金	火
	璹	옥그릇 숙	19	玉	金	金	水
	橚	줄지어 설 숙	17	木	金	木	金
	夙	일찍 숙	6	夕	金	水	土
	潚	빠를 숙	17	水	金	水	金
	菽	콩 숙	14	艹	金	木	火
순	順	순할 순	12	頁	金	火	木
	純	순수할 순	10	糸	金	木	水
	旬	열흘 순	6	日	金	火	土
	殉	따라죽을 순	10	歹	金	水	水
	循	돌 순	12	彳	金	火	木
	脣	입술 순	13	肉	金	水	火
	瞬	잠깐사이 순	17	目	金	木	金
	巡	순행할 순	7	巛	金	水	金
	洵	멀 순	10	水	金	水	水
	珣	옥 이름 순	11	玉	金	金	木
	荀	풀이름 순	12	艹	金	木	木
	筍	죽순 순	12	竹	金	木	木
	舜	순임금 순	12	舛	金	木	木
	淳	순박할 순	12	水	金	水	木

음	字	音·訓	획수	부수	발음	자원	수리(비고)
순	焞	밝을 순	12	火	金	火	木
	諄	타이를 순	15	言	金	金	土
	錞	악기이름 순	16	金	金	金	土
	醇	순수할 순	15	酉	金	金	土
	徇	두루 순	9	彳	金	火	水
	恂	정성 순	10	心	金	火	水
	栒	나무이름 순	10	木	金	木	水
	楯	난간 순	13	木	金	木	火
	橓	무궁화나무 순	16	木	金	木	土
	蓴	순나물 순	17	艸	金	木	金
	蕣	무궁화 순	18	艸	金	木	金
	詢	꾀할 순	13	言	金	金	火
	馴	따를 순	13	馬	金	火	火
	盾	방패 순	9	目	金	木	水
	峋	깊숙할 순	9	山	金	土	水
	姰	미칠 순	9	女	金	土	水
	畇	사귈 순	8	田	金	土	金
술	戌	개 술	6	戈	金	土	土
	述	지을 술	12	辵	金	土	木
	術	꾀 술	11	行	金	火	木

음	字	音·訓	획수	부수	발음	자원	수리(비고)
술	鉥	이끌 술	13	金	金	金	火
숭	崇	높을 숭	11	山	金	土	木
	嵩	우뚝 솟을 숭	13	山	金	土	火
	崧	산 이름 숭	11	山	金	土	木
슬	瑟	큰 거문고 슬	14	玉	金	金	火
	膝	무릎 슬	17	肉	金	水	金
	璱	푸른 진주 슬	18	玉	金	金	金
	蝨	참깨 슬	15	虫	金	水	土
	瑟	푸른 구슬 슬	16	玉	金	金	土
습	習	익힐 습	11	羽	金	火	木
	拾	주을 습	10	手	金	木	水
	濕	축축할 습	18	水	金	水	金
	襲	엄습할 습	22	衣	金	木	木
	褶	주름 습	17	衣	金	木	金
승	乘	탈 승	10	丿	金	火	水
	承	이을 승	8	手	金	木	金
	勝	이길 승	12	力	金	土	木
	昇	오를 승	8	日	金	火	金
	僧	중 승	14	人	金	火	火
	丞	정승 승	6	一	金	木	土

음	字	音·訓	획수	부수	발음	자원	수리(비고)
승	陞	오를(전진할)승	15	阜	金	土	土(陞)
	繩	노(끈)승	19	糸	金	木	水
	蠅	파리승	19	虫	金	水	水
	升	되승	4	十	金	木	火
	榺	바디승	14	木	金	木	火
	承	구할승	5	水	金	水	土
	塍	밭두둑 승	13	土	金	土	火
	岞	도울승	8	山	金	土	金
	陹	오를승	16	阜	金	土	土
시	市	저자 시	5	巾	金	木	土
	示	보일 시	5	示	金	木	土
	是	옳을 시	9	日	金	火	水
	時	때 시	10	日	金	火	水
	詩	시 시	13	言	金	金	火
	施	베풀 시	9	方	金	土	水
	試	시험할 시	13	言	金	金	火
	始	비로소 시	8	女	金	土	金
	矢	화살 시	5	矢	金	金	土
	侍	모실 시	8	人	金	火	金
	視	볼 시	12	見	金	火	木

음	字	音·訓	획수	부수	발음	자원	수리(비고)
시	恃	의지할 시	10	心	金	火	水
	匙	숟가락 시	11	匕	金	金	木
	嘶	울 시	15	口	金	水	土
	媤	시집 시	12	女	金	土	木
	尸	주검 시	3	尸	金	土	火
	屎	앓을 시	9	尸	金	土	水
	屍	주검 시	9	尸	金	土	水
	弑	죽일 시	12	弋	金	金	木
	猜	원망할 시	12	犬	金	土	木
	翅	날개 시	10	羽	金	火	水
	柴	나무(섶)시	9	木	金	木	水
	蒔	모종낼 시	16	艸	金	木	土
	蓍	시초 시	16	艸	金	木	土
	諡	시호 시	16	言	金	金	土
	豕	돼지 시	7	豕	金	水	金
	豺	승냥이 시	10	豸	金	水	水
	偲	굳셀 시	11	人	金	火	木
	毸	날개 펼칠 시	13	毛	金	火	火
	諟	바로잡을 시	16	言	金	金	土
	媞	편안할 시	12	女	金	土	木
음	字	音·訓	획수	부수	발음	자원	수리(비고)

음	字	音 · 訓	획수	부수	발음	자원	수리(비고)
시	柹	감나무 시	9	木	金	木	水(柹·柿)
	偲	책선할 시	13	心	金	火	火
	禔	복 시	14	示	金	木	火
	絁	깁 시	11	糸	金	木	木
	泜	내 이름 시	9	水	金	水	水
	諰	두려워할 시	16	言	金	金	土
	眡	볼 시	9	目	金	木	水
	漦	흐를 시	15	水	金	水	土
식	食	밥 식	9	食	金	水	水
	式	법 식	6	弋	金	金	土
	植	심을 식	12	木	金	木	木
	識	알 식	19	言	金	金	水
	息	휴식 식	10	心	金	火	水
	飾	꾸밀 식	14	食	金	水	火
	栻	나무이름 식	10	木	金	木	水
	埴	진흙 식	11	土	金	土	木
	殖	자랄 식	12	歹	金	水	木
	湜	물 맑을 식	13	水	金	水	火
	軾	수레 턱 나무 식	13	車	金	火	火
	寔	진실로 식	12	宀	金	木	木

음	字	音·訓	획수	부수	발음	자원	수리(비고)
식	拭	지을 식	10	手	金	木	水
	熄	꺼질 식	14	火	金	火	火
	簽	대 밥통 식	15	竹	金	木	土
	蝕	일식 식	15	食	金	水	土
신	身	몸 신	7	身	金	火	金
	申	거듭 신	5	田	金	金	土
	神	귀신 신	10	示	金	金	水
	臣	신하 신	6	臣	金	火	土
	信	믿을 신	9	人	金	火	水
	辛	매울 신	7	辛	金	金	金
	新	새 신	13	斤	金	金	火
	伸	펼 신	7	人	金	火	金
	晨	새벽 신	11	日	金	火	木
	愼	삼갈 신	14	心	金	火	火
	紳	큰 띠 신	11	糸	金	木	木
	莘	긴 모양 신	13	艸	金	木	火
	薪	섶나무 신	19	艸	金	木	水
	迅	빠를 신	10	辵	金	土	水
	訊	물을 신	10	言	金	金	水
	侁	걷는 모양 신	8	人	金	火	金

음	字	音·訓	획수	부수	발음	자원	수리(비고)
신	呻	읊을 신	8	口	金	水	金
	娠	애밸 신	10	女	金	土	水
	宸	집 신	10	宀	金	木	水
	燼	깜부기불 신	18	火	金	火	金
	腎	콩팥 신	14	肉	金	水	火
	蓋	나갈 신	20	艸	金	木	水
	蜃	이무기 신	13	虫	金	水	火
	辰	날 신	7	辰	金	土	金
	璶	옥돌 신	19	玉	金	金	水
실	失	잃을 실	5	大	金	火	土
	室	집 실	9	宀	金	木	水
	實	열매 실	14	宀	金	木	火(実)
	悉	다할 실	11	心	金	火	木
심	心	마음 심	4	心	金	火	火
	甚	심할 심	9	甘	金	土	水
	深	깊을 심	12	水	金	水	木
	尋	찾을 심	12	寸	金	金	木
	審	살필 심	15	宀	金	木	土
	沁	강 이름 심	8	水	金	水	金
	沈	성 심	8	水	金	水	金

음	字	音·訓	획수	부수	발음	자원	수리(비고)
심	瀋	즙 심	19	水	金	水	水
	芯	등심 초 심	10	艸	金	木	水
	諶	진실 심	16	言	金	金	土
십	十	열(열 번)십	10	十	金	水	水
	什	열(열사람)십	4	人	金	火	火
	拾	열 십	10	手	金	木	水
쌍	雙	쌍 쌍	18	隹	金	火	金(双)
씨	氏	칭호 씨	4	氏	金	火	火
아	兒	아이 아	8	儿	土	水	金(児)
	我	나 아	7	戈	土	金	金
	牙	어금니 아	4	牙	土	金	火
	芽	싹 아	10	艸	土	木	水
	雅	맑을 아	12	隹	土	火	木
	亞	버금 아	8	二	土	火	金(亜)
	餓	주릴 아	16	食	土	水	土
	娥	예쁠 아	10	女	土	土	水
	峨	산 높을 아	10	山	土	土	水(峩)
	衙	마을 아	13	行	土	火	火
	妸	아름다울 아	8	女	土	土	金
	俄	기울 아	9	人	土	火	水

음	字	音·訓	획수	부수	발음	자원	수리(비고)
아	啞	벙어리 아	11	口	土	水	木
	莪	지칭게 아	13	艸	土	木	火
	蛾	나방 아	13	虫	土	水	火
	訝	맞을 아	11	言	土	金	木
	鴉	검을 아	15	鳥	土	火	土
	鵝	거위 아	18	鳥	土	火	金
	阿	언덕 아	13	阜	土	土	火
	婀	아름다울 아	11	女	土	土	木(娿)
	哦	읊조릴 아	10	口	土	水	水
	硪	바위 아	12	石	土	金	木
	皒	흰빛 아	12	白	土	金	木
	砑	갈 아	9	石	土	金	水
	婭	동서 아	11	女	土	土	木
	椏	가장귀질 아	12	木	土	木	木
	啊	사랑할 아	11	口	土	水	木
	妸	여자스승 아	8	女	土	土	金
	猗	부드러울 아	12	犬	土	土	木
	枒	가장귀 아	8	木	土	木	金
악	惡	악할 악	12	心	土	火	木
	岳	큰산 악	8	山	土	土	金

음	字	音·訓	획수	부수	발음	자원	수리(비고)
악	樂	풍류 악	15	木	土	木	土
	堊	흰 흙 악	11	土	土	土	木
	嶽	대신 악	17	山	土	土	金
	幄	휘장 악	12	巾	土	木	木
	愕	놀랄 악	13	心	土	火	火
	握	쥘 악	13	手	土	木	火
	渥	젖을 악	13	水	土	水	火
	鄂	경계 악	16	邑	土	土	土
	鍔	칼날 악	17	金	土	金	金
	顎	근엄할 악	18	頁	土	火	金
	鰐	악어 악	20	魚	土	水	水
	齷	작을 악	24	齒	土	金	火
안	安	편안할 안	6	宀	土	木	土
	案	책상 안	10	木	土	木	水(桉)
	顔	얼굴 안	18	頁	土	火	金
	眼	눈 안	11	目	土	木	木
	岸	언덕 안	8	山	土	土	金
	雁	기러기 안	12	隹	土	火	木(鴈)
	晏	늦을(편안할)안	10	日	土	火	水
	按	누를(어루만질)안	10	手	土	木	水

음	字	音·訓	획수	부수	발음	자원	수리(비고)
안	鞍	안장 안	15	革	土	金	土
	鮟	아귀 안	17	魚	土	水	金
	姲	종용할 안	9	女	土	土	水
	婩	고울 안	11	女	土	土	木
	矸	깨끗할 안	8	石	土	金	金
	侒	편안할 안	8	人	土	火	金
	餫	배불리 먹을 안	19	食	土	水	水
알	謁	아뢸 알	16	言	土	金	土
	斡	관리할 알	14	斗	土	火	火
	軋	삐걱거릴 알	8	車	土	火	金
	閼	그칠 알	16	門	土	木	土
암	暗	어두울 암	13	日	土	火	火
	巖	바위 암	23	山	土	土	火(岩)
	庵	암자 암	11	广	土	木	木
	菴	맑은 대 쑥 암	14	艸	土	木	火
	唵	머금을 암	11	口	土	水	木
	癌	암(괴병)암	17	疒	土	水	金
	闇	어두울 암	17	門	土	木	金
압	壓	누를 압	17	土	土	土	金
	押	도장 압	9	手	土	木	水

음	字	音·訓	획수	부수	발음	자원	수리(비고)
압	鴨	오리 압	16	鳥	土	火	土
	狎	익숙할 압	9	犬	土	土	水
앙	仰	높을 앙	6	人	土	火	土
	央	가운데 앙	5	大	土	土	土
	殃	재앙 앙	9	歹	土	水	水
	鴦	원앙 앙	16	鳥	土	火	土
	怏	불만 앙	9	心	土	火	水
	秧	재배할 앙	10	禾	土	木	水
	昂	오를 앙	8	日	土	火	金(昻)
애	愛	사랑 애	13	心	土	火	火
	哀	슬플 애	9	口	土	水	水
	涯	물가 애	12	水	土	水	木
	厓	언덕 애	8	丿	土	土	金
	崖	언덕 애	11	山	土	土	木
	埃	먼지 애	10	土	土	土	水
	曖	가릴 애	17	日	土	火	金
	隘	좁을 애	18	阜	土	土	金
	靄	노을 애	24	雨	土	水	火
	賹	넉넉할 애	15	貝	土	金	土
	礙	거리낄 애	19	石	土	金	水(碍)

음	字	音·訓	획수	부수	발음	자원	수리(비고)
애	焕	빛날 애	11	火	土	火	木
	唉	물을 애	10	口	土	水	水
액	厄	재앙 액	4	厂	土	水	火
	額	이마 액	18	頁	土	火	金
	液	진 액	12	水	土	水	木
	扼	누를 액	8	手	土	木	金
	掖	부축할 액	12	手	土	木	木
	縊	목맬 액	16	糸	土	木	土
	腋	겨드랑이 액	14	肉	土	水	火
앵	鶯	꾀꼬리 앵	21	鳥	土	火	木
	櫻	앵두나무 앵	21	木	土	木	木
	罌	양병 앵	20	缶	土	土	水
	鸚	앵무새 앵	29	鳥	土	火	水
야	也	어조사 야	3	乙	土	水	火
	夜	밤 야	8	夕	土	水	金
	野	들 야	11	里	土	土	木(埜)
	耶	아버지 야	9	耳	土	火	水
	冶	대장간 야	7	冫	土	水	金
	倻	땅 이름 야	11	人	土	火	木
	惹	이끌 야	13	心	土	火	火

음	字	音·訓	획수	부수	발음	자원	수리(비고)
야	椰	야자나무 야	13	木	土	木	火
	爺	아비 야	13	父	土	木	火
	若	반야 야	11	艸	土	木	木
	揶	야유할 야	11	手	土	木	木(揶)
약	弱	약할 약	10	弓	土	金	水
	若	같을 약	11	艸	土	木	木
	約	대략 약	9	糸	土	木	水
	藥	약 약	21	艸	土	木	木
	躍	뛸 약	21	足	土	土	木
	葯	꽃 밥 약	15	艸	土	木	土
	蒻	부들 약	16	艸	土	木	土
양	羊	양 양	6	羊	土	土	土
	洋	큰 바다 양	10	水	土	水	水
	養	기를 양	15	食	土	水	土
	揚	날릴 양	13	手	土	木	火(敭)
	陽	볕 양	17	阜	土	土	金(昜)
	讓	사양할 양	24	言	土	金	火
	壤	흙 양	20	土	土	土	水
	樣	모양 양	15	木	土	木	土
	楊	버들 양	13	木	土	木	火

음	字	音·訓	획수	부수	발음	자원	수리(비고)
양	襄	오를 양	17	衣	土	木	金
	孃	아가씨 양	20	女	土	土	水
	漾	표류할 양	15	水	土	水	土
	佯	거짓 양	8	人	土	火	金
	恙	근심 양	10	心	土	火	水
	攘	뺏을 양	21	手	土	木	木
	暘	해돋이 양	13	日	土	火	火
	瀁	물 모양 양	19	水	土	水	水
	煬	쬘 양	13	火	土	火	火
	痒	종기 양	11	疒	土	水	木
	瘍	상처 양	14	疒	土	水	火
	禳	기도할 양	22	示	土	木	木
	穰	번성할 양	22	禾	土	木	木
	釀	술 양	24	酉	土	金	火
	椋	푸조나무 양	12	木	土	木	木
어	魚	물고기 어	11	魚	土	水	木
	漁	고기 잡을 어	15	水	土	水	土
	於	어조사 어	8	方	土	土	金
	語	말씀 어	14	言	土	金	火
	御	어거할 어	11	彳	土	火	木

음	字	音·訓	획수	부수	발음	자원	수리(비고)
어	圄	감옥 어	10	囗	土	水	水
	瘀	병 어	13	疒	土	水	火
	禦	막을 어	16	示	土	木	土
	馭	다스릴 어	12	馬	土	火	木
	齬	어긋날 어	22	齒	土	金	木
	唹	웃을 어	11	口	土	水	木
	衞	깨끗할 어	16	行	土	火	土
억	億	억 억	15	人	土	火	土
	憶	생각할 억	17	心	土	火	金
	抑	누를 억	8	手	土	木	金
	檍	참죽나무 억	17	木	土	木	金
	臆	가슴 억	19	肉	土	水	水
언	言	말씀 언	7	言	土	金	金
	焉	어찌 언	11	火	土	火	木
	諺	상말 언	16	言	土	金	土
	嫣	웃을 언	14	女	土	土	火
	彦	선비 언	9	彡	土	火	水(彦)
	偃	쓰러질 언	11	人	土	火	木
	堰	방죽 언	12	土	土	土	木
얼	孼	서자 얼	19	子	土	水	水

음	字	音 · 訓	획수	부수	발음	자원	수리(비고)
얼	蘖	움 얼	23	艹	土	木	火
	糵	누룩 얼	22	米	土	木	木
	乻	땅 이름 얼	9	乙	土	木	水
엄	嚴	엄할 엄	20	口	土	水	水(厳)
	奄	문득 엄	8	大	土	水	金
	俺	나 엄	10	人	土	火	水
	掩	가릴 엄	12	手	土	木	木
	儼	공경할 엄	22	人	土	火	木
	淹	담글 엄	12	水	土	水	木
	龑	고명할 엄	20	龍	土	土	水
업	業	업 업	13	木	土	木	火
	嶪	산 높은 모양 업	16	山	土	土	土
앤	円	원 앤	4	冂	土	土	火
여	余	나 여	7	人	土	火	金
	餘	남을 여	16	食	土	水	土
	如	같을 여	6	女	土	土	土
	汝	너 여	7	水	土	水	金
	與	줄(참여할)여	14	臼	土	土	火
	予	나 여	4	亅	土	金	火
	輿	수레 여	17	車	土	火	金

음	字	音·訓	획수	부수	발음	자원	수리(비고)
여	歟	어조사 여	18	欠	土	金	金
	璵	옥 여	19	玉	土	金	水
	礖	숫돌 여	19	石	土	金	水
	艅	나룻배 여	13	舟	土	木	火
	茹	먹을 여	12	艸	土	木	木
	轝	수레 여	21	車	土	火	木
	妤	첩여 여	7	女	土	土	金
	悆	잊을 여	11	心	土	火	木
역	亦	또 역	6	亠	土	水	土
	易	바꿀 역	8	日	土	火	金
	逆	거스를 역	13	辵	土	土	火
	譯	통변할 역	20	言	土	金	水
	驛	역말 역	23	馬	土	火	火
	役	부릴 역	7	彳	土	火	金
	疫	염병 역	9	疒	土	水	水
	域	지경 역	11	土	土	土	木
	晹	볕 날 역	12	日	土	火	木
	繹	풀어낼 역	19	糸	土	木	水
연	然	그럴 연	12	灬	土	火	木
	煙	연기 연	13	火	土	火	火(烟)

음	字	音·訓	획수	부수	발음	자원	수리(비고)
연	硏	궁구할 연	11	石	土	金	木
	延	맞을 연	7	廴	土	土	金
	燃	불탈 연	16	火	土	火	土
	燕	제비 연	16	灬	土	火	土
	沿	물 따라갈 연	9	水	土	水	水
	鉛	납 연	13	金	土	金	火
	宴	잔치 연	10	宀	土	木	水
	軟	연할 연	11	車	土	火	木(輭)
	演	펼(흐를)연	15	水	土	水	土
	緣	인연 연	15	糸	土	木	土
	衍	넓을(넘칠)연	9	行	土	火	水
	淵	못 연	13	水	土	水	火(渊)
	姸	고울 연	9	女	土	土	水(姸)
	娟	예쁠 연	10	女	土	土	水(娟)
	涓	시내 연	11	水	土	水	木
	沇	강 이름 연	8	水	土	水	金
	筵	대자리 연	13	竹	土	木	火
	瑌	옥돌 연	14	玉	土	金	火
	姚	빛날 연	10	女	土	土	水
	嚥	삼킬 연	19	口	土	水	水

음	字	音·訓	획수	부수	발음	자원	수리(비고)
연	堧	빈터 연	12	土	土	土	木
	捐	버릴 연	11	手	土	木	木
	挻	늘일 연	11	手	土	木	木
	椽	서까래 연	13	木	土	木	火
	涎	침 연	11	水	土	水	木
	縯	길(당길)연	17	糸	土	木	金
	鳶	솔개 연	14	鳥	土	火	火
	硯	벼루 연	12	石	土	金	木(硯)
	曣	청명할 연	20	日	土	火	水
	嫣	성 연	15	女	土	土	土
	醼	잔치 연	23	酉	土	金	火
	兗	연주 연	9	儿	土	木	水(兖)
	嬿	아름다울 연	19	女	土	土	水
	莚	풀뿌리 연	13	艸	土	木	火
	瑌	옥돌 연	19	玉	土	金	水
	均	따를 연	7	土	土	土	金
	戭	창 연	15	戈	土	金	土
열	熱	더울 열	15	火	土	火	土
	悅	기쁠 열	11	心	土	火	木
	閱	볼 열	15	門	土	金	土

음	字	音 · 訓	획수	부수	발음	자원	수리(비고)
열	說	기쁠 열	14	言	土	金	火
	咽	목멜 열	9	口	土	水	水
	澄	물 흐르는 모양 열	16	水	土	水	土
염	炎	불꽃 염	8	火	土	火	金
	染	물들일 염	9	木	土	木	水
	鹽	소금 염	24	鹵	土	水	火
	琰	옥갈 염	13	玉	土	金	火
	艶	고울 염	24	色	土	土	火(艶)
	厭	가득할 염	14	厂	土	土	火
	焰	불꽃 염	12	火	土	火	木
	苒	덧없을 염	11	艸	土	木	木
	閻	한길 염	16	門	土	木	土
	髥	수염 염	14	髟	土	火	火
	艷	고울 염	24	色	土	土	火
엽	葉	잎 엽	15	艸	土	木	土
	燁	빛날 엽	16	火	土	火	土
	曄	빛날 엽	16	日	土	火	土
	熀	밝은 모양 엽	14	火	土	火	火
영	永	길 영	5	水	土	水	土
	英	꽃부리 영	11	艸	土	木	木

음	字	音·訓	획수	부수	발음	자원	수리(비고)
영	迎	맞이할 영	11	辵	土	土	木
	榮	영화 영	14	木	土	木	火(栄·荣)
	泳	헤엄칠 영	9	水	土	水	水
	詠	읊을 영	12	言	土	金	木
	營	경영할 영	17	火	土	火	金
	影	그림자 영	15	彡	土	火	土
	映	비출(비칠)영	9	日	土	火	水(暎)
	瀯	물 맑을 영	13	水	土	水	火
	煐	빛날 영	13	火	土	火	火
	瑛	옥 광채 영	14	玉	土	金	火
	瑩	밝을 영	15	玉	土	金	土
	濚	물 졸졸 흐를 영	21	水	土	水	木(濴)
	盈	찰 영	9	皿	土	水	水
	楹	기둥 영	13	木	土	木	火
	鍈	방울소리 영	17	金	土	金	金
	嬰	어릴 영	17	女	土	土	金
	穎	이삭 영	16	禾	土	木	土
	瓔	구슬목걸이 영	22	玉	土	金	木
	咏	노래할 영	8	口	土	水	金
	塋	무덤 영	13	土	土	土	火

음	字	音 · 訓	획수	부수	발음	자원	수리(비고)
영	嶸	산 높을 영	17	山	土	土	金
	潁	강 이름 영	15	水	土	水	土
	瀯	물속 영	20	水	土	水	水
	纓	갓끈 영	23	糸	土	木	火
	霙	눈꽃 영	17	雨	土	水	金
	嬴	가득 찰 영	16	女	土	土	土
	蠑	영원 영	20	虫	土	水	水
	朠	달빛 영	13	月	土	水	火
	濚	거침없이 흐를 영	11	水	土	水	木
	眳	똑바로 볼 영	12	目	土	木	木
	栐	나무이름 영	9	木	土	木	水
예	藝	심을 예	21	艸	土	木	木(埶·芸)
	豫	미리 예	16	豕	土	水	土
	譽	명예 예	21	言	土	金	木
	銳	날카로울 예	15	金	土	金	土
	叡	밝을 예	16	又	土	火	土(容·睿)
	預	미리 예	13	頁	土	火	火
	芮	나라이름 예	10	艸	土	木	水
	乂	어질 예	2	丿	土	金	木
	倪	끝 예	10	人	土	火	水

음	字	音·訓	획수	부수	발음	자원	수리(비고)
예	刈	벨 예	4	刀	土	金	火
	曳	끌릴 예	6	曰	土	火	土
	汭	물속 예	8	水	土	水	金
	濊	깊을 예	17	水	土	水	金
	猊	사자 예	12	犬	土	土	木
	穢	거칠 예	18	禾	土	木	金
	裔	후손 예	13	衣	土	木	火
	詣	이를 예	13	言	土	金	火
	霓	가장자리 예	16	雨	土	水	土
	堄	성가퀴 예	11	土	土	土	木
	橤	드리울 예	16	木	土	木	土
	琋	옥돌 예	10	玉	土	金	水
	嫕	유순할 예	14	女	土	土	火
	蓺	심을 예	17	艸	土	木	金
	蕊	꽃술 예	18	艸	土	木	金(橤)
	藝	재주 예	15	土	土	土	土
	羿	사람이름 예	9	羽	土	火	水
	瘱	고요할 예	16	疒	土	水	土
	郳	나라이름 예	15	邑	土	土	土
	嬖	다스릴 예	15	辛	土	金	土

음	字	音·訓	획수	부수	발음	자원	수리(비고)
예	帠	법(법도)예	9	巾	土	木	水
	洃	물가 예	12	水	土	水	木
	兒	다시난이 예	8	儿	土	水	金
오	五	다섯 오	5	二	土	土	土
	吾	나 오	7	口	土	水	金
	悟	깨달을 오	11	心	土	火	木
	伍	대오 오	6	人	土	火	土
	吳	나라이름 오	7	口	土	水	金
	旿	대낮 오	8	日	土	火	金
	珸	옥돌 오	12	玉	土	金	木
	晤	밝을 오	11	日	土	火	木
	奧	속(깊을)오	13	大	土	木	火
	俉	맞이할 오	9	人	土	火	水
	塢	둑 오	13	土	土	土	火
	墺	물가(육지)오	16	土	土	土	土
	寤	깨달을 오	14	宀	土	木	火
	惡	미워할 오	12	心	土	火	木
	懊	한할 오	17	心	土	火	金
	敖	놀 오	11	土	土	土	木
	熬	볶을 오	15	灬	土	火	土

음	字	音·訓	획수	부수	발음	자원	수리(비고)
오	澳	깊을 오	17	水	土	水	金
	獒	개 오	15	犬	土	土	土
	筽	대 이름 오	13	竹	土	木	火
	蜈	지네 오	13	虫	土	水	火
	鼇	자라 오	24	黽	土	水	火(鰲)
	梧	오동나무 오	11	木	土	木	木
	浯	오수 오	11	水	土	水	木
	燠	따뜻할 오	17	火	土	火	金
	顯	높고 클 오	20	頁	土	火	水
옥	玉	옥(구슬)옥	5	玉	土	金	土
	屋	집 옥	9	尸	土	木	水
	沃	기름질 옥	8	水	土	水	金
	鈺	보배 옥	13	金	土	金	火
온	昷	어질 온	9	日	土	火	水
	溫	따뜻할 온	14	水	土	水	火
	瑥	사람이름 온	15	玉	土	金	土
	媼	할미 온	13	女	土	土	火
	穩	평온할 온	19	禾	土	木	水(稳)
	瘟	염병 온	15	疒	土	水	土
	縕	헌솜 온	16	糸	土	木	土

음	字	音·訓	획수	부수	발음	자원	수리(비고)
온	蘊	쌓을 온	22	艸	土	木	木
	榅	기둥 온	14	木	土	木	火
	馧	향기로울 온	19	香	土	木	水
	饂	보리 먹을 온	19	食	土	水	水
올	兀	우뚝할 올	3	儿	土	水	火
	杌	나무그루터기 올	7	木	土	木	金
옹	翁	늙은이 옹	10	羽	土	火	水
	擁	안을 옹	17	手	土	木	金
	雍	화목할 옹	13	隹	土	火	火
	壅	막힐 옹	16	土	土	土	土
	瓮	독(항아리)옹	8	瓦	土	土	金
	甕	독(단지)옹	18	瓦	土	土	金
	癰	등창 옹	23	疒	土	水	火
	邕	막을 옹	10	邑	土	土	水
	饔	조반 옹	22	食	土	水	木
와	瓦	기와 와	5	瓦	土	土	土
	臥	넘어질 와	8	臣	土	土	金
	渦	소용돌이 와	13	水	土	水	火
	窩	굴 와	14	穴	土	水	火
	窪	웅덩이 와	14	穴	土	水	火

음	字	音·訓	획수	부수	발음	자원	수리(비고)
와	蛙	음란할 와	12	虫	土	水	木
	蝸	고둥 와	15	虫	土	水	土
	訛	거짓말 와	11	言	土	金	木
완	完	완전할 완	7	宀	土	木	金
	緩	느릴 완	15	糸	土	木	土
	玩	놀 완	9	玉	土	金	水
	垸	비를 완	10	土	土	土	水
	浣	씻을 완	11	水	土	水	木
	莞	왕골 완	13	艸	土	木	火
	琓	옥 이름 완	12	玉	土	金	木
	琬	홀 완	13	玉	土	金	火
	婠	품성 좋을 완	11	女	土	土	木
	婉	순할 완	11	女	土	土	木
	宛	완연할 완	8	宀	土	木	金
	梡	도마 완	11	木	土	木	木
	椀	주발 완	12	木	土	木	木
	碗	식기 완	13	石	土	金	火
	翫	가지고 놀 완	15	羽	土	火	土
	脘	밥통 완	13	肉	土	水	火
	腕	팔 완	14	肉	土	水	火

음	字	音·訓	획수	부수	발음	자원	수리(비고)
완	豌	완두 완	15	豆	土	木	土
	阮	관문이름 완	12	阜	土	土	木
	頑	둔할 완	13	頁	土	火	火
	妧	좋을 완	7	女	土	土	金
	岏	산 높을 완	7	山	土	土	金
	鋺	식기 완	16	金	土	金	土
	抏	꺾을 완	8	手	土	木	金
	杬	어루만질 완	8	木	土	木	金
왈	曰	가로 왈	4	曰	土	火	火
왕	王	임금 왕	5	玉	土	金	土
	往	갈 왕	8	彳	土	火	金
	旺	성할 왕	8	日	土	火	金
	汪	깊고 넓을 왕	8	水	土	水	金
	枉	굽을 왕	8	木	土	木	金
왜	倭	왜국 왜	10	人	土	火	水
	娃	예쁠 왜	9	女	土	土	水
	歪	비뚤어질 왜	9	止	土	土	水
	矮	난쟁이 왜	13	矢	土	金	火
외	外	바깥 외	5	夕	土	火	土
	畏	두려워할 외	9	田	土	土	水

음	字	音·訓	획수	부수	발음	자원	수리(비고)
외	嵬	높을(허망할)외	13	山	土	土	火
	巍	높을 외	21	山	土	土	木
	猥	함부로 외	13	犬	土	土	火
요	要	중요할 요	9	襾	土	金	水
	腰	허리 요	15	肉	土	水	土
	搖	흔들 요	14	手	土	木	火
	遙	멀 요	17	辵	土	土	金
	謠	노래 요	17	言	土	金	金
	夭	어릴 요	4	大	土	水	火
	堯	요임금 요	12	土	土	土	木
	饒	넉넉할 요	21	食	土	水	木
	曜	요일 요	18	日	土	火	金
	耀	빛날 요	20	羽	土	火	水
	瑤	아름다운 옥 요	15	玉	土	金	土
	樂	좋아할 요	15	木	土	木	土
	姚	예쁠 요	9	女	土	土	水
	僥	요행 요	14	人	土	火	火
	凹	오목할 요	5	凵	土	火	土
	妖	도깨비 요	7	女	土	土	金
	嶢	산 높을 요	15	山	土	土	土

음	字	音·訓	획수	부수	발음	자원	수리(비고)
요	拗	꺾을 요	9	手	土	木	水
	擾	요란할 요	19	手	土	木	水
	橈	굽을 요	16	木	土	木	土
	燿	빛날 요	18	火	土	火	金
	窈	고요할 요	10	穴	土	水	水
	窯	가마 요	15	穴	土	水	土
	繇	역사 요	17	糸	土	木	金
	繞	얽을 요	18	糸	土	木	金
	蟯	요충 요	18	虫	土	水	金
	邀	맞을 요	20	辵	土	土	水
	曤	밝을 요	14	日	土	火	火
욕	欲	욕심 욕	11	欠	土	金	木
	浴	목욕할 욕	11	水	土	水	木
	慾	탐낼 욕	15	心	土	火	土
	辱	욕되게 할 욕	10	辰	土	土	水
	縟	무늬 욕	16	糸	土	木	土
	褥	요 욕	16	衣	土	木	土
용	用	쓸 용	5	用	土	水	土
	勇	날랠 용	9	力	土	土	水
	容	얼굴 용	10	宀	土	木	水

음	字	音 · 訓	획수	부수	발음	자원	수리(비고)
용	庸	떳떳할 용	11	广	土	木	木
	溶	성할 용	14	水	土	水	火
	鎔	쇠 녹일 용	18	金	土	金	金(熔)
	瑢	패옥소리 용	15	玉	土	金	土
	榕	벵골 보리수 용	14	木	土	木	火
	蓉	연꽃 용	16	艸	土	木	土
	涌	샘솟을 용	11	水	土	水	木(湧)
	埇	길 돋을 용	10	土	土	土	水
	踊	뛸 용	14	足	土	土	火
	鏞	큰 쇠북 용	19	金	土	金	水
	茸	무성할 용	12	艸	土	木	木
	墉	담 용	14	土	土	土	火
	甬	물 솟아오를 용	7	用	土	水	金
	倛	목우 용	9	人	土	火	水
	傭	품팔이 용	13	人	土	火	火
	慂	권할 용	14	心	土	火	火
	聳	솟을 용	17	耳	土	火	金
	俗	아름다울 용	12	人	土	火	木
	槦	화살대 용	15	木	土	木	土
	宂	한가로울 용	5	宀	土	木	土(冗)

음	字	音·訓	획수	부수	발음	자원	수리(비고)
용	戜	사나울 용	10	戈	土	金	水
우	于	어조사 우	3	二	土	水	火
	宇	집 우	6	宀	土	木	土
	右	오른쪽 우	5	口	土	水	土
	牛	소 우	4	牛	土	土	火
	友	벗 우	4	又	土	水	火
	雨	비 우	8	雨	土	水	金(水)
	憂	근심 우	15	心	土	火	土
	又	또 우	2	又	土	水	木
	尤	더욱 우	4	尢	土	土	火
	遇	만날 우	16	辶	土	土	土
	羽	깃 우	6	羽	土	火	土
	郵	역참 우	15	邑	土	土	土
	愚	어리석을 우	13	心	土	火	火
	偶	짝 우	11	人	土	火	木
	優	넉넉할 우	17	人	土	火	金
	佑	도울 우	7	人	土	火	金
	祐	도울(행복) 우	10	示	土	木	水
	禹	하우씨 우	9	内	土	土	水
	瑀	패옥 우	14	玉	土	金	火

음	字	音·訓	획수	부수	발음	자원	수리(비고)
우	寓	머무를 우	12	宀	土	木	木
	堣	모퉁이 우	12	土	土	土	木
	隅	언덕 우	17	阜	土	土	金
	玗	옥돌 우	8	玉	土	金	金
	釪	바리때 우	11	金	土	金	木
	迂	멀 우	10	辵	土	土	水
	旴	클 우	7	日	土	火	金
	盂	사발 우	8	皿	土	土	金
	禑	복 우	14	示	土	木	火
	紆	굽을 우	9	糸	土	木	水
	芋	토란 우	9	艸	土	木	水
	藕	연(연뿌리)우	21	艸	土	木	木
	虞	헤아릴 우	13	虍	土	木	火
	雩	기우제 우	11	雨	土	水	木
	扜	당길 우	7	手	土	木	金
	圩	둑(오목할)우	6	土	土	土	土
	愚	유혹할 우	15	心	土	火	土
	燠	따뜻할 우	17	火	土	火	金
	惆	기뻐할 우	13	心	土	火	火
	俁	클 우	9	人	土	火	水

음	字	音 · 訓	획수	부수	발음	자원	수리(비고)
우	邘	땅 이름 우	10	邑	土	土	水
	盂	흐를 우	11	皿	土	水	木
욱	旭	아침 해 욱	6	日	土	火	土
	昱	빛날 욱	9	日	土	火	水
	煜	빛날 욱	13	火	土	火	火
	郁	성할 욱	13	邑	土	土	火
	頊	뒤통수 욱	13	頁	土	火	火
	彧	문채 빛날 욱	10	彡	土	火	水
	勖	힘쓸 욱	11	力	土	土	木
	栯	산 앵두 욱	10	木	土	木	水
	燠	따뜻할 욱	17	火	土	火	金
	稶	서직 무성할 욱	13	禾	土	木	火(稶)
운	云	이를 운	4	二	土	水	火
	雲	구름 운	12	雨	土	水	木
	運	운전할 운	16	辵	土	土	土
	韻	운치 운	19	音	土	金	水
	沄	소용돌이칠 운	8	水	土	水	金
	澐	큰 물결 운	16	水	土	水	土
	耘	김맬 운	10	耒	土	金	水
	賱	넉넉할 운	16	貝	土	金	土

음	字	音·訓	획수	부수	발음	자원	수리(비고)
운	夽	높을 운	7	大	土	木	金
	暈	무리 운	13	日	土	火	火
	橒	나무무늬 운	16	木	土	木	土
	殞	죽을 운	14	歹	土	水	火
	熉	노란모양 운	14	火	土	火	火
	芸	향풀 이름 운	10	艸	土	木	水
	蕓	평지 운	18	艸	土	木	金
	隕	잃을 운	18	阜	土	土	金
	篔	운당 운	16	竹	土	木	土(篔)
	賱	떨어질 운	15	穴	土	水	土
	貟	더할 운	10	口	土	水	水
	鄖	나라이름 운	17	邑	土	土	金
	顚	둥글 운	19	頁	土	火	水
울	蔚	우거질 울	17	艸	土	木	金
	鬱	막힐 울	29	鬯	土	木	水
	菀	무성할 울	14	艸	土	木	火
웅	雄	수컷 웅	12	隹	土	火	木
	熊	곰 웅	14	火	土	火	火
원	元	으뜸 원	4	儿	土	木	火
	原	근본 원	10	厂	土	土	水

음	字	音·訓	획수	부수	발음	자원	수리(비고)
원	願	원할 원	19	頁	土	火	水
	遠	멀 원	17	辶	土	土	金
	園	동산 원	13	口	土	水	火
	怨	원망할 원	9	心	土	火	水
	圓	둥글 원	13	口	土	水	火
	員	관원 원	10	口	土	水	水(貟)
	源	근원 원	14	水	土	水	火
	援	도울 원	13	手	土	木	火
	院	집 원	15	阜	土	土	土
	袁	옷 치렁거릴 원	10	衣	土	木	水
	垣	담 원	9	土	土	土	水
	洹	강 이름 원	10	水	土	水	水
	沅	강 이름 원	8	水	土	水	金
	瑗	도리옥 원	14	玉	土	金	火
	媛	예쁠 원	12	女	土	土	木
	嫄	여자이름 원	13	女	土	土	火
	愿	성실할 원	14	心	土	火	火
	苑	동산 원	11	艸	土	木	木
	轅	끌채 원	17	車	土	火	金
	婉	고울 원	11	女	土	土	木

음	字	音·訓	획수	부수	발음	자원	수리(비고)
원	湲	맑을 원	13	水	土	水	火
	爰	이에 원	9	爪	土	木	水
	猿	원숭이 원	14	犬	土	土	火
	阮	관 이름 원	12	阜	土	土	木
	鴛	원앙 원	16	鳥	土	火	土
	褑	띠 원	15	衣	土	木	土
	朊	달빛 희미할 원	8	月	土	水	金
	杬	나무이름 원	8	木	土	木	金
	鋺	식기 원	16	金	土	金	土
	冤	원통할 원	10	冖	土	木	水(寃)
	笎	대 무늬 원	10	竹	土	木	水
	邍	넓은 들판 원	23	辵	土	土	火
	俀	즐거워할 원	10	人	土	火	水
월	月	달 월	4	月	土	水	火
	越	넘을 월	12	走	土	火	木
	鉞	도끼 월	13	金	土	金	火
위	位	자리 위	7	人	土	火	金
	危	위태할 위	6	卩	土	水	土
	爲	할 위	12	爪	土	金	木
	偉	훌륭할 위	11	人	土	火	木

음	字	音·訓	획수	부수	발음	자원	수리(비고)
위	威	위엄 위	9	女	土	土	水
	胃	밥통 위	11	肉	土	水	木
	謂	이를 위	16	言	土	金	土
	圍	둘레 위	12	囗	土	水	木
	衛	지킬 위	16	行	土	火	土
	違	어길 위	16	辵	土	土	土
	委	맡길 위	8	女	土	土	金
	慰	위로할 위	15	心	土	火	土
	僞	거짓 위	14	人	土	火	火
	緯	씨 위	15	糸	土	木	土
	尉	벼슬이름 위	11	寸	土	土	木
	韋	부드러울 위	9	韋	土	金	水
	瑋	아름다울 위	14	玉	土	金	火
	暐	빛나는 모양 위	13	日	土	火	火
	渭	강 이름 위	13	水	土	水	火
	魏	위나라 위	18	鬼	土	火	金
	萎	마를 위	14	艸	土	木	火
	葦	갈대 위	15	艸	土	木	土
	蔿	풀 위	18	艸	土	木	金
	蝟	고슴도치 위	15	虫	土	水	土

음	字	音·訓	획수	부수	발음	자원	수리(비고)
위	褘	아름다울 위	15	衣	土	木	土
	衛	막을 위	16	行	土	火	土
	韡	활짝 필 위	21	韋	土	金	木
유	由	말미암을 유	5	田	土	木	土
	油	기름 유	9	水	土	水	水
	酉	닭 유	7	酉	土	金	金
	有	있을 유	6	月	土	水	土
	猶	오히려 유	13	犬	土	土	火
	唯	오직 유	11	口	土	水	木
	遊	놀 유	16	辵	土	土	土
	柔	부드러울 유	9	木	土	木	水
	遺	끼칠 유	19	辵	土	土	水
	幼	어릴 유	5	幺	土	火	土
	幽	그윽할 유	9	幺	土	火	水
	惟	생각할 유	12	心	土	火	木
	維	바(맬)유	14	糸	土	木	火
	乳	젖 유	8	乙	土	水	金
	儒	선비 유	16	人	土	火	土
	裕	넉넉할 유	13	衣	土	木	火
	誘	꾈 유	14	言	土	金	火

음	字	音·訓	획수	부수	발음	자원	수리(비고)
유	愈	즐길 유	13	心	土	火	火
	悠	멀 유	11	心	土	火	木
	侑	권할 유	8	人	土	火	金
	洧	강 이름 유	10	水	土	水	水
	宥	용서할 유	9	宀	土	木	水
	庾	노적가리 유	12	广	土	木	木
	喩	깨우쳐줄 유	12	口	土	水	木
	兪	편안할 유	9	入	土	土	水(兪)
	楡	느릅나무 유	13	木	土	木	火
	瑜	옥 유	14	玉	土	金	火
	猷	꾀 유	13	犬	土	土	火
	濡	젖을 유	18	水	土	水	金(濡)
	愉	즐거울 유	13	心	土	火	火
	秞	무성할 유	10	禾	土	木	水
	攸	바 유	7	攴	土	金	金
	柚	유자나무 유	9	木	土	木	水
	瑈	옥돌 유	13	玉	土	金	火
	釉	물건 빛날 유	12	采	土	金	木
	孺	젖먹이 유	17	子	土	水	金
	揄	끌 유	13	手	土	木	火

음	字	音·訓	획수	부수	발음	자원	수리(비고)
유	楢	졸참나무 유	13	木	土	木	火
	游	놀 유	13	水	土	水	火
	癒	병 나을 유	18	疒	土	水	金
	臾	잠깐 유	9	臼	土	金	水
	蕤	풀이름 유	15	艸	土	木	土
	諛	아첨할 유	16	言	土	金	土
	諭	타이를 유	16	言	土	金	土
	踰	넘을 유	16	足	土	土	土
	蹂	밟을 유	16	足	土	土	土
	遙	멀 유	16	辵	土	土	土
	鍮	놋쇠 유	17	金	土	金	金
	曘	어두울 유	18	日	土	火	金
	婑	아리따울 유	11	女	土	土	木
	囿	동산 유	9	囗	土	水	水
	牖	들창 유	15	片	土	木	土
	逌	웃을 유	14	辵	土	土	火
	姷	짝 유	9	女	土	土	水
	聈	고요할 유	11	耳	土	火	木
	蕍	꽃 유	18	艸	土	木	金
	甤	꽃 유	12	生	土	木	木

음	字	音·訓	획수	부수	발음	자원	수리(비고)
유	渷	물 이름 유	13	水	土	水	火
	瑈	옥 이름 유	14	玉	土	金	火
	需	쓰일 유	14	雨	土	水	火
	揉	주무를 유	13	手	土	木	火
	帷	휘장 유	11	巾	土	木	木
육	肉	고기 육	6	肉	土	水	土
	育	기를 육	10	肉	土	水	水
	堉	기름진 땅 육	11	土	土	土	木
	毓	기를 육	14	母	土	土	火
윤	閏	윤달 윤	12	門	土	火	木(閏·閨)
	潤	윤택할 윤	16	水	土	水	土
	尹	다스릴 윤	4	尸	土	水	火
	允	진실로 윤	4	儿	土	土	火
	玧	귀막이옥 윤	9	玉	土	金	水
	鈗	병기이름 윤	12	金	土	金	木
	胤	이을 윤	11	肉	土	水	木(亂)
	阭	높을 윤	12	阜	土	土	木
	奫	물 깊고 넓을 윤	15	大	土	水	土
	贇	예쁠 윤	19	貝	土	金	水
	昀	햇빛 윤	8	日	土	火	金

음	字	音·訓	획수	부수	발음	자원	수리(비고)
윤	筠	연뿌리 윤	13	艸	土	火	火
	鋆	금 윤	15	金	土	金	土
	橍	나무이름 윤	16	木	土	木	土
	沇	강 이름 윤	8	水	土	水	金
율	聿	붓 율	6	聿	土	木	土
	燏	빛날 율	16	火	土	火	土
	汨	흐를 율	8	水	土	水	金
	建	나누어줄 율	13	廴	土	土	火
	潏	사주 율	16	水	土	水	土
	鴥	빨리 날 율	16	鳥	土	火	土
	矞	송곳질 할 율	12	矛	土	金	木
	颶	큰 바람 율	13	風	土	木	火
융	融	화할 융	16	虫	土	水	土
	戎	되 융	6	戈	土	金	土
	瀜	물 깊을 융	20	水	土	水	水
	絨	융 융	12	糸	土	木	木
은	恩	은혜 은	10	心	土	火	水
	銀	은 은	14	金	土	金	火
	隱	숨길 은	22	阜	土	土	木
	垠	모양 은	9	土	土	土	水

음	字	音·訓	획수	부수	발음	자원	수리(비고)
은	殷	성할 은	10	殳	土	金	水
	誾	온화할 은	15	言	土	金	土
	溵	물소리 은	14	水	土	水	火
	珢	옥돌 은	11	玉	土	金	木
	慇	은근할 은	14	心	土	火	火
	濦	강 이름 은	18	水	土	水	金
	儨	기댈 은	16	人	土	火	土
	听	웃을 은	7	口	土	水	金
	垽	언덕 은	7	土	土	土	金
	蒑	은총 은	23	艸	土	木	火
	檼	마룻대 은	18	木	土	木	金
	檃	도지개 은	17	木	土	木	金
	訢	공경할 은	11	言	土	金	木
	蒽	풀빛 푸른 은	16	艸	土	木	土
	溵	물가 은	10	水	土	水	水
	蒠	풀이름 은	16	艸	土	木	土
	憖	기뻐할 은	16	心	土	火	土
	圁	물 이름 은	10	囗	土	水	水
	嶾	산 높을 은	17	山	土	土	金
을	乙	새 을	1	乙	土	木	木

음	字	音·訓	획수	부수	발음	자원	수리(비고)
을	圪	우뚝할 을	6	土	土	土	土
	鳦	제비 을	12	鳥	土	火	木
음	音	소리 음	9	音	土	金	水
	吟	읊을 음	7	口	土	水	金
	飮	마실 음	13	食	土	水	火
	陰	그늘 음	16	阜	土	土	土
	淫	음란할 음	12	水	土	水	木
	蔭	덮을 음	17	艸	土	木	金
	愔	화평할 음	13	心	土	火	火
	馨	화할 음	20	音	土	金	水
읍	邑	고을 읍	7	邑	土	土	金
	泣	울 읍	9	水	土	水	水
	揖	읍할 읍	13	手	土	木	火
응	應	응할 응	17	心	土	火	金
	凝	엉길 응	16	冫	土	水	土
	膺	가슴 응	19	肉	土	土	水
	鷹	매 응	24	鳥	土	火	火
의	衣	옷 의	6	衣	土	木	土
	依	의지할 의	8	人	土	火	金
	義	옳을 의	13	羊	土	土	火

음	字	音·訓	획수	부수	발음	자원	수리(비고)
의	議	의논할 의	20	言	土	金	水
	矣	어조사 의	7	矢	土	金	金
	醫	의원 의	18	酉	土	金	金
	意	생각 의	13	心	土	火	火
	宜	마땅할 의	8	宀	土	木	金
	儀	예의 의	15	人	土	火	土
	疑	의심 의	14	疋	土	土	火
	倚	의지할 의	10	人	土	火	水
	誼	도리 의	15	言	土	金	土
	毅	굳셀 의	15	殳	土	金	土
	擬	비교할 의	18	手	土	木	金
	懿	클 의	22	心	土	火	木
	椅	노 나무 의	12	木	土	木	木
	艤	배댈 의	19	舟	土	木	水
	薏	율무 의	19	艸	土	木	水
	蟻	개미 의	19	虫	土	水	水
	嬑	여자의 자 의	9	女	土	土	水
	猗	불깐 개의	12	犬	土	土	木
이	二	두 이	2	二	土	木	木
	以	써 이	5	人	土	火	土

음	字	音·訓	획수	부수	발음	자원	수리(비고)
이	已	이미 이	3	己	土	火	火
	耳	귀 이	6	耳	土	火	土
	而	말 이을 이	6	而	土	水	土
	異	다를 이	11	田	土	土	木
	移	옮길 이	11	禾	土	木	木
	夷	오랑캐 이	6	大	土	火	土
	珥	끼울 이	11	玉	土	金	木
	伊	저 이	6	人	土	火	土
	易	쉬울 이	8	日	土	火	金
	弛	늦출 이	6	弓	土	金	土
	怡	기쁠 이	9	心	土	火	水
	爾	너 이	14	爻	土	火	火
	彝	떳떳할 이	16	彑	土	火	土(彞)
	頤	턱 이	15	頁	土	火	土
	姨	이모 이	9	女	土	土	水
	痍	상처 이	11	疒	土	水	木
	肄	익힐 이	13	聿	土	木	火
	苢	질경이 이	11	艸	土	木	木
	荑	벨 이	12	艸	土	木	木
	貽	끼칠 이	12	貝	土	金	木

음	字	音·訓	획수	부수	발음	자원	수리(비고)
이	邇	가까울 이	21	辵	土	土	木
	飴	엿 이	14	食	土	水	火
	貳	두 이	12	貝	土	金	木
	嫕	기쁠 이	13	女	土	土	火
	杝	나무이름 이	7	木	土	木	金
	胹	힘줄이질길이	12	肉	土	水	木
	珆	옥돌 이	10	玉	土	金	水
	鴯	제비 이	17	鳥	土	火	金
	羠	고을이름 이	12	羊	土	土	木
	酏	아름다울 이	9	己	土	土	水
	佴	버금 이	8	人	土	火	金
	廙	공경할 이	14	广	土	木	火
익	益	더할 익	10	皿	土	水	水
	翼	날개 익	11	羽	土	火	木
	翊	도울 익	11	羽	土	火	木
	瀷	강 이름 익	21	水	土	水	木
	謚	웃을 익	17	言	土	金	金
	翌	명일 익	11	羽	土	火	木
	熤	사람이름 익	15	火	土	火	土
인	人	사람 인	2	人	土	火	木

음	字	音 · 訓	획수	부수	발음	자원	수리(비고)
인	引	벗 인	4	弓	土	火	火
	仁	어질 인	4	人	土	火	火(忈·忎)
	因	까닭 인	6	囗	土	水	土
	忍	참을 인	7	心	土	火	金
	認	인정할 인	14	言	土	金	火
	寅	범 인	11	宀	土	木	木
	印	도장 인	6	卩	土	木	土
	姻	혼인 인	9	女	土	土	水
	咽	목구멍 인	9	口	土	水	水
	湮	잠길 인	13	水	土	水	火
	絪	기운 인	12	糸	土	木	木
	茵	자리 인	12	艸	土	木	木
	蚓	지렁이 인	10	虫	土	水	水
	靭	가슴걸이 인	13	革	土	金	火
	刃	칼날 인	3	刀	土	金	火
	芢	씨 인	10	艸	土	木	水
	洇	젖어 맞붙을 인	7	水	土	水	金
	牣	찰(충만할)인	7	牛	土	土	金
	璌	사람이름 인	16	玉	土	金	土
	靷	질길 인	12	韋	土	金	木(靭)

음	字	音·訓	획수	부수	발음	자원	수리(비고)
인	氤	기운성할 인	10	气	土	水	水
	儿	어진사람 인	2	儿	土	木	木
	諲	공경할 인	16	言	土	金	土
	濥	물줄기 인	18	水	土	水	金
	秵	벼꽃 인	11	禾	土	木	木
	戭	창 인	15	戈	土	金	土
일	一	한 일	1	一	土	木	木
	日	날 일	4	日	土	火	火
	逸	달아날 일	15	辵	土	土	土
	溢	넘칠 일	14	水	土	水	火
	鎰	무게단위 일	18	金	土	金	金
	馹	역말 일	14	馬	土	火	火
	佾	춤출 일	8	人	土	火	金
	佚	편안할 일	7	人	土	火	金
	壹	한 일	12	土	土	木	木
	劮	기쁠 일	7	力	土	土	金
임	壬	아홉째 천간 임	4	土	土	水	火
	任	맡길 임	6	人	土	火	土
	賃	품삯 임	13	貝	土	金	火
	姙	아이밸 임	7	女	土	土	金(妊)

음	字	音·訓	획수	부수	발음	자원	수리(비고)
임	稔	여물 임	13	禾	土	木	火
	恁	생각할 임	10	心	土	火	水
	荏	들깨 임	12	艸	土	木	木
	誑	믿을 임	13	言	土	金	火(訨)
입	入	들 입	2	入	土	木	木
	廿	스물 입	4	十	土	水	火(卄)
잉	剩	남을 잉	12	刀	土	金	木
	仍	인할 잉	4	人	土	火	火
	孕	품을 잉	5	子	土	水	土
	芿	풀 잉	10	艸	土	木	水
자	子	아들 자	3	子	金	水	火
	字	글자 자	6	子	金	水	土
	自	스스로 자	6	自	金	木	土
	者	놈 자	11	老	金	土	木
	姉	손위 누이자	8	女	金	土	金(姊)
	慈	사랑 자	13	心	金	火	火
	玆	이 자	10	玄	金	火	水
	紫	자주 빛 자	11	糸	金	木	木
	資	재물 자	13	貝	金	金	火
	姿	맵시 자	9	女	金	土	水

음	字	音·訓	획수	부수	발음	자원	수리(비고)
자	恣	방자할 자	10	心	金	火	水
	刺	찌를 자	8	刀	金	金	金
	仔	자세할 자	5	人	金	火	土
	滋	번식할 자	14	水	金	水	火
	磁	자석 자	15	石	金	金	土
	藉	깔 자	20	艸	金	木	水
	瓷	사기그릇 자	11	瓦	金	土	木
	咨	물을 자	9	口	金	水	水
	孜	힘쓸 자	7	子	金	水	金
	炙	친근할 자	8	火	金	火	金
	煮	삶을 자	13	灬	金	火	火
	疵	흠 자	10	疒	金	水	水
	茨	지붕 이을 자	12	艸	金	木	木
	蔗	맛좋을 자	17	艸	金	木	金
	諮	물을 자	16	言	金	金	土
	雌	암컷 자	14	隹	金	火	火
	秄	북을 돋울 자	8	禾	金	木	金
	褯	포대기 자	16	衣	金	木	土
작	作	지을 작	7	人	金	火	金
	昨	어제 작	9	日	金	火	水

음	字	音·訓	획수	부수	발음	자원	수리(비고)
작	酌	따를 작	10	酉	金	金	水
	爵	술잔 작	18	爪	金	金	金
	灼	구울 작	7	火	金	火	金
	芍	함박꽃 작	9	艸	金	木	水
	雀	참새 작	11	隹	金	火	木
	鵲	까치 작	19	鳥	金	火	水
	勺	잔 작	3	勹	金	金	火
	嚼	씹을 작	21	口	金	水	木
	斫	벨 작	9	斤	金	金	水
	炸	터질 작	9	火	金	火	水
	綽	여유 작	14	糸	金	木	火
	舃	신 작	12	臼	金	土	木
잔	殘	남을 잔	12	歹	金	水	木
	孱	나약할 잔	12	子	金	水	木
	棧	잔도 잔	12	木	金	木	木
	潺	물소리 잔	16	水	金	水	土
	盞	술잔 잔	13	皿	金	土	火
잠	潛	깊을 잠	16	水	金	水	土(潜)
	暫	잠깐 잠	15	日	金	火	土
	箴	침 잠	15	竹	金	木	土

음	字	音·訓	획수	부수	발음	자원	수리(비고)
잠	岑	봉우리 잠	7	山	金	土	金
	簪	비녀 잠	18	竹	金	木	金
	蠶	누에 잠	24	虫	金	水	火
잡	雜	섞일 잡	18	隹	金	火	金
장	長	길 장	8	長	金	木	金
	章	글 장	11	立	金	金	木
	場	마당 장	12	土	金	土	木
	將	장수 장	11	寸	金	土	木(将)
	壯	씩씩할 장	7	士	金	木	金(壮)
	丈	어른 장	3	一	金	木	火
	張	베풀 장	11	弓	金	金	木
	帳	휘장 장	11	巾	金	木	木
	莊	엄숙할 장	13	艸	金	木	火(庄)
	裝	꾸밀 장	13	衣	金	木	火
	奬	권면할 장	14	大	金	木	火(奬)
	墻	담 장	16	土	金	土	土(牆)
	葬	장사지낼 장	15	艸	金	木	土
	粧	단장할 장	12	米	金	木	木
	掌	손바닥 장	12	手	金	木	木
	藏	감출 장	20	艸	金	木	水

음	字	音·訓	획수	부수	발음	자원	수리(비고)
장	臟	오장 장	24	肉	金	水	火
	障	막을 장	19	阜	金	土	水
	腸	창자 장	15	肉	金	水	土
	匠	장인 장	6	匚	金	土	土
	杖	지팡이 장	7	木	金	木	金
	奘	클 장	10	大	金	木	水
	漳	둑 장	15	水	金	水	土
	樟	녹나무 장	15	木	金	木	土
	璋	밝을 장	16	玉	金	金	土
	暲	해 돋을 장	15	日	金	火	土
	薔	장미 장	19	艸	金	木	水
	蔣	줄 장	17	艸	金	木	金
	仗	무기 장	5	人	金	火	土
	檣	돛대 장	17	木	金	木	金
	欌	장롱 장	22	木	金	木	木
	漿	음료 장	15	水	金	水	土
	狀	모양 장	8	犬	金	土	金
	獐	노루 장	15	犬	金	土	土
	臧	착할 장	14	臣	金	火	火
	贓	장물 장	21	貝	金	金	木

음	字	音 · 訓	획수	부수	발음	자원	수리(비고)
장	醬	간장 장	18	酉	金	金	金
재	才	재주 재	4	手	金	木	火
	材	재목 재	7	木	金	木	金
	財	재물 재	10	貝	金	金	水
	在	있을 재	6	土	金	土	土
	栽	심을 재	10	木	金	木	水
	再	두 재	6	冂	金	木	土
	哉	비롯할 재	9	口	金	水	水
	災	재앙 재	7	火	金	火	金
	裁	옷 마를 재	12	衣	金	木	木
	載	실을 재	13	車	金	火	火
	宰	재상 재	10	宀	金	木	水
	梓	가래나무 재	11	木	金	木	木
	縡	일 재	16	糸	金	木	土
	齋	재계할 재	17	齋	金	土	金
	溨	맑을 재	13	水	金	水	火
	滓	앙금 재	14	水	金	水	火
	齎	보낼 재	21	齋	金	土	木
	捚	손바닥에 받을 재	11	手	金	木	木
	賳	재물 재	16	貝	金	金	土

음	字	音·訓	획수	부수	발음	자원	수리(비고)
재	溨	물 이름 재	14	水	金	水	火
쟁	爭	다툴 쟁	8	爪	金	火	金
	錚	쇳소리 쟁	16	金	金	金	土
	箏	쟁(풍경)쟁	14	竹	金	木	火
	諍	간할 쟁	15	言	金	金	土
저	著	나타날 저	15	艸	金	木	土
	貯	쌓을 저	12	貝	金	金	木
	低	낮을 저	7	人	金	火	金
	底	밑 저	8	广	金	木	金
	抵	거스를 저	9	手	金	木	水
	苧	모시 저	11	艸	金	木	木
	邸	집 저	12	邑	金	土	木
	楮	닥나무 저	13	木	金	木	火
	沮	그칠 저	9	水	金	水	水
	佇	기다릴 저	7	人	金	火	金
	儲	쌓을 저	18	人	金	火	金
	咀	씹을 저	8	口	金	水	金
	姐	누이 저	8	女	金	土	金
	杵	방망이 저	8	木	金	木	金
	樗	가죽나무 저	15	木	金	木	土

음	字	音·訓	획수	부수	발음	자원	수리(비고)
저	渚	물가 저	13	水	金	水	火
	狙	속일 저	9	犬	金	土	水
	猪	돼지 저	13	犬	金	土	火
	疽	종기 저	10	疒	金	水	水
	箸	대통 저	15	竹	金	木	土
	紵	모시 저	11	糸	金	木	木
	菹	젓갈 저	14	艸	金	木	火
	藷	참마 저	22	艸	金	木	木
	詛	저주할 저	12	言	金	金	木
	躇	밟을 저	20	足	金	土	水
	這	이것 저	14	辵	金	土	火
	雎	물수리 저	13	隹	金	火	火
	齟	어긋날 저	20	齒	金	金	水
적	的	표준 적	8	白	金	火	金
	赤	붉을 적	7	赤	金	火	金
	適	맞을 적	18	辵	金	土	金
	敵	대적할 적	15	攴	金	金	土
	滴	물방울 적	15	水	金	水	土
	摘	가리킬 적	15	手	金	木	土
	寂	고요할 적	11	宀	金	木	木

음	字	音·訓	획수	부수	발음	자원	수리(비고)
적	籍	서적 적	20	竹	金	木	水
	賊	도둑 적	13	貝	金	金	火
	跡	발자취 적	13	足	金	土	火
	積	쌓을 적	16	禾	金	木	土
	績	길쌈할 적	17	糸	金	木	金
	迪	나아갈 적	12	辵	金	土	木
	勣	공적 적	13	力	金	土	火
	吊	조상할 적	6	口	金	水	土
	嫡	본처 적	14	女	金	土	火
	狄	오랑캐 적	8	犬	金	土	金
	炙	고기구울 적	8	火	金	火	金
	翟	꿩 적	14	羽	金	火	火
	荻	갈대 적	13	艸	金	木	火
	謫	유배 적	18	言	金	金	金
	迹	행적 적	13	辵	金	土	火
	鏑	살촉 적	19	金	金	金	水
	笛	피리 적	11	竹	金	木	木
	蹟	자취 적	18	足	金	土	金
전	田	밭 전	5	田	金	木	土
	全	온전 전	6	入	金	土	土

음	字	音·訓	획수	부수	발음	자원	수리(비고)
전	典	법 전	8	八	金	金	金
	前	앞 전	9	刀	金	金	水
	展	펼 전	10	尸	金	水	水
	戰	싸울 전	16	戈	金	金	土
	電	번개 전	13	雨	金	水	火
	錢	돈 전	16	金	金	金	土
	傳	전할 전	13	人	金	火	火
	專	오로지 전	11	寸	金	土	木
	轉	구를 전	18	車	金	火	金
	殿	대궐 전	13	殳	金	金	火
	佺	신선이름 전	8	人	金	火	金
	栓	나무못 전	10	木	金	木	水
	詮	설명할 전	13	言	金	金	火
	銓	저울질할 전	14	金	金	金	火
	瑱	귀막이 전	13	玉	金	金	火
	甸	경기 전	7	田	金	火	金
	塡	메울 전	13	土	金	土	火
	奠	정할 전	12	大	金	木	木
	荃	향 풀 전	12	艸	金	木	木
	雋	살찐 고기 전	13	隹	金	火	火

음	字	音·訓	획수	부수	발음	자원	수리(비고)
전	顚	이마 전	19	頁	金	火	水
	佃	밭갈 전	7	人	金	火	金
	剪	가위 전	11	刀	金	金	木
	塼	벽돌 전	14	土	金	土	火
	廛	가게 전	15	广	金	木	土
	悛	고칠 전	11	心	金	火	木
	氈	양탄자 전	17	毛	金	木	金
	澱	앙금 전	17	水	金	水	金
	煎	마음조릴 전	13	灬	金	火	火
	畑	화전 전	9	火	金	火	水
	癲	미칠 전	24	疒	金	水	火
	筌	통발 전	12	竹	金	木	木
	箋	글 전	14	竹	金	木	火
	箭	화살 전	15	竹	金	木	土
	篆	전자 전	15	竹	金	木	土
	纏	얽힐 전	21	糸	金	木	木
	輾	구를 전	17	車	金	火	金
	鈿	비녀 전	13	金	金	金	火
	鐫	새길 전	21	金	金	金	木
	顫	떨릴 전	22	頁	金	火	木

음	字	音·訓	획수	부수	발음	자원	수리(비고)
전	餞	보낼 전	17	食	金	水	金
절	節	마디 절	15	竹	金	木	土
	絶	끊을 절	12	糸	金	木	木(絶)
	切	벨 절	4	刀	金	金	火
	折	쪼갤 절	8	手	金	木	金
	竊	훔칠 절	22	穴	金	水	木
	晢	밝을 절	11	日	金	火	木
	截	다스릴 절	14	戈	金	金	火
	浙	강 이름 절	11	水	金	水	木
	癤	부스럼 절	20	疒	金	水	水
점	店	가게 점	8	广	金	木	金
	占	점칠 점	5	卜	金	火	土
	點	점검할 점	17	黑	金	水	金(点·奌)
	漸	익힐 점	15	水	金	水	土
	岾	고개 점	8	山	金	土	金
	粘	붙을 점	11	米	金	木	木
	霑	젖을 점	16	雨	金	水	土
	鮎	메기 점	16	魚	金	水	土
접	接	대접할 접	12	手	金	木	木
	蝶	나비 접	15	虫	金	水	土

음	字	音·訓	획수	부수	발음	자원	수리(비고)
접	摺	접을 접	15	手	金	木	土
정	丁	고무래 정	2	一	金	火	木
	頂	정수리 정	11	頁	金	火	木
	停	머무를 정	11	人	金	火	木
	井	우물 정	4	二	金	水	火
	正	바를 정	5	止	金	土	土
	政	정사 정	8	攵	金	金	金
	定	정할 정	8	宀	金	木	金
	貞	곧을 정	9	貝	金	金	水
	精	진실 정	14	米	金	木	火
	情	뜻 정	12	心	金	火	木
	靜	고요할 정	16	靑	金	木	土(静)
	淨	깨끗할 정	12	水	金	水	木
	庭	뜰 정	10	广	金	木	水
	亭	정자 정	9	亠	金	火	水
	訂	고칠 정	9	言	金	金	水
	廷	조정 정	7	廴	金	木	金
	程	단위 정	12	禾	金	木	木
	征	칠 정	8	彳	金	火	金
	整	정돈할 정	16	攵	金	金	土

음	字	音·訓	획수	부수	발음	자원	수리(비고)
정	汀	물가 정	6	水	金	水	土
	玎	옥 소리 정	7	玉	金	金	金
	町	밭두둑 정	7	田	金	土	金
	呈	보일 정	7	口	金	水	金
	桯	걸상 정	11	木	金	木	木
	珵	패옥 정	12	玉	金	金	木
	姃	단정할 정	8	女	金	土	金
	偵	정탐할 정	11	人	金	火	木
	湞	강 이름 정	13	水	金	水	火
	幀	그림족자 정	12	巾	金	木	木
	楨	광나무 정	13	木	金	木	火
	禎	상서 정	14	示	金	木	火
	珽	옥홀 정	12	玉	金	金	木
	挺	빼어날 정	11	手	金	木	木
	綎	가죽 띠 정	13	糸	金	木	火
	鼎	솥 정	13	鼎	金	火	火
	晶	수정 정	12	日	金	火	木
	晸	해 뜨는 모양 정	12	日	金	火	木
	柾	나무이름 정	9	木	金	木	水
	鉦	징 정	13	金	金	金	火

음	字	音·訓	획수	부수	발음	자원	수리(비고)
정	淀	배댈 정	12	水	金	水	木
	錠	신선로 정	16	金	金	金	土
	鋌	쇳덩이 정	15	金	金	金	土
	鄭	나라이름 정	19	邑	金	土	水
	靖	편안할 정	13	青	金	木	火
	靚	단장할 정	15	青	金	木	土
	鋥	칼 갈 정	15	金	金	金	土
	炡	빛날 정	9	火	金	火	水
	淳	물 고일 정	13	水	金	水	火
	釘	못 정	10	金	金	金	水
	涏	샘물 정	11	水	金	水	木
	婷	예쁠 정	12	女	金	土	木
	旌	기장 목 정	11	方	金	木	木
	檉	능수버들 정	17	木	金	木	金
	睛	눈동자 정	13	目	金	木	火
	碇	닻 정	13	石	金	金	火
	穽	함정 정	9	穴	金	水	水
	艇	거룻배 정	13	舟	金	木	火
	諪	조정할 정	16	言	金	金	土
	酊	술 취할 정	9	酉	金	金	水

음	字	音·訓	획수	부수	발음	자원	수리(비고)
정	霆	번개 정	15	雨	金	水	土
	埩	밭갈 정	11	土	金	土	木
	佂	허둥댈 정	7	人	金	火	金
	姃	안존할 정	7	女	金	土	金
	梃	몽둥이 정	11	木	金	木	木
	胜	새 이름 정	11	肉	金	水	木
	灯	등잔 정	6	火	金	火	土
	眐	바라볼 정	10	目	金	木	水
	靘	검푸른 빛 정	14	靑	金	木	火
	朾	칠 정	6	木	金	木	土
	侹	평탄할 정	9	人	金	火	水
	掟	벌릴 정	12	手	金	木	木
	頲	곧을 정	16	頁	金	火	土
제	弟	아우 제	7	弓	金	水	金
	第	차례 제	11	竹	金	木	木
	祭	제사 제	11	示	金	木	木
	帝	임금 제	9	巾	金	木	水
	題	제목 제	18	頁	金	火	金
	除	계단 제	15	阜	金	土	土
	諸	모든 제	16	言	金	金	土

음	字	音·訓	획수	부수	발음	자원	수리(비고)
제	製	지을 제	14	衣	金	木	火
	提	끌 제	13	手	金	木	火
	堤	둑 제	12	土	金	土	木
	制	억제할 제	8	刀	金	金	金
	際	사이 제	19	阜	金	土	水
	齊	나눌 제	14	齊	金	土	火
	濟	건널 제	18	水	金	水	金(済)
	悌	공손할 제	11	心	金	火	木
	梯	사다리 제	11	木	金	木	木
	瑅	옥 이름 제	14	玉	金	金	火
	劑	약 지을 제	16	刀	金	金	土
	啼	울 제	12	口	金	水	木
	臍	배꼽 제	20	肉	金	水	水
	薺	냉이 제	20	艸	金	木	水
	蹄	올무 제	16	足	金	土	土
	醍	맑은술 제	16	酉	金	金	土
	霽	갤 제	22	雨	金	水	木
	媞	편안할 제	12	女	金	土	木
	儕	무리 제	16	人	金	火	土
	禔	복 제	14	示	金	木	火

음	字	音·訓	획수	부수	발음	자원	수리(비고)
제	俤	준걸 제	11	人	金	火	木
	姼	예쁠 제	9	女	金	土	水
	晢	반짝반짝할 제	11	日	金	火	木
조	兆	조짐 조	6	儿	金	火	土
	早	새벽 조	6	日	金	火	土
	造	지을 조	14	辵	金	土	火
	鳥	새 조	11	鳥	金	火	木
	調	고를 조	15	言	金	金	土
	朝	아침 조	12	月	金	水	木
	助	도울 조	7	力	金	土	金
	弔	조상할 조	4	弓	金	土	火
	燥	마를 조	17	火	金	火	金
	操	잡을 조	17	手	金	木	金
	照	비출 조	13	火	金	火	火
	條	가지 조	11	木	金	木	木
	潮	조수 조	16	水	金	水	土
	租	구실 조	10	禾	金	木	水
	組	끈 조	11	糸	金	木	木
	祖	조상 조	10	示	金	木	水
	彫	새길 조	11	彡	金	火	木

음	字	音 · 訓	획수	부수	발음	자원	수리(비고)
조	措	베풀 조	12	手	金	木	木
	晁	땅 이름 조	10	日	金	火	水
	窕	안존할 조	11	穴	金	水	木
	祚	복 조	10	示	金	木	水
	趙	조나라 조	14	走	金	火	火
	肇	바를 조	14	聿	金	火	火
	詔	고할 조	12	言	金	金	木
	釣	낚시 조	11	金	金	金	木
	曹	마을 조	11	曰	金	土	木(曺)
	遭	만날 조	18	辵	金	土	金
	眺	바라볼 조	11	目	金	木	木
	俎	도마 조	9	人	金	火	水
	凋	시들 조	10	冫	金	水	水
	嘲	조롱할 조	15	口	金	水	土
	棗	대추 조	12	木	金	木	木
	槽	구유 조	15	木	金	木	土
	漕	배질할 조	15	水	金	水	土
	爪	손톱 조	4	爪	金	金	火
	璪	옥에 새긴 무늬 조	18	玉	金	金	金
	稠	고를 조	13	禾	金	木	火

음	字	音·訓	획수	부수	발음	자원	수리(비고)
조	粗	거칠 조	11	米	金	木	木
	糟	지게미 조	17	米	金	木	金
	繰	야청통견 조	19	糸	金	木	水
	藻	무늬 조	22	艸	金	木	木
	蚤	벼룩 조	10	虫	金	水	水
	躁	성급할 조	20	足	金	土	水
	阻	험할 조	13	阜	金	土	火
	雕	새길 조	16	隹	金	火	土
	昭	밝을 조	9	日	金	火	水
	嶆	깊을 조	14	山	金	土	火
족	足	발 족	7	足	金	土	金
	族	겨레 족	11	方	金	木	木
	簇	모일 족	17	竹	金	木	金
	鏃	화살촉 족	19	金	金	金	水
존	存	있을 존	6	子	金	水	土
	尊	공경할 존	12	寸	金	木	木
졸	卒	군사 졸	8	十	金	金	金
	拙	못생길 졸	9	手	金	木	水
	猝	창졸 졸	12	犬	金	土	木
종	宗	마루 종	8	宀	金	木	金

음	字	音·訓	획수	부수	발음	자원	수리(비고)
종	種	씨 종	14	禾	金	木	火
	鐘	쇠북 종	20	金	金	金	水
	終	마칠 종	11	糸	金	木	木
	從	쫓을 종	11	彳	金	火	木
	縱	세로 종	17	糸	金	木	金
	倧	상고신인 종	10	人	金	火	水
	琮	서옥이름 종	13	玉	金	金	火
	淙	물소리 종	12	水	金	水	木
	悰	즐길 종	12	心	金	火	木
	綜	모을 종	14	糸	金	木	火
	瑽	패옥소리 종	16	玉	金	金	土
	鍾	쇠북 종	17	金	金	金	金
	慫	권할 종	15	心	金	火	土
	腫	부스럼 종	15	肉	金	水	土
	踵	발꿈치 종	16	足	金	土	土
	椶	종려나무 종	13	木	金	木	火(棕)
	柊	나무이름 종	9	木	金	木	水
	蹤	발자취 종	18	足	金	土	金(踪)
좌	左	왼 좌	5	工	金	火	土
	坐	앉을 좌	7	土	金	土	金

음	字	音·訓	획수	부수	발음	자원	수리(비고)
좌	佐	도울 좌	7	人	金	火	金
	座	자리 좌	10	广	金	木	水
	挫	꺾을 좌	11	手	金	木	木
죄	罪	허물 죄	14	网	金	木	火
주	主	주인 주	5	丶	金	木	土
	注	물댈 주	9	水	金	水	水
	住	살 주	7	人	金	火	金
	朱	붉을 주	6	木	金	木	土
	宙	하늘 주	8	宀	金	木	金
	走	달릴 주	7	走	金	火	金
	酒	술 주	10	酉	金	水	水
	晝	낮 주	11	日	金	火	木
	舟	배 주	6	舟	金	木	土
	周	두루 주	8	口	金	水	金
	株	그루 주	10	木	金	木	水
	州	고을 주	6	巛	金	水	土
	洲	섬 주	10	水	金	水	水
	柱	기둥 주	9	木	金	木	水
	奏	아뢸 주	9	大	金	木	水
	珠	구슬 주	11	玉	金	金	木

음	字	音·訓	획수	부수	발음	자원	수리(비고)
주	鑄	쇠 불릴 주	22	金	金	金	木
	胄	맏아들 주	11	肉	金	水	木
	湊	물모일 주	13	水	金	水	火
	炷	심지 주	9	火	金	火	水
	註	주낼 주	12	言	金	金	木
	疇	밭두둑 주	19	田	金	土	水
	週	돌 주	15	辵	金	土	土
	遒	닥칠 주	16	辵	金	土	土(酒)
	駐	머무를 주	15	馬	金	火	土
	姝	예쁠 주	8	女	金	土	金
	澍	단비 주	16	水	金	水	土
	妹	예쁠 주	9	女	金	土	水
	侏	광대 주	8	人	金	火	金
	做	지을 주	11	人	金	火	木
	呪	빌 주	8	口	金	水	金
	嗾	부추길 주	14	口	金	水	火
	廚	부엌 주	15	广	金	木	土
	籌	산가지 주	20	竹	金	木	水
	紂	말고삐 주	9	糸	金	木	水
	紬	명주 주	11	糸	金	木	木

음	字	音·訓	획수	부수	발음	자원	수리(비고)
주	綢	얽을 주	14	糸	金	木	火
	蛛	거미 주	12	虫	金	水	木
	誅	벨 주	13	言	金	金	火
	躊	주저할 주	21	足	金	土	木
	輳	몰려들 주	16	車	金	火	土
	酎	소주 주	10	酉	金	金	水
	燽	밝을 주	18	火	金	火	金
	鉒	광석 주	13	金	金	金	火
	拄	버틸 주	9	手	金	木	水
	晭	밝을 주	13	白	金	金	火
	邾	나라이름 주	13	邑	金	土	火
	聃	귀 주	14	耳	金	火	火
	絑	붉을 주	12	糸	金	木	木
	賍	재물 주	12	貝	金	金	木
	椆	영수목 주	12	木	金	木	木
	晭	밝을 주	12	日	金	火	木
	珘	구슬 주	11	玉	金	金	木
	絑	댈 주	11	糸	金	木	木
	調	아침 주	15	言	金	金	土
	晭	햇빛 주	12	日	金	火	木

음	字	音·訓	획수	부수	발음	자원	수리(비고)
죽	竹	대 죽	6	竹	金	木	土
	粥	죽 죽	12	米	金	木	木
준	準	법도 준	14	水	金	水	火(准)
	俊	준걸 준	9	人	金	火	水
	遵	좇을 준	19	辶	金	土	水
	峻	높을 준	10	山	金	土	水
	浚	깊을 준	11	水	金	水	木
	晙	밝을 준	11	日	金	火	木
	焌	태울 준	11	火	金	火	木
	竣	마칠 준	12	立	金	土	木
	畯	농부 준	12	田	金	土	木
	駿	준마 준	17	馬	金	火	金
	准	승인할 준	10	冫	金	水	水
	濬	깊을 준	18	水	金	水	金(睿)
	雋	뛰어날 준	13	隹	金	火	火
	儁	영특할 준	15	人	金	火	土
	埻	과녁 준	11	土	金	土	木
	隼	새매 준	10	隹	金	火	水
	寯	모일(준걸)준	16	宀	金	木	土
	樽	술통 준	16	木	金	木	土

음	字	音·訓	획수	부수	발음	자원	수리(비고)
준	蠢	꿈틀거릴 준	21	虫	金	水	木
	逡	주저할 준	14	辶	金	土	火
	純	가선 준	10	糸	金	木	水
	葰	클 준	15	艸	金	木	土
	竴	기쁠 준	17	立	金	金	金
	僔	겸손할(모일)준	14	人	金	火	火
	陖	가파를 준	15	阜	金	土	土(埈)
	晙	볼 준	12	日	金	木	木
	餕	대궁 준	16	食	金	水	土
	逡	앞설 준	13	辶	金	土	火
	惷	어수선할 준	13	心	金	火	火
	憁	똑똑할 준	17	心	金	火	金
	鐏	창 물미 준	20	金	金	金	水
	皴	틀 준	12	皮	金	金	木
줄	茁	풀싹 줄	11	艸	金	木	木
중	中	가운데 중	4	｜	金	土	火
	重	무거울 중	9	里	金	土	水
	衆	무리 중	12	血	金	水	木
	仲	버금 중	6	人	金	火	土
즉	卽	곧(다만)즉	9	卩	金	木	水(即)

음	字	音·訓	획수	부수	발음	자원	수리(비고)
즐	櫛	빗 즐	19	木	金	木	水
즙	汁	진액 즙	6	水	金	水	土
	楫	노 즙	13	木	金	木	火
	葺	지붕 이을 즙	15	艸	金	木	土
증	曾	일찍 증	12	曰	金	火	木
	增	더할 증	15	土	金	土	土
	證	증거 증	19	言	金	金	水
	憎	미워할 증	16	心	金	火	土
	贈	보낼 증	19	貝	金	金	水
	症	병 증세 증	10	疒	金	水	水
	蒸	찔 증	16	艸	金	木	土
	烝	무리 증	10	灬	金	火	水
	甑	시루 증	17	瓦	金	土	金
	拯	건질 증	10	手	金	木	水
	繒	비단 증	18	糸	金	木	金
지	只	다만 지	5	口	金	水	土
	支	가지(지탱할)지	4	支	金	土	火
	枝	가지 지	8	木	金	木	金
	止	그칠 지	4	止	金	土	火
	之	갈 지	4	丿	金	土	火

음	字	音·訓	획수	부수	발음	자원	수리(비고)
지	知	알 지	8	矢	金	金	金
	地	땅 지	6	土	金	土	土
	指	손가락 지	10	手	金	木	水
	志	뜻 지	7	心	金	火	金
	至	이를 지	6	至	金	土	土
	紙	종이 지	10	糸	金	木	水
	持	가질 지	10	手	金	木	水
	池	못 지	7	水	金	水	金
	誌	기록할 지	14	言	金	金	火
	智	슬기 지	12	日	金	火	木
	遲	늦을 지	19	辶	金	土	水
	旨	맛있을 지	6	日	金	火	土
	沚	물가 지	8	水	金	水	金
	址	터 지	7	土	金	土	金
	祉	복 지	9	示	金	木	水
	趾	발 지	11	足	金	土	木
	祇	공경할 지	10	示	金	金	水
	芝	지초 지	10	艸	金	木	水
	摯	잡을 지	15	手	金	木	土
	誌	기록할(새길)지	15	金	金	金	土

음	字	音·訓	획수	부수	발음	자원	수리(비고)
지	脂	기름 지	12	肉	金	水	木
	呢	길이 지	9	口	金	水	水
	枳	해칠 지	9	木	金	木	水
	漬	담글 지	15	水	金	水	土
	砥	숫돌 지	10	石	金	金	水
	肢	사지 지	10	肉	金	水	水
	芷	구리 때 지	10	艸	金	木	水
	蜘	거미 지	14	虫	金	水	火
	識	알 지	19	言	金	金	水
	贄	폐백 지	18	貝	金	金	金
	沶	섬 지	10	水	金	水	水
	厎	숫돌 지	7	厂	金	土	金
	泜	가지런할 지	8	水	金	水	金
	吱	가는 소리 지	7	口	金	水	金
	馶	굳셀 지	14	馬	金	火	火
	劺	굳건할 지	6	力	金	土	土
	恀	사랑할 지	8	心	金	火	金
	坁	머무를 지	7	土	金	土	金
	搘	버틸 지	14	手	金	木	火
	禔	복 지	14	示	金	木	火

음	字	音·訓	획수	부수	발음	자원	수리(비고)
지	觝	만날 지	11	角	金	木	木
직	直	곧을 직	8	目	金	木	金
	職	벼슬 직	18	耳	金	火	金
	織	짤 직	18	糸	金	木	金
	稙	올벼 직	13	禾	金	木	火
	稷	기장 직	15	禾	金	木	土
진	辰	별 진	7	辰	金	土	金
	眞	참 진	10	目	金	木	水(真)
	進	나아갈 진	15	辶	金	土	土
	盡	다할 진	14	皿	金	金	火(尽)
	振	떨칠 진	11	手	金	木	木
	鎭	진압할 진	18	金	金	金	金
	陣	진칠 진	15	阜	金	土	土
	陳	베풀 진	16	阜	金	土	土
	珍	보배 진	10	玉	金	金	水(鉁)
	震	진동할 진	15	雨	金	水	土
	晉	나아갈 진	10	日	金	火	水(晋)
	瑨	아름다운 돌 진	15	玉	金	金	土
	瑱	누를 진	15	玉	金	金	土
	津	나루 진	10	水	金	水	水

음	字	音 · 訓	획수	부수	발음	자원	수리(비고)
진	璡	옥돌 진	17	玉	金	金	金
	秦	진나라 진	10	禾	金	木	水
	軫	수레 진	12	車	金	火	木
	塵	티끌 진	14	土	金	土	火
	禛	복 받을 진	15	示	金	木	土
	診	볼 진	12	言	金	金	木
	縝	맺을 진	16	糸	金	木	土
	塡	누를 진	13	土	金	土	火
	賑	구휼할 진	14	貝	金	金	火
	溱	성할 진	14	水	金	水	火
	抮	휘어잡을 진	9	手	金	木	水
	唇	놀랄 진	10	口	金	水	水
	嗔	성낼 진	13	口	金	水	火
	搢	꽂을 진	14	手	金	木	火
	榐	대청 진	11	木	金	木	木
	榛	덤불 진	14	木	金	木	火
	殄	다할 진	9	歹	金	水	水
	畛	밭두렁 진	10	田	金	土	水
	疹	홍역 진	10	疒	金	水	水
	瞋	성낼 진	15	目	金	木	土

음	字	音·訓	획수	부수	발음	자원	수리(비고)
진	縉	꽂을 진	16	糸	金	木	土
	臻	이를 진	16	至	金	土	土
	蔯	약쑥 진	17	艸	金	木	金
	袗	홑옷 진	11	衣	金	木	木
	蓁	우거질 진	16	艸	金	木	土
	昣	밝을 진	9	日	金	火	水
	枃	바디 진	8	木	金	木	金
	槇	고울 진	14	木	金	木	火
	稹	빽빽할 진	15	禾	金	木	土
	儘	다할 진	16	人	金	火	土
	靕	바를 진	13	青	金	木	火
	徹	다스릴 진	11	攴	金	金	木
	眹	눈동자 진	11	目	金	木	木
질	質	바탕 질	15	貝	金	金	土
	秩	차례 질	10	禾	金	木	水
	疾	병 질	10	疒	金	水	水
	姪	조카 질	9	女	金	土	水
	瓆	사람이름 질	20	玉	金	金	水
	佚	굳을 질	8	人	金	火	金
	叱	욕할 질	5	口	金	水	土

음	字	音·訓	획수	부수	발음	자원	수리(비고)
질	嫉	시기할 질	13	女	金	土	火
	帙	책값 질	8	巾	金	木	金
	桎	족쇄 질	10	木	金	木	水
	窒	막힐 질	11	穴	金	木	木
	膣	생식기 질	17	肉	金	木	金
	蛭	거머리 질	12	虫	金	木	木
	跌	넘어질 질	12	足	金	土	木
	迭	침노할 질	12	辵	金	土	木
짐	斟	짐작할 짐	13	斗	金	火	火
	朕	조짐 짐	10	月	金	水	水
집	集	모일 집	12	隹	金	火	木
	執	잡을 집	11	土	金	土	木
	什	세간 집	4	人	金	火	火
	潗	샘솟을 집	16	水	金	水	土
	輯	모을 집	16	車	金	火	土
	楫	노 집	13	木	金	木	火
	鏶	금속판 집	20	金	金	金	水
	緝	이을 집	15	糸	金	木	土
징	徵	부를 징	15	彳	金	火	土
	懲	징계 징	19	心	金	火	水

음	字	音·訓	획수	부수	발음	자원	수리(비고)
징	澄	맑을 징	16	水	金	水	土
차	且	또 차	5	一	金	木	土
	次	버금 차	6	欠	金	水	土
	此	이 차	6	止	金	土	土
	借	빌 차	10	人	金	火	水
	差	어긋날 차	10	工	金	火	水
	車	수레 차	7	車	金	火	金
	叉	깍지 낄 차	3	又	金	水	火
	瑳	옷 빛 깨끗할 차	15	玉	金	金	土
	侘	뽐낼 차	8	人	金	火	金
	嗟	탄식할 차	13	口	金	水	火
	嵯	우뚝 솟을 차	13	山	金	土	火
	磋	갈 차	15	石	金	金	土
	劄	찌를 차	14	竹	金	木	火
	茶	차 차	12	艸	金	木	木
	蹉	넘어질 차	17	足	金	土	金
	遮	막을 차	18	辵	金	土	金
	硨	차거 차	12	石	金	金	木
	奲	관대할 차	24	大	金	木	火
	姹	자랑할 차	9	女	金	土	水

음	字	音 · 訓	획수	부수	발음	자원	수리(비고)
차	醝	소금 차	21	鹵	金	水	木
착	着	붙을 착	12	目	金	土	木
	錯	섞일 착	16	金	金	金	土
	捉	사로잡을 착	11	手	金	木	木
	搾	짤 착	14	手	金	木	火
	窄	좁을 착	10	穴	金	水	水
	鑿	끌 착	28	金	金	金	金
	齪	악착할 착	22	齒	金	金	木
찬	贊	도울 찬	19	貝	金	金	水(賛)
	讚	기릴 찬	26	言	金	金	土(讃)
	撰	글 지을 찬	16	手	金	木	土
	纂	모을 찬	20	糸	金	木	水
	粲	정미 찬	13	米	金	木	火
	澯	맑을 찬	17	水	金	水	金
	燦	빛날 찬	17	火	金	火	金
	璨	옥 광채 찬	18	玉	金	金	金
	瓚	제기(옥잔)찬	24	玉	金	金	火
	纘	이을 찬	25	糸	金	木	土
	鑽	뚫을 찬	27	金	金	金	金
	竄	숨을 찬	18	穴	金	水	金

음	字	音·訓	획수	부수	발음	자원	수리(비고)
찬	餐	먹을 찬	16	食	金	水	土
	饌	반찬 찬	21	食	金	水	木
	攢	모일 찬	23	手	金	木	火
	巑	산 높을 찬	22	山	金	土	木
	儹	모을 찬	21	人	金	火	木(儧)
	篡	빼앗을 찬	16	竹	金	木	土(簒)
	欑	모을 찬	23	木	金	木	火
	孂	희고 환할 찬	22	女	金	土	木
찰	察	살필 찰	14	宀	金	木	火
	札	편지 찰	5	木	金	木	土
	刹	절 찰	8	刀	金	金	金
	擦	비빌 찰	18	手	金	木	金
	紮	감을 찰	11	糸	金	木	木
참	參	참여할 참	11	厶	金	火	木
	慘	참혹할 참	15	心	金	火	土
	慙	부끄러워할 참	15	心	金	火	土(慚)
	僭	거짓 참	14	人	金	火	火
	塹	팔 참	14	土	金	土	火
	懺	뉘우칠 참	21	心	金	火	木
	斬	벨 참	11	斤	金	金	木

음	字	音·訓	획수	부수	발음	자원	수리(비고)
참	站	역마을 참	10	立	金	金	水
	讒	참소할 참	24	言	金	金	火
	讖	참서 참	24	言	金	金	火
창	昌	창성할 창	8	日	金	火	金
	唱	노래 창	11	口	金	水	木
	窓	창 창	11	穴	金	水	木
	倉	곳집 창	10	人	金	火	水
	創	비롯할 창	12	刀	金	金	木
	蒼	푸를 창	16	艸	金	木	土
	暢	화창할 창	14	日	金	火	火
	菖	창포 창	14	艸	金	木	火
	昶	밝을 창	9	日	金	火	水
	彰	밝을 창	14	彡	金	火	火
	敞	드러날 창	12	攴	金	金	木
	廠	헛간 창	15	广	金	木	土
	倡	가무 창	10	人	金	火	水
	娼	창녀 창	11	女	金	土	木
	愴	슬퍼할 창	14	心	金	火	火
	槍	창(이를)창	14	木	金	木	火
	漲	물불을 창	15	水	金	水	土

음	字	音·訓	획수	부수	발음	자원	수리(비고)
창	猖	미쳐 날뛸 창	12	犬	金	土	木
	瘡	종기 창	15	疒	金	水	土
	脹	창자 창	14	肉	金	水	火
	艙	선창 창	16	舟	金	木	土
	滄	큰 바다 창	14	水	金	水	火
	淐	물 이름 창	12	水	金	水	木
	昌	사람이름 창	12	日	金	火	木
	淌	큰 물결 창	12	水	金	水	木
채	菜	나물 채	14	艸	金	木	火
	採	캘 채	12	手	金	木	木
	彩	무늬 채	11	彡	金	火	木
	債	빚 채	13	人	金	火	火
	采	풍채 채, 캘 채	8	采	金	木	金
	埰	식읍 채	11	土	金	土	木
	寀	녹봉 채	11	宀	金	木	木
	蔡	거북 채	17	艸	金	木	金
	綵	비단 채	14	糸	金	木	火
	寨	울타리 채	14	宀	金	木	火
	砦	진칠 채	10	石	金	金	水
	釵	비녀 채	11	金	金	金	木

음	字	音 · 訓	획수	부수	발음	자원	수리(비고)
채	責	빚 채	11	貝	金	金	木
	棌	떡갈나무 채	12	木	金	木	木
	婇	예쁠 채	11	女	金	土	木
	睬	참견할 채	13	目	金	木	火
책	責	꾸짖을 책	11	貝	金	金	木
	册	책 책	5	冂	金	木	土(冊)
	策	꾀 책	12	竹	金	木	木
	栅	목책 책	9	木	金	木	水
처	妻	아내 처	8	女	金	土	金
	處	곳 처	11	虍	金	土	木
	凄	쓸쓸할 처	10	冫	金	水	水
	悽	슬퍼할 처	12	心	金	火	木
척	尺	자 척	4	尸	金	木	火
	斥	내릴 척	5	斤	金	金	土
	拓	열 척	9	手	金	木	水
	戚	겨레 척	11	戈	金	金	木
	陟	오를 척	15	阜	金	土	土
	倜	높이들 척	10	人	金	火	水
	刺	찌를 척	8	刀	金	金	金
	剔	바를 척	10	刀	金	金	水

음	字	音·訓	획수	부수	발음	자원	수리(비고)
척	擲	던질 척	19	手	金	木	水
	滌	씻을 척	15	水	金	水	土
	瘠	여윌 척	15	疒	金	水	土
	脊	등뼈 척	12	肉	金	水	木
	蹠	밟을 척	18	足	金	土	金
	隻	외짝 척	10	隹	金	火	水
	墌	터 척	14	土	金	土	火(坧)
	慼	근심할 척	15	心	金	火	土(慽)
천	天	하늘 천	4	大	金	火	火
	千	일천 천	3	十	金	水	火
	川	내 천	3	川	金	水	火
	泉	샘 천	9	水	金	水	水
	淺	얕을 천	12	水	金	水	木
	賤	천할 천	15	貝	金	金	土
	踐	밟을 천	15	足	金	土	土
	遷	옮길 천	19	辶	金	土	水
	薦	천거할 천	19	艸	金	木	水
	仟	일천(무성할)천	5	人	金	火	土
	阡	두렁(길)천	11	阜	金	土	木
	喘	기침 천	12	口	金	水	木

음	字	音·訓	획수	부수	발음	자원	수리(비고)
천	擅	멋대로 천	17	手	金	木	金
	玔	옥고리 천	8	玉	金	金	金
	穿	구멍 천	9	穴	金	水	水
	舛	어그러질 천	6	舛	金	木	土
	釧	팔찌 천	11	金	金	金	木
	闡	열 천	20	門	金	木	水
	韆	그네 천	24	革	金	金	火
	茜	천초 천	12	艸	金	木	木
철	鐵	쇠 철	21	金	金	金	木(鉄)
	哲	밝을 철	10	口	金	水	水(喆)
	徹	통할 철	15	彳	金	火	土
	澈	물 맑을 철	16	水	金	水	土
	撤	거둘 철	16	手	金	木	土
	轍	바퀴자국 철	19	車	金	火	水
	綴	꿰맬 철	14	糸	金	木	火
	凸	볼록할 철	5	凵	金	水	土
	輟	멈출 철	15	車	金	火	土
	悊	공경할 철	11	心	金	火	木
	瞮	눈 밝을 철	17	目	金	木	金
첨	尖	뾰족할 첨	6	小	金	金	土

음	字	音·訓	획수	부수	발음	자원	수리(비고)
첨	添	더할 첨	12	水	金	水	木
	僉	다 첨	13	人	金	火	火
	瞻	볼 첨	18	目	金	木	金
	沾	더할 첨	9	水	金	水	水
	簽	농 첨	19	竹	金	竹	木
	籤	제비 첨	23	竹	金	木	火
	詹	이를 첨	13	言	金	金	火
	諂	아첨할 첨	15	言	金	金	土
	甛	달 첨	11	甘	金	土	木(甜)
첩	妾	첩 첩	8	女	金	土	金
	帖	문서 첩	8	巾	金	木	金
	捷	빠를 첩	12	手	金	木	木
	堞	처첩 첩	12	土	金	土	木
	牒	공문서 첩	13	片	金	木	火
	疊	접을 첩	22	田	金	木	木
	睫	속눈썹 첩	13	目	金	木	火
	諜	이간할 첩	16	言	金	金	土
	貼	붙을 첩	12	貝	金	金	木
	輒	문득 첩	14	車	金	火	火
청	青	푸를 청	8	青	金	木	金(靑)

음	字	音·訓	획수	부수	발음	자원	수리(비고)
청	淸	맑을 청	12	水	金	水	木(淸)
	晴	갤 청	12	日	金	火	木
	請	청할 청	15	言	金	金	土
	廳	관청 청	25	广	金	木	土
	聽	들을 청	22	耳	金	火	木
	菁	우거질 청	14	艸	金	木	火
	鯖	청어 청	19	魚	金	水	水
체	體	몸 체	23	骨	金	金	火
	替	바꿀 체	12	曰	金	火	木
	遞	갈마들 체	17	辵	金	土	金
	滯	막힐 체	15	水	金	水	土
	逮	잡을 체	15	辵	金	土	土
	締	맺을 체	15	糸	金	木	土
	諦	살필 체	16	言	金	金	土
	切	일체 체	4	刀	金	金	火
	剃	털 깎을 체	9	刀	金	金	水
	涕	울 체	11	水	金	水	木
	諟	바로잡을 체	16	言	金	金	土
	玼	깨끗할 체	11	玉	金	金	木
	棣	산 앵두나무 체	12	木	金	木	木

음	字	音·訓	획수	부수	발음	자원	수리(비고)
초	初	처음 초	7	刀	金	金	金
	草	풀 초	12	艸	金	木	木(艸)
	招	부를 초	9	手	金	木	水
	肖	닮을 초	9	肉	金	水	水
	超	뛰어넘을 초	12	走	金	火	木
	抄	베낄 초	8	手	金	木	金
	礎	주춧돌 초	18	石	金	金	金
	秒	초 초	9	禾	金	木	水
	樵	땔나무 초	16	木	金	木	土
	焦	그을릴 초	12	火	金	火	木
	蕉	파초 초	18	艸	金	木	金
	楚	초나라 초	13	木	金	木	火
	剿	노곤할 초	13	刀	金	金	火
	哨	망볼 초	10	口	金	水	水
	憔	수척할 초	16	心	金	火	土
	梢	꼬리 초	11	木	金	木	木
	椒	후초 초	12	木	金	木	木
	炒	볶을 초	8	火	金	火	金
	硝	망초 초	12	石	金	金	木
	礁	암초 초	17	石	金	金	金

음	字	音 · 訓	획수	부수	발음	자원	수리(비고)
초	稍	점점 초	12	禾	金	木	木
	苕	원두 초	11	艸	金	木	木
	貂	담비 초	12	豸	金	水	木
	酢	초(신맛)초	12	酉	金	金	木
	醋	초(술 권할)초	15	酉	金	金	土
	醮	초례 제 초	19	酉	金	金	水
	岧	높을 초	8	山	金	土	金
	鈔	좋은 쇠 초	11	金	金	金	木
	俏	닮을 초	9	人	金	火	水
촉	促	재촉할 촉	9	人	金	火	水
	燭	촛불 촉	17	火	金	火	金
	觸	닿을 촉	20	角	金	木	水
	囑	맡길 촉	24	口	金	水	火
	矗	곧을 촉	24	目	金	木	火
	蜀	나라이름 촉	13	虫	金	水	火
촌	寸	마디 촌	3	寸	金	土	火
	村	마을 촌	7	木	金	木	金(邨)
	忖	헤아릴 촌	7	心	金	火	金
총	銃	총 총	14	金	金	金	火
	總	거느릴 총	17	糸	金	木	金(総)

음	字	音·訓	획수	부수	발음	자원	수리(비고)
총	聰	귀 밝을 총	17	耳	金	火	金(聡)
	寵	사랑할 총	19	宀	金	木	水
	叢	모을 총	18	又	金	水	金
	悤	바쁠 총	11	心	金	火	木
	憁	바쁠 총	15	心	金	火	土
	摠	모두 총	15	手	金	木	土
	蔥	파 총	17	艸	金	木	金
	冢	무덤 총	10	冖	金	土	水(塚)
촬	撮	모을 촬	16	手	金	木	土
최	最	가장 최	12	日	金	水	木
	催	재촉할 최	13	人	金	火	火
	崔	높을 최	11	山	金	土	木
추	秋	가을 추	9	禾	金	木	水
	追	쫓을 추	13	辶	金	土	火
	推	넓힐 추	12	手	金	木	木
	抽	뺄 추	9	手	金	木	水
	醜	추할 추	17	酉	金	金	金
	楸	가래나무 추	13	木	金	木	火
	樞	지도리 추	15	木	金	木	土
	鄒	나라이름 추	17	邑	金	土	金

음	字	音·訓	획수	부수	발음	자원	수리(비고)
추	錐	송곳 추	16	金	金	金	土
	錘	저울추 추	16	金	金	金	土
	墜	떨어질 추	15	土	金	土	土
	椎	뭉치 추	12	木	金	木	木
	湫	늪 추	13	水	金	水	火
	皺	주름 추	15	皮	金	金	土
	芻	꼴 추	10	艸	金	木	水
	萩	사철 쑥 추	15	艸	金	木	土
	諏	꾀할 추	15	言	金	金	土
	趨	쫓을 추	17	走	金	土	金
	酋	두목 추	9	酉	金	金	水
	鎚	저울 추	18	金	金	金	金
	雛	큰새 추	18	隹	金	火	金
	騶	마부 추	20	馬	金	火	水
	鰌	미꾸라지 추	20	魚	金	水	水(鰍)
축	丑	소 축	4	一	金	土	火
	祝	빌 축	10	示	金	木	水
	蓄	쌓을 축	16	艸	金	木	土
	畜	쌓을 축	10	田	金	土	水
	築	다질 축	16	竹	金	木	土

음	字	音·訓	획수	부수	발음	자원	수리(비고)
축	逐	쫓을 축	14	辵	金	土	火
	縮	오그라들 축	17	糸	金	木	金
	軸	굴대 축	12	車	金	火	木
	竺	대나무 축	8	竹	金	木	金
	築	주을 축	12	竹	金	木	木
	蹙	쫓을 축	18	足	金	土	金
	蹴	찰 축	19	足	金	土	水
춘	春	봄 춘	9	日	金	火	水
	椿	참죽나무 춘	13	木	金	木	火
	瑃	옥 이름 춘	14	玉	金	金	火
	賰	넉넉할 춘	16	貝	金	金	土
출	出	날 출	5	凵	金	土	土
	朮	차조 출	5	木	金	木	土
	黜	물리칠 출	17	黑	金	水	金
충	充	가득할 충	6	儿	金	木	土
	忠	충성 충	8	心	金	火	金
	蟲	벌레 충	18	虫	金	水	金(虫)
	衝	찌를 충	15	行	金	火	土
	珫	귀엣 고리 옥 충	11	玉	金	金	木
	冲	화할 충	8	水	金	水	金(沖)

음	字	音·訓	획수	부수	발음	자원	수리(비고)
충	衷	정성 충	10	衣	金	木	水
췌	萃	모을 췌	14	艸	金	木	火
	悴	파리할 췌	12	心	金	火	木
	膵	췌장 췌	18	肉	金	水	金
	贅	혹 췌	18	貝	金	金	金
취	取	취할 취	8	又	金	水	金
	吹	불 취	7	口	金	水	金
	就	나아갈 취	12	尤	金	土	木
	臭	냄새 취	10	白	金	水	水
	醉	술 취할 취	15	酉	金	金	土
	趣	뜻 취	15	走	金	火	土
	翠	비취색 취	14	羽	金	火	火
	聚	모일 취	14	耳	金	火	火
	嘴	부리 취	15	口	金	水	土
	娶	장가들 취	11	女	金	土	木
	炊	불 땔 취	8	火	金	火	金
	脆	연할 취	12	肉	金	水	木
	驟	달릴 취	24	馬	金	火	火
	鷲	수리 취	23	鳥	金	火	火
측	側	곁 측	11	人	金	火	木

음	字	音·訓	획수	부수	발음	자원	수리(비고)
측	測	잴 측	13	水	金	水	火
	仄	기울 측	4	人	金	火	火
	惻	슬퍼할 측	13	心	金	火	火
	廁	뒷간 측	12	广	金	木	木(廁)
층	層	층 층	15	尸	金	木	土
치	治	다스릴 치	9	水	金	水	水
	致	보낼 치	10	至	金	土	水
	稚	어릴 치	13	禾	金	木	火
	齒	이 치	15	齒	金	金	土
	値	값 치	10	人	金	火	水
	置	둘 치	14	网	金	木	火
	恥	부끄러울 치	10	心	金	火	水
	熾	성할 치	16	火	金	火	土
	峙	우뚝 설 치	9	山	金	土	水
	雉	꿩 치	13	隹	金	火	火(穉)
	馳	달릴 치	13	馬	金	火	火
	侈	사치할 치	8	人	金	火	金
	嗤	냉소할 치	13	口	金	水	火
	幟	기(표적) 치	15	巾	金	木	土
	梔	치자나무 치	11	木	金	木	木

음	字	音·訓	획수	부수	발음	자원	수리(비고)
치	淄	검은 빛 치	12	水	金	水	木
	痔	치질 치	11	疒	金	水	木
	癡	어리석을 치	19	疒	金	水	水(痴)
	緇	검은 옷 치	14	糸	金	木	火
	緻	고울 치	16	糸	金	木	土
	蚩	어리석을 치	10	虫	金	水	水
	輜	짐수레 치	15	車	金	火	土
칙	則	법칙 칙	9	刀	金	金	水
	勅	조서 칙	9	力	金	土	水
	飭	경계할 칙	13	食	金	水	火
친	親	친할 친	16	見	金	火	土
칠	七	일곱 칠	7	一	金	金	金
	漆	옷 칠할 칠	15	水	金	水	土
	柒	옻칠 칠	9	木	金	木	水
침	針	바늘 침	10	金	金	金	水
	侵	침노할 침	9	人	金	火	水
	浸	담글 침	11	水	金	水	木
	寢	잠잘 침	14	宀	金	木	火
	沈	잠길 침	8	水	金	水	金
	枕	베개 침	8	木	金	木	金

음	字	音·訓	획수	부수	발음	자원	수리(비고)
침	琛	보배 침	13	玉	金	金	火
	砧	방치 돌 침	10	石	金	金	水
	鍼	침 침	17	金	金	金	金
	梣	우거질 침	12	木	金	木	木
칩	蟄	동면할 칩	17	虫	金	水	金
칭	稱	일컬을 칭	14	禾	金	木	火
	秤	저울 칭	10	禾	金	木	水
쾌	快	쾌할 쾌	8	心	木	火	金
	夬	터놓을 쾌	4	大	木	木	火
타	他	다를 타	5	人	火	火	土
	打	칠 타	6	手	火	木	土
	妥	온당할 타	7	女	火	土	金
	墮	떨어질 타	15	土	火	土	土
	咤	꾸짖을 타	9	口	火	水	水
	唾	침 타	11	口	火	水	木
	惰	버릇 타	13	心	火	火	火
	拖	당길 타	9	手	火	木	水
	朶	꽃송이 타	6	木	火	木	土
	舵	선박키 타	11	舟	火	木	木
	陀	험할 타	13	阜	火	土	火

음	字	音·訓	획수	부수	발음	자원	수리(비고)
타	馱	태울 타	13	馬	火	火	火
	駝	낙타 타	15	馬	火	火	土
	楕	길쭉할 타	13	木	火	木	火
	橢	길쭉할 타	16	木	火	木	土(楕)
탁	濁	흐릴 탁	17	水	火	水	金
	托	받칠 탁	7	手	火	木	金
	濯	클 탁	18	水	火	水	金
	卓	높을 탁	8	十	火	木	金
	度	헤아릴 탁	9	广	火	木	水
	倬	클 탁	10	人	火	火	水
	琸	사람이름 탁	13	玉	火	金	火
	晫	환할 탁	12	日	火	火	木
	託	부탁할 탁	10	言	火	金	水
	擢	뽑아낼 탁	18	手	火	木	金
	鐸	방울 탁	21	金	火	金	木
	拓	박을 탁	9	手	火	木	水
	啄	쫄 탁	11	口	火	水	木
	坼	터질 탁	8	土	火	土	金
	柝	열 탁	9	木	火	木	水
	琢	쫄 탁	13	玉	火	金	火

음	字	音·訓	획수	부수	발음	자원	수리(비고)
탁	踔	멀 탁	15	足	火	土	土
	槖	전대 탁	16	木	火	木	土(橐)
탄	炭	숯 탄	9	火	火	火	水
	歎	탄식할 탄	15	欠	火	金	土
	彈	탄알 탄	15	弓	火	金	土
	誕	태어날 탄	14	言	火	金	火
	呑	삼킬 탄	7	口	火	水	金
	坦	평탄할 탄	8	土	火	土	金
	灘	여울 탄	23	水	火	水	火
	嘆	탄식할 탄	14	口	火	水	火
	憚	꺼릴 탄	16	心	火	火	土
	綻	터질 탄	14	糸	火	木	火
	暳	밝을 탄	16	日	火	火	土
탈	脫	벗을 탈	13	肉	火	水	火
	奪	빼앗을 탈	14	大	火	木	火
탐	探	찾을 탐	12	手	火	木	木
	貪	탐할 탐	11	貝	火	金	木
	耽	즐길 탐	10	耳	火	火	水
	眈	노려볼 탐	9	目	火	木	水
탑	塔	탑(절) 탑	13	土	火	土	火

음	字	音·訓	획수	부수	발음	자원	수리(비고)
탑	榻	긴 걸상 탑	14	木	火	木	火
탕	湯	끓인 물 탕	13	水	火	水	火
	宕	방탕할 탕	8	宀	火	木	金
	帑	금고 탕	8	巾	火	木	金
	糖	엿 탕	16	米	火	木	土
	蕩	흐리게 할 탕	18	艸	火	木	金
태	太	클 태	4	大	火	木	火
	泰	클 태	9	水	火	水	水
	怠	게으를 태	9	心	火	火	水
	殆	위태로울 태	9	歹	火	水	水
	態	태도(모양) 태	14	心	火	火	火
	汰	씻을 태	8	水	火	水	金
	兌	바꿀 태	7	儿	火	金	金
	台	별 이름 태	5	口	火	水	土
	胎	기를 태	11	肉	火	水	木
	邰	나라이름 태	12	邑	火	土	木
	笞	매질할 태	11	竹	火	木	木
	苔	이끼 태	11	艸	火	木	木
	跆	밟을 태	12	足	火	土	木
	颱	태풍 태	14	風	火	木	火

음	字	音·訓	획수	부수	발음	자원	수리(비고)
태	鈦	티타늄 태	12	金	火	金	木
	珆	옥 무늬 태	10	玉	火	金	水
	鮐	복어 태	16	魚	火	水	土
	脫	벗을 태	13	肉	火	水	火
	娧	아름다울 태	10	女	火	土	水
	迨	미칠 태	12	辵	火	土	木
택	宅	집 택	6	宀	火	木	土
	澤	못 택	17	水	火	水	金
	擇	가릴 택	17	手	火	木	金
	垞	언덕 택	9	土	火	土	水
탱	撑	버팀목 탱	16	手	火	木	土
터	攄	펼 터	19	手	火	木	水
토	土	흙 토	3	土	火	土	火
	吐	토할 토	6	口	火	水	土
	討	칠 토	10	言	火	金	水
	兎	토끼 토	8	儿	火	木	金(兎)
통	通	통할 통	14	辵	火	土	火
	統	거느릴 통	12	糸	火	木	木
	痛	아플 통	12	疒	火	水	木
	桶	통 통	11	木	火	木	木

음	字	音·訓	획수	부수	발음	자원	수리(비고)
통	慟	애통할 통	15	心	火	火	土
	洞	꿰뚫을 통	10	水	火	水	水
	筒	대롱 통	12	竹	火	木	木
퇴	退	물러날 퇴	13	辵	火	土	火
	堆	쌓일 퇴	11	土	火	土	木
	槌	망치 퇴	14	木	火	木	火
	腿	정강이 퇴	16	肉	火	水	土
	褪	바랠 퇴	16	衣	火	木	土
	頹	기울 퇴	16	頁	火	火	土
투	投	던질 투	8	手	火	木	金
	透	통할 투	14	辵	火	土	火
	鬪	싸울 투	20	鬥	火	金	水
	偸	훔칠 투	11	人	火	火	木
	套	덮개 투	10	大	火	木	水
	妬	투기할 투	8	女	火	土	金
특	特	특별할 특	10	牛	火	土	水
	慝	간사할 특	15	心	火	火	土
틈	闖	엿볼 틈	18	門	火	木	金
파	破	깨뜨릴 파	10	石	水	金	水
	波	물결 파	9	水	水	水	水

음	字	音·訓	획수	부수	발음	자원	수리(비고)
파	派	물갈래 파	10	水	水	水	水
	播	씨 뿌릴 파	16	手	水	木	土
	罷	파할 파	16	网	水	木	土
	頗	자못 파	14	頁	水	火	火
	把	잡을 파	8	手	水	木	金
	巴	땅이름 파	4	弓	水	土	火
	芭	파초 파	10	艸	水	木	水
	琶	비파 파	13	玉	水	金	火
	坡	고개 파	8	土	水	土	金
	杷	비파나무 파	8	木	水	木	金
	婆	할미 파	11	女	水	土	木
	擺	열릴 파	19	手	水	木	水
	爬	긁을 파	8	爪	水	木	金
	跛	절뚝발이 파	12	足	水	土	木
판	判	판단할 판	7	刀	水	金	金
	板	널빤지 판	8	木	水	木	金
	販	팔 판	11	貝	水	金	木
	版	관목 판	8	片	水	木	金
	阪	언덕 판	12	阜	水	土	木
	坂	산비탈 판	7	土	水	土	金

음	字	音 · 訓	획수	부수	발음	자원	수리(비고)
판	瓣	꽃잎 판	19	瓜	水	木	水
	辦	힘쓸 판	16	辛	水	金	土
	鈑	금박 판	12	金	水	金	木
팔	八	여덟 팔	8	八	水	金	金
	叭	나팔 팔	5	口	水	水	土
	捌	깨뜨릴 팔	11	手	水	木	木
패	貝	조개 패	7	貝	水	金	金
	敗	패할 패	11	攴	水	金	木
	浿	강 이름 패	11	水	水	水	木
	佩	찰 패	8	人	水	火	金
	牌	방패 패	12	片	水	木	木
	唄	찬불 패	10	口	水	水	水
	悖	거스를 패	11	心	水	火	木
	沛	늪 패	8	水	水	水	金
	狽	이리 패	11	犬	水	土	木
	稗	피 패	13	禾	水	木	火
	霸	두목 패	21	雨	水	水	木
	覇	으뜸갈 패	19	襾	水	水	水(霸)
팽	彭	나라이름 팽	12	彡	水	火	木
	澎	물소리 팽	16	水	水	水	土

음	字	音·訓	획수	부수	발음	자원	수리(비고)
팽	烹	삶을 팽	11	灬	水	火	木
	膨	부풀 팽	18	肉	水	水	金
팍	愊	강할 팍	13	心	水	火	火
편	片	조각 편	4	片	水	木	火
	便	편할 편	9	人	水	火	水
	篇	책 편	15	竹	水	木	土
	編	엮을 편	15	糸	水	木	土
	遍	두루 편	16	辶	水	土	土
	偏	치우칠 편	11	人	水	火	木
	扁	액자 편	9	戶	水	木	水
	翩	빨리 날 편	15	羽	水	火	土
	鞭	채찍 편	18	革	水	金	金
	騙	속일 편	19	馬	水	火	水
폄	貶	감할 폄	12	貝	水	金	木
평	平	평평할 평	6	干	水	木	土
	評	평론할 평	12	言	水	金	木
	坪	땅 평평할 평	8	土	水	土	金
	枰	바둑판 평	9	木	水	木	水
	泙	물소리 평	9	水	水	水	水
	萍	부평초 평	14	艸	水	木	火

음	字	音·訓	획수	부수	발음	자원	수리(비고)
폐	閉	닫을 폐	11	門	水	木	木
	肺	허파 폐	10	肉	水	水	水
	廢	폐할 폐	15	广	水	木	土
	弊	폐단 폐	15	廾	水	水	土
	蔽	가릴 폐	18	艸	水	木	金
	幣	예물 폐	15	巾	水	木	土
	陛	섬돌 폐	15	阜	水	土	土
	吠	개 짖을 폐	7	口	水	水	金
	嬖	사랑할 폐	16	女	水	土	土
	斃	죽을 폐	18	攴	水	金	金
포	布	베 포	5	巾	水	木	土
	抱	안을 포	9	手	水	木	水
	包	꾸릴 포	5	勹	水	金	土
	胞	태보 포	11	肉	水	水	木
	飽	물릴 포	14	食	水	水	火
	浦	물가 포	11	水	水	水	木
	捕	사로잡을 포	11	手	水	木	木
	葡	포도 포	15	艸	水	木	土
	襃	칭찬할 포	15	衣	水	木	土
	砲	돌쇠뇌 포	10	石	水	金	水

음	字	音 · 訓	획수	부수	발음	자원	수리(비고)
포	鋪	베풀 포	15	金	水	金	土
	佈	펼 포	7	人	水	火	金
	匍	길 포	9	勹	水	金	水
	麭	박 포	11	勹	水	金	木
	咆	성낼 포	8	口	水	水	金
	哺	먹을 포	10	口	水	水	水
	圃	밭 포	10	囗	水	水	水
	怖	떨 포	9	心	水	火	水
	暴	사나울 포	15	日	水	火	土
	泡	거품 포	9	水	水	水	水
	疱	마마 포	10	疒	水	水	水
	脯	포(말린 고기)포	13	肉	水	水	火
	苞	풀이름 포	11	艹	水	木	木
	蒲	창포 포	16	艹	水	木	土
	袍	두루마기 포	11	衣	水	木	木
	逋	달아날 포	14	辶	水	土	火
	鮑	절인어물 포	16	魚	水	水	土
	抛	던질 포	9	手	水	木	水(拋)
폭	暴	나타낼 폭	15	日	水	火	土
	爆	폭발할 폭	19	火	水	火	水

음	字	音·訓	획수	부수	발음	자원	수리(비고)
폭	幅	폭 폭	12	巾	水	木	木
	曝	볕에 말릴 폭	19	日	水	火	水
	瀑	폭포 폭	19	水	水	水	水
	輻	몰려들 폭	16	車	水	火	土
표	表	모습 표	9	衣	水	木	水
	票	쪽지 표	11	示	水	火	木
	標	표시 표	15	木	水	木	土
	漂	뜰 표	15	水	水	水	土
	杓	자루 표	7	木	水	木	金
	豹	표범 표	10	豸	水	水	水
	彪	범 표	11	彡	水	火	木
	驃	용감할 표	21	馬	水	火	木
	俵	나누어줄 표	10	人	水	火	水
	剽	빠를 표	13	刀	水	金	火
	慓	급할 표	15	心	水	火	土
	瓢	박 표	15	瓜	水	木	土
	飄	질풍 표	20	風	水	木	水
	飆	폭풍 표	21	風	水	木	木(飈)
	謤	들을 표	17	耳	水	火	金
품	品	물건 품	9	口	水	水	水

음	字	音·訓	획수	부수	발음	자원	수리(비고)
품	稟	줄 품	13	禾	水	木	火
풍	風	바람 풍	9	風	水	木	水
	豐	풍년들 풍	18	豆	水	木	金(豊)
	諷	풍자할 풍	16	言	水	金	土
	馮	탈 풍	12	馬	水	火	木
	楓	단풍나무 풍	13	木	水	木	火
피	皮	가죽 피	5	皮	水	金	土
	彼	저 피	8	彳	水	火	金
	疲	지칠 피	10	疒	水	水	水
	被	이불 피	11	衣	水	木	木
	避	피할 피	20	辵	水	土	水
	披	나눌 피	9	手	水	木	水
	陂	비탈 피	13	阜	水	土	火
필	必	반드시 필	5	心	水	火	土
	匹	짝 필	4	匸	水	水	火
	筆	붓 필	12	竹	水	木	木
	畢	마칠 필	11	田	水	土	木
	弼	도울 필	12	弓	水	金	木
	泌	샘물 흐를 필	9	水	水	水	水
	珌	칼집장식 필	10	玉	水	金	水

음	字	音·訓	획수	부수	발음	자원	수리(비고)
필	苾	향기 필	11	艸	水	木	木
	馝	향내 날 필	14	香	水	木	火
	鉍	창 자루 필	13	金	水	金	火
	佖	점잖을 필	7	人	水	火	金
	疋	필(발)필	5	疋	水	土	土
	滭	샘이 용솟을 필	12	水	水	水	木
	斁	다할 필	15	攴	水	金	土
	咇	향내 날 필	8	口	水	水	金
핍	乏	가난할 핍	5	丿	水	金	土
	逼	닥칠 핍	16	辵	水	土	土
하	下	아래 하	3	一	土	水	火
	夏	여름 하	10	夊	土	火	水(昰)
	賀	하례할 하	12	貝	土	金	木
	何	어찌 하	7	人	土	火	金
	河	강 이름 하	9	水	土	水	水
	荷	연꽃 하	13	艸	土	木	火
	廈	큰집 하	13	广	土	木	火(厦)
	霞	놀 하	17	雨	土	水	金
	瑕	허물 하	14	玉	土	金	火
	蝦	두꺼비 하	15	虫	土	水	土

음	字	音・訓	획수	부수	발음	자원	수리(비고)
하	遐	멀 하	16	辵	土	土	土
	鰕	새우 하	20	魚	土	水	水
	呀	입 벌릴 하	7	口	土	水	金
	嘏	클 하	14	口	土	水	火
	碬	숫돌 하	14	石	土	金	火
	閜	크게 열릴 하	13	門	土	木	火
	嗬	웃음소리 하	17	口	土	水	金
	赮	붉을 하	16	赤	土	火	土
	煆	데울 하	13	火	土	火	火
	蕸	연잎 하	19	艸	土	木	水
	欱	껄껄 웃을 하	9	欠	土	金	水
	抲	지휘할 하	9	手	土	木	水
	嘏	웃을 하	16	口	土	水	土
학	學	배울 학	16	子	土	水	土(学)
	鶴	학 학	21	鳥	土	火	木
	壑	골 학	17	土	土	土	金
	虐	해칠 학	9	虍	土	木	水
	謔	희롱할 학	17	言	土	金	金
	嗃	엄할 학	13	口	土	水	火
한	閑	한가할 한	12	門	土	水	木

음	字	音·訓	획수	부수	발음	자원	수리(비고)
한	寒	찰 한	12	宀	土	木	木
	恨	한탄 한	10	心	土	火	水
	限	한정 한	14	阜	土	土	火
	韓	나라이름 한	17	韋	土	金	金
	漢	한수 한	15	水	土	水	土
	旱	가물 한	7	日	土	火	金
	汗	땀 한	7	水	土	水	金
	澣	빨래할 한	17	水	土	水	金
	瀚	넓고 클 한	20	水	土	水	水
	翰	붓 한	16	羽	土	火	土
	閒	한가할 한	12	門	土	土	木
	悍	사나울 한	11	心	土	火	木
	罕	드물 한	7	网	土	木	金
	瀾	넓을 한	16	水	土	水	土
	侃	굳셀 한	14	人	土	火	火
	嫻	우아할 안	15	女	土	土	土
	橌	큰 나무 한	16	木	土	木	土
	閑	익힐 한	16	門	土	木	土
	扞	막을 한	7	手	土	木	金
	忓	방해할 한	7	心	土	火	金

음	字	音·訓	획수	부수	발음	자원	수리(비고)
한	邗	땅 이름 한	10	邑	土	土	水
할	割	나눌 할	12	刀	土	金	木
	轄	다스릴 할	17	車	土	火	金
함	咸	다 함	9	口	土	水	水
	含	머금을 함	7	口	土	水	金
	陷	빠질 함	16	阜	土	土	土
	函	함(포용할)함	8	凵	土	木	金
	涵	젖을 함	12	水	土	水	木
	艦	싸움배 함	20	舟	土	木	水
	喊	소리 함	12	口	土	水	木
	檻	감옥 함	18	木	土	木	金
	緘	봉할 함	15	糸	土	木	土
	銜	재갈 함	14	金	土	金	火(啣)
	鹹	짤(소금)함	20	鹵	土	水	水
	菡	연꽃 함	14	艸	土	木	火
합	合	합할 합	6	口	土	水	土
	哈	웃는 소리 합	9	口	土	水	水
	盒	그릇 합	11	皿	土	土	木
	蛤	대합 합	12	虫	土	水	木
	閤	침실 합	14	門	土	木	火

음	字	音·訓	획수	부수	발음	자원	수리(비고)
합	闔	문짝 합	18	門	土	木	金
	陜	좁을 합	15	阜	土	土	土
항	恒	항상 항	10	心	土	火	水(恆)
	巷	거리 항	9	己	土	土	水
	項	목덜미 항	12	頁	土	火	木
	抗	대항할 항	8	手	土	木	金
	航	배 항	10	舟	土	木	水
	亢	높을 항	4	亠	土	水	火
	沆	넓을 항	8	水	土	水	金
	姮	항아 항	9	女	土	土	水(嫦)
	伉	짝 항	6	人	土	火	土
	杭	건널 항	8	木	土	木	金
	桁	수갑 항	10	木	土	木	水
	缸	항아리 항	9	缶	土	土	水
	肛	항문 항	9	肉	土	水	水
	行	걸을 항	6	行	土	火	土
	降	항복할 항	14	阜	土	土	火
해	害	해칠 해	10	宀	土	木	水
	海	바다 해	11	水	土	水	木
	亥	돼지 해	6	亠	土	水	土

음	字	音·訓	획수	부수	발음	자원	수리(비고)
해	解	풀 해	13	角	土	木	火
	奚	어찌 해	10	大	土	水	水
	該	갖출 해	13	言	土	金	火
	偕	함께 해	11	人	土	火	木
	楷	본보기 해	13	木	土	木	火
	諧	화할 해	16	言	土	金	土
	咳	기침 해	9	口	土	水	水
	垓	지경 해	9	土	土	土	水
	孩	어릴 해	9	子	土	水	水
	懈	게으를 해	17	心	土	火	金
	瀣	이슬기운 해	20	水	土	水	水
	蟹	게 해	19	虫	土	水	水
	邂	만날 해	20	辵	土	土	水
	駭	놀랄 해	16	馬	土	火	土
	骸	뼈 해	16	骨	土	金	土
	哈	비웃을 해	8	口	土	水	金
	瑎	검은 옥돌 해	14	玉	土	金	火
	澥	바다이름 해	17	水	土	水	金
	祄	도울 해	9	示	土	木	水
	晐	갖출 해	10	日	土	火	水

음	字	音·訓	획수	부수	발음	자원	수리(비고)
핵	核	씨 핵	10	木	土	木	水
	劾	힘쓸 핵	8	力	土	土	金
행	行	다닐 행	6	行	土	火	土
	幸	다행 행	8	干	土	木	金
	杏	살구 행	7	木	土	木	金
	倖	요행 행	10	人	土	火	水
	荇	마름 풀 행	12	艸	土	木	木
	涬	기운 행	12	水	土	水	木
향	向	향할 향	6	口	土	水	土
	香	향기 향	9	香	土	木	水
	鄉	시골 향	17	邑	土	土	金
	響	울릴 향	22	音	土	金	木
	享	누릴 향	8	亠	土	土	金
	珦	옥 이름 향	11	玉	土	金	木
	嚮	향할 향	19	口	土	水	水
	餉	건량 향	15	食	土	水	土
	饗	잔치 향	22	食	土	水	木
	麝	사향사슴 향	20	鹿	土	土	水
	晑	밝을 향	10	日	土	火	水
허	虛	빌 허	12	虍	土	木	木

음	字	音·訓	획수	부수	발음	자원	수리(비고)
허	許	허락할 허	11	言	土	金	木
	墟	옛터 허	15	土	土	土	土
	噓	불 허	15	口	土	水	土
헌	軒	집 헌	10	車	土	火	水
	憲	법 헌	16	心	土	火	土
	獻	드릴 헌	20	犬	土	土	水
	櫶	나무이름 헌	20	木	土	木	水
	輨	초헌 헌	16	車	土	火	土
	憲	총명할 헌	20	心	土	火	水
	田	밝을 헌	8	日	土	火	金
헐	歇	쉴 헐	13	欠	土	金	火
험	險	험할 험	21	阜	土	土	木
	驗	시험 험	23	馬	土	火	火
혁	革	가죽 혁	9	革	土	金	水
	赫	붉을 혁	14	赤	土	火	火
	爀	빛날 혁	18	火	土	火	金
	奕	클 혁	9	大	土	木	水
	侐	고요할 혁	8	人	土	火	金
	焃	붉을 혁	11	火	土	火	木
	嚇	성낼 혁	17	口	土	水	金

음	字	音·訓	획수	부수	발음	자원	수리(비고)
현	現	나타날 현	12	玉	土	金	木
	賢	어질 현	15	貝	土	金	土
	玄	검을 현	5	玄	土	火	土
	絃	악기 줄 현	11	糸	土	木	木
	縣	매달(고을)현	16	糸	土	木	土
	懸	매달 현	20	心	土	火	水
	顯	나타날 현	23	頁	土	火	火(顕)
	見	현재 현	7	見	土	火	金
	峴	재(고개)현	10	山	土	土	水
	晛	햇살 현	11	日	土	火	木
	泫	이슬 빛날 현	9	水	土	水	水
	炫	빛날 현	9	火	土	火	水
	玹	옥돌 현	10	玉	土	金	水
	鉉	솥귀 현	13	金	土	金	火
	眩	아찔할 현	10	目	土	木	水
	眩	당혹할 현	9	日	土	火	水
	絢	채색무늬 현	12	糸	土	木	木
	呟	소리 현	8	口	土	水	金
	俔	염탐할 현	9	人	土	火	水
	睍	고을 현	12	目	土	木	木

음	字	音·訓	획수	부수	발음	자원	수리(비고)
현	舷	뱃전 현	11	舟	土	木	木
	衒	자랑할 현	11	行	土	火	木
	弦	활시위 현	8	弓	土	木	金
	儇	영리할 현	15	人	土	火	土
	譞	말 많을 현	20	言	土	金	水
	怰	팔 현	9	心	土	火	水
	陥	한정할 현	15	阜	土	土	土
	鋗	노구솥 현	15	金	土	金	土
	彋	활 현	11	弓	土	木	木
	琄	옥 모양 현	12	玉	土	金	木
	嬛	산뜻할 현	16	女	土	土	土
	娊	허리 가늘 현	10	女	土	土	水
	姛	여자의 현	8	女	土	土	金
	灦	물이 깊고 맑을 현	27	水	土	水	金
	梚	땅 이름 현	12	木	土	木	木
혈	血	피 혈	6	血	土	水	土
	穴	구멍 혈	5	穴	土	水	土
	孑	남길 혈	3	子	土	水	火
	頁	머리 혈	9	頁	土	火	水
혐	嫌	의심 혐	13	女	土	土	火

음	字	音·訓	획수	부수	발음	자원	수리(비고)
협	協	화합할 협	8	十	土	水	金
	脅	위협할 협	12	肉	土	水	木(脇)
	俠	호협할 협	9	人	土	火	水
	挾	낄 협	11	手	土	木	木
	峽	골짜기 협	10	山	土	土	水
	浹	두루 협	11	水	土	水	木
	夾	낄 협	7	大	土	木	金
	狹	좁을 협	11	犬	土	土	木
	莢	콩깍지 협	13	艸	土	木	火
	鋏	칼 협	15	金	土	金	土
	頰	뺨 협	16	頁	土	火	土
	洽	화할 협	8	氵	土	水	金
형	兄	맏형	5	儿	土	木	土
	刑	형벌 형	6	刀	土	金	土
	形	형상 형	7	彡	土	火	金
	亨	형통할 형	7	亠	土	土	金
	螢	반딧불 형	16	虫	土	水	土
	衡	저울 형	16	行	土	火	土
	型	거푸집 형	9	土	土	土	水
	邢	나라이름 형	11	邑	土	土	木

음	字	音·訓	획수	부수	발음	자원	수리(비고)
형	珩	노리개 형	11	玉	土	金	木
	洄	찰 형	9	水	土	水	水
	炯	빛날 형	9	火	土	火	水
	瑩	의혹할 형	15	玉	土	金	土
	瀅	물 맑을 형	19	水	土	水	水
	馨	향기로울 형	20	香	土	木	水
	熒	등불 형	14	火	土	火	火
	滎	실개천 형	14	水	土	水	火
	瀯	물 이름 형	22	水	土	水	木
	荊	가시나무 형	12	艸	土	木	木
	鎣	줄 형	18	金	土	金	金
	逈	멀 형	12	辵	土	土	木(逈)
	侀	이룰 형	8	人	土	火	金
혜	惠	은혜 혜	12	心	土	火	木(惠)
	慧	지혜 혜	15	心	土	火	土
	兮	어조사 혜	4	八	土	金	火
	蕙	아름다울 혜	18	艸	土	木	金
	彗	비 혜	11	크	土	火	木
	譓	슬기로울 혜	22	言	土	金	木
	憲	밝힐 혜	15	宀	土	木	土

음	字	音·訓	획수	부수	발음	자원	수리(비고)
혜	憓	사랑할 혜	16	心	土	火	土
	暳	별 반짝일 혜	15	日	土	火	土
	蹊	건널 혜	17	足	土	土	金
	醯	초 혜	19	西	土	金	水
	鞋	신발 혜	15	革	土	金	土
	譓	순종할 혜	19	言	土	金	水
	鏸	날카로울 혜	20	金	土	金	水
	匚	감출 혜	2	匚	土	土	木
	訡	진실한 말 혜	11	言	土	金	木
호	戶	집 호	4	戶	土	木	火
	乎	어조사 호	5	丿	土	金	土
	呼	부를 호	8	口	土	水	金
	好	좋을 호	6	女	土	土	土
	虎	범 호	8	虍	土	木	金
	號	부르짖을 호	13	虍	土	木	火(号)
	湖	호수 호	13	水	土	水	火
	互	서로 호	4	二	土	水	火
	胡	오랑캐 호	11	肉	土	水	木
	浩	넓을 호	11	水	土	水	木(澔)
	毫	가는 털 호	11	毛	土	火	木

음	字	音・訓	획수	부수	발음	자원	수리(비고)
호	豪	호걸 호	14	豕	土	水	火
	護	보호할 호	21	言	土	金	木
	晧	밝을 호	11	日	土	火	木
	皓	깨끗할 호	12	白	土	金	木
	昊	하늘 호	8	日	土	火	金
	淏	맑을 호	12	水	土	水	木
	濠	강 이름 호	18	水	土	水	金
	灝	넓을 호	25	水	土	水	土
	祜	복 호	10	示	土	金	水
	琥	호박 호	13	玉	土	金	火
	瑚	산호 호	14	玉	土	金	火
	頀	구할 호	23	音	土	金	火
	顥	클 호	21	頁	土	火	木
	扈	뒤따를 호	11	戶	土	木	木
	鎬	호경 호	18	金	土	金	金
	壕	해자 호	17	土	土	土	金
	壺	병 호	12	土	土	木	木
	濩	퍼질 호	18	水	土	水	金
	滸	물가 호	15	水	土	水	土
	岵	산거할 호	8	山	土	土	金

음	字	音·訓	획수	부수	발음	자원	수리(비고)
호	弧	활 호	8	弓	土	木	金
	狐	여우 호	9	犬	土	土	水
	瓠	단지 호	11	瓜	土	木	木
	糊	풀 호	15	米	土	木	土
	縞	명주 호	16	糸	土	木	土
	葫	마늘 호	15	艹	土	木	土
	蒿	쑥 호	16	艹	土	木	土
	蝴	나비 호	15	虫	土	水	土
	皞	밝을 호	15	白	土	金	土
	芐	지황 호	9	艹	土	木	水(芦)
	犒	호궤할 호	14	牛	土	土	火
	鄗	땅 이름 호	17	邑	土	土	金
	熇	빛날 호	15	火	土	火	土
	嫭	아름다울 호	14	女	土	土	火
	怙	믿을 호	9	心	土	火	水
	瓳	반호 호	10	瓦	土	土	水
	蔰	빛 호	17	艹	土	木	金
혹	或	혹 혹	8	戈	土	金	金
	惑	미혹할 혹	12	心	土	火	木
	酷	독할 혹	14	酉	土	金	火

음	字	音·訓	획수	부수	발음	자원	수리(비고)
혹	熇	뜨거울 혹	14	火	土	火	火
혼	婚	혼인할 혼	11	女	土	土	木
	混	섞을 혼	12	水	土	水	木
	昏	어두울 혼	8	日	土	火	金
	魂	넋 혼	14	鬼	土	火	火
	渾	흐릴 혼	13	水	土	水	火
	琿	아름다운 옥 혼	14	玉	土	金	火
	俒	완전할 혼	9	人	土	火	水
	顝	둥글 혼	19	頁	土	火	水
홀	忽	문득 홀	8	心	土	火	金
	惚	황홀할 홀	12	心	土	火	木
	笏	홀 홀	10	竹	土	木	水
홍	紅	붉을 홍	9	糸	土	木	水
	洪	넓을 홍	10	水	土	水	水
	弘	클 홍	5	弓	土	火	土
	鴻	큰기러기 홍	17	鳥	土	火	金
	泓	물 깊을 홍	9	水	土	水	水
	烘	햇불 홍	10	火	土	火	水
	虹	무지개 홍	9	虫	土	水	水
	鈇	돌쇠뇌 홍	14	金	土	金	火

음	字	音·訓	획수	부수	발음	자원	수리(비고)
홍	哄	노래 소리 홍	9	口	土	水	水
	汞	수은 홍	7	水	土	水	金
	訌	모함할 홍	10	言	土	金	水
화	火	불 화	4	火	土	火	火
	化	화할 화	4	匕	土	火	火
	花	꽃 화	10	艸	土	木	水
	貨	재화 화	11	貝	土	金	木
	和	화할 화	8	口	土	水	金
	話	말할 화	13	言	土	金	火
	畫	그림 화	12	田	土	土	木(畵)
	華	빛날 화	14	艸	土	木	火
	禾	벼 화	5	禾	土	木	土
	禍	재화 화	14	示	土	木	火
	嫷	고울 화	15	女	土	土	土
	樺	자작나무 화	16	木	土	木	土
	譁	바뀔 화	19	言	土	金	水
	靴	양화 화	13	革	土	金	火
	澕	깊을 화	16	水	土	水	土
확	確	굳을 확	15	石	土	金	土(碻)
	穫	곡식거둘 확	19	禾	土	木	水

음	字	音·訓	획수	부수	발음	자원	수리(비고)
확	擴	늘릴 확	19	手	土	木	水
	廓	둘레 확	14	广	土	木	火
	攫	붙잡을 확	24	手	土	木	火
환	歡	기뻐할 환	22	欠	土	金	木
	患	근심 환	11	心	土	火	木
	丸	알 환	3	丶	土	土	火
	換	바꿀 환	13	手	土	木	火
	環	고리 환	18	玉	土	金	金
	還	돌아올 환	20	辵	土	土	水
	喚	부를 환	12	口	土	水	木
	奐	빛날 환	9	大	土	木	水
	渙	찬란할 환	13	水	土	水	火
	煥	빛날 환	13	火	土	火	火
	晥	밝을 환	11	日	土	火	木
	幻	변할 환	4	幺	土	火	火
	鐶	고리 환	21	金	土	金	木
	驩	기뻐할 환	28	馬	土	火	金
	桓	굳셀 환	10	木	土	木	水
	宦	내관 환	9	宀	土	木	水
	紈	맺을 환	9	糸	土	木	水

음	字	音·訓	획수	부수	발음	자원	수리(비고)
환	鰥	홀아비 환	21	魚	土	水	木
	圜	두를 환	16	囗	土	水	土
	皖	환할 환	12	白	土	金	木
	洹	세차게 흐를 환	10	水	土	水	水
활	活	살 활	10	水	土	水	水
	闊	트일 활	17	門	土	木	金(濶)
	滑	미끄러울 활	14	水	土	水	火
	猾	교활할 활	14	犬	土	土	火
	豁	통할 활	17	谷	土	水	金
황	黃	누를 황	12	黃	土	土	木
	皇	임금 황	9	白	土	金	水
	況	하물며 황	9	水	土	水	水
	荒	거칠 황	12	艸	土	木	木
	凰	봉황새 황	11	几	土	木	木
	堭	당집 황	12	土	土	土	木
	媓	어머니 황	12	女	土	土	木
	晃	밝을 황	10	日	土	火	水(晄)
	滉	물 깊고 넓을 황	14	水	土	水	火
	榥	책상 황	14	木	土	木	火
	煌	빛날 황	13	火	土	火	火

음	字	音·訓	획수	부수	발음	자원	수리(비고)
황	璜	패옥 황	17	玉	土	金	金
	煌	밝을 황	14	火	土	火	火
	幌	휘장 황	13	巾	土	木	火
	徨	노닐 황	12	彳	土	火	木
	恍	어두울 황	10	心	土	火	水
	惶	당황할 황	13	心	土	火	火
	恍	밝을 황	14	心	土	火	火
	慌	다급할 황	14	心	土	火	火
	湟	빠질 황	13	水	土	水	火
	潢	은하수 황	16	水	土	水	土
	篁	대숲 황	15	竹	土	木	土
	簧	혀(피리)황	18	竹	土	木	金
	蝗	황충 황	15	虫	土	水	土
	遑	급할 황	16	辵	土	土	土
	隍	해자 황	17	阜	土	土	金
	榥	깃대 황	13	木	土	木	火
회	回	돌아올 회	6	口	土	水	土
	會	모일 회	13	曰	土	木	火(会)
	悔	뉘우칠 회	11	心	土	火	木
	懷	품을 회	20	心	土	火	水

음	字	音·訓	획수	부수	발음	자원	수리(비고)
회	廻	돌 회	9	廴	土	水	水
	恢	넓을 회	10	心	土	火	水
	晦	그믐 회	11	日	土	火	木
	檜	노송나무 회	17	木	土	木	金
	澮	붓도랑 회	17	水	土	水	金
	繪	그림 회	19	糸	土	木	水
	誨	가르칠 회	14	言	土	金	火
	匯	물돌아모일 회	13	匚	土	水	火
	徊	노닐 회	9	彳	土	火	水
	淮	강 이름 회	12	水	土	水	木
	獪	교활할 회	17	犬	土	土	金
	膾	회 회	19	肉	土	水	水
	茴	회향 풀 회	12	艸	土	木	木
	蛔	회충 회	12	虫	土	水	木
	賄	예물 회	13	貝	土	金	火
	灰	재 회	6	火	土	火	土
	絵	그림 회	19	糸	土	木	水(絵)
획	獲	얻을 획	18	犬	土	土	金
	劃	그을 획	14	刀	土	金	火
	画	그을 획	8	田	土	土	金

음	字	音·訓	획수	부수	발음	자원	수리(비고)
횡	橫	가로 횡	16	木	土	木	土
	鐄	큰종 횡	20	金	土	金	水
	宖	클 횡	8	宀	土	木	金
효	孝	효도 효	7	子	土	水	金
	效	본받을 효	10	攴	土	金	水(効)
	曉	새벽 효	16	日	土	火	土
	涍	강 이름 효	11	水	土	水	木
	爻	괘 효	4	爻	土	火	火
	驍	날랠 효	22	馬	土	火	木
	敩	가르칠 효	20	攵	土	金	水
	哮	성낼 효	10	口	土	水	水
	嚆	울릴 효	17	口	土	水	金
	梟	영웅 효	11	木	土	木	木
	淆	흐릴 효	12	水	土	水	木
	肴	안주 효	10	肉	土	水	水
	酵	술밑 효	14	酉	土	金	火
	皛	흴 효	15	白	土	金	土
	歊	김 오를 효	14	欠	土	金	火
	窙	탁 트일 효	12	穴	土	水	木
	譹	부를 효	18	言	土	金	金

음	字	音·訓	획수	부수	발음	자원	수리(비고)
효	洨	강 이름 효	10	水	土	水	水
	庨	높을 효	10	广	土	木	水
	猇	범 울부짖을 효	10	虍	土	木	水
	熇	엄할 효	14	火	土	火	火
	烋	거들먹거릴 효	10	灬	土	火	水
	娆	재치 있을 효	11	女	土	土	木
	傚	본받을 효	12	人	土	火	木
후	後	뒤 후	9	彳	土	火	水
	厚	두터울 후	9	厂	土	土	水(垕)
	侯	제후(아름다울)후	9	人	土	火	水
	候	기후 후	10	人	土	火	水
	后	왕후 후	6	口	土	水	土
	逅	만날 후	13	辵	土	土	火
	吼	울 후	7	口	土	水	金
	嗅	맡을 후	13	口	土	水	火
	帿	제후(과녁)후	12	巾	土	木	木
	朽	냄새 후	6	木	土	木	土
	煦	따뜻하게 할 후	13	灬	土	火	火
	珝	옥 이름 후	11	玉	土	金	木
	喉	목구멍 후	12	口	土	水	木

음	字	音·訓	획수	부수	발음	자원	수리(비고)
후	堠	돈대 후	12	土	土	土	木
	欨	즐거워 할 후	10	欠	土	金	水
	姁	아름다울 후	8	女	土	土	金
	芋	클 후	9	艸	土	木	水
훈	訓	가르칠 훈	10	言	土	金	水
	勳	공 훈	16	力	土	火	土(勛)
	焄	김 쐴 훈	11	灬	土	火	木
	熏	불길 훈	14	灬	土	火	火
	薰	향 풀 훈	20	艸	土	木	水
	壎	질 나팔 훈	17	土	土	土	金(塤)
	燻	연기 낄 훈	18	火	土	火	金
	鑂	금빛 투색할 훈	22	金	土	金	木
	暈	무리 훈	13	日	土	火	火
	纁	분홍빛 훈	20	糸	土	木	水
	煇	빛날 훈	13	火	土	火	火
	蕸	향 풀 훈	19	艸	土	木	水
훙	薨	죽을 훙	19	艸	土	木	水
훤	喧	지껄일 훤	12	口	土	水	木
	暄	따뜻할 훤	13	日	土	火	火
	萱	원추리 훤	15	艸	土	木	土

음	字	音 · 訓	획수	부수	발음	자원	수리(비고)
훤	煊	따뜻할 훤	13	火	土	火	火
	愃	너그러울 훤	13	心	土	火	火
	昍	밝을 훤	8	日	土	火	金
훼	毁	헐 훼	13	殳	土	金	火
	喙	부리 훼	12	口	土	水	木
	卉	풀 훼	5	十	土	水	土
휘	揮	휘두를 휘	13	手	土	木	火
	輝	빛날 휘	15	車	土	火	土
	彙	무리 휘	13	彐	土	火	火
	徽	아름다울 휘	17	彳	土	火	金
	暉	빛 휘	13	日	土	火	火
	煇	빛날 휘	13	火	土	火	火
	諱	꺼릴 휘	16	言	土	金	土
	麾	지휘 휘	15	麻	土	木	土
	煒	빛 휘	13	火	土	火	火
휴	休	쉴 휴	6	人	土	火	土
	携	가질 휴	14	手	土	木	火
	烋	아름다울 휴	10	灬	土	火	水
	畦	지경 휴	11	田	土	土	木
	虧	줄어들 휴	17	虍	土	木	金

음	字	音·訓	획수	부수	발음	자원	수리(비고)
휴	庥	그늘 휴	9	广	土	木	水
휼	恤	근심할 휼	10	心	土	火	水
	譎	속일 휼	19	言	土	金	水
	鷸	물총새 휼	23	鳥	土	火	火
흉	凶	흉할 흉	4	凵	土	水	火
	胸	가슴 흉	12	肉	土	水	木
	兇	흉악할 흉	6	儿	土	木	土
	匈	오랑캐 흉	6	勹	土	金	土
	洶	물소리 흉	10	水	土	水	水
흑	黑	검을 흑	12	黑	土	水	木
흔	欣	기뻐할 흔	8	欠	土	火	金
	炘	화끈거릴 흔	8	火	土	火	金
	昕	아침 흔	8	日	土	火	金
	痕	흔적 흔	11	疒	土	水	木
	忻	기뻐할 흔	8	心	土	火	金
흘	屹	산 우뚝 솟을 흘	6	山	土	土	土
	吃	머뭇거릴 흘	6	口	土	水	土
	紇	실끝 흘	9	糸	土	木	水
	訖	비칠 흘	10	言	土	金	水
흠	欽	공경할 흠	12	欠	土	金	木

음	字	音·訓	획수	부수	빌음	자원	수리(비고)
흠	欠	하품할 흠	4	欠	土	金	火
	歆	받을 흠	13	欠	土	金	火
	鑫	기쁠 흠	24	金	土	金	火
흡	吸	마실 흡	7	口	土	水	金
	洽	적실 흡	10	水	土	水	水
	恰	흡사할 흡	10	心	土	火	水
	翕	합할 흡	12	羽	土	火	木
흥	興	일어날 흥	15	臼	土	土	土
희	希	바랄 희	7	巾	土	木	金
	喜	기쁠 희	12	口	土	水	木
	稀	드물 희	12	禾	土	木	木
	戲	희롱할 희	16	戈	土	金	土(戱)
	姬	계집 희	9	女	土	土	水(姬)
	晞	마를 희	11	日	土	火	木
	僖	기꺼울 희	14	人	土	火	火
	橲	나무이름 희	16	木	土	木	土
	禧	복 희	17	示	土	木	金
	嬉	즐길 희	15	女	土	土	土
	憙	기쁠 희	16	心	土	火	土
	熹	성할 희	16	灬	土	火	土(熺)

음	字	音·訓	획수	부수	발음	자원	수리(비고)
희	羲	숨 희	16	羊	土	土	土
	爔	불 희	20	火	土	火	水
	曦	햇빛 희	20	日	土	火	水
	俙	비슷할 희	9	人	土	火	水
	憙	기뻐할 희	16	心	土	火	土
	犧	희생할 희	20	牛	土	土	水
	噫	한숨 쉴 희	16	口	土	水	土
	熙	빛날 희	14	灬	土	火	火(熙·熈)
	烯	밝을 희	11	火	土	火	木
	曧	몹시 더울 희	16	日	土	火	土
	譆	감탄할 희	19	言	土	金	水
	嬦	기쁠 희	17	女	土	土	金
힐	詰	꾸짖을 힐	13	言	土	金	火

※ 비고(   ): 동자(同字)·속자(俗字)·약자(略字)로 이름자에 사용할 수 있다.

작명실무자료

01 81수의 영동력

작명학의 수리는 81수이며 이는 역리학(易理學)의 근본인 하도낙서(河圖洛書)에서 9자승으로 파생된 것이다.

81수리에는 길수(吉數)와 흉수(凶數)로 나누어져 있다. 중길(中吉)수도 있지만 편의상 길수와 흉수로만 나누어 보았다.

길수(吉數): 1, 3, 5, 6, 7, 8, 11, 13, 15, 16, 17, 18, 21, 23, 24, 25, 29, 31, 32, 33, 35, 37, 38, 39, 41, 45, 47, 48, 52, 57, 58, 61, 63, 65, 67, 68, 71, 73, 75, 81 등이 있다.

흉수(凶數): 2, 4, 9, 10, 12, 14, 19, 20, 22, 26, 27, 28, 30, 34, 36, 40, 42, 43, 44, 46, 49, 50, 51, 53, 54, 55, 56, 59, 60, 62, 64, 66, 69, 70, 72, 74, 76, 77, 78, 79, 80 등이 있다.

▌1획(吉): 태초격(太初格) 두령운(頭領運)

수리의 기본이 되는 으뜸수로 만물 창시의 근원이 되며 최대의 권위와 길상을 암시하고 있으므로 자연히 부귀, 명예, 장수 등의 행복을 누리는 길수이다. 이 수는 선천운명이 고귀한 사람 또는 상호나 기관명에 쓰는 것이 좋으며 사주 명(命)이 평균 이하의 사람에게는 쓰지 않는 것이 좋다.

▌2획(凶): 분리격(分離 格) 재액운(災厄運)

하나에서 둘로 나누어지려는 분리와 불안의 뜻을 지니고 있다. 목마른 나무가 도리어 사막에 이양되듯 장래성이 부족하고 매사에 때를 만나지 못해 실패가 많다. 주거와 직업이 안정되지 못하여 가족지간에 생기는 풍파로 이별수가 있으며 병약, 파괴, 단명의 수이다.

▌3획(吉): 명예격(名譽格) 복덕운(福德運)

흩어졌던 기운이 다시 모이는 수이다. 두뇌가 명석하고 이지(理智)가 발달하였으며 처세가 탁월하여 30살 이전에 입신양명하는 호암시가 있다. 노력 이상의 보람을 얻을 수 있고 명예, 재력, 인덕의 순조로운 조화로 부귀영화를 누리며 가정운도 좋아 대내외적으로 평안한 수이다.

▌4획(凶): 부정격(否定格) 파괴운(破壞運)

모였던 기운이 사방으로 흩어지는 파멸수이다. 의지가 박약하고 우유부단하며 융통성과 처세술의 문제가 야기되고 어디가도 인정받지 못한다. 동서남북으로 분주하게 움직이나 성과가 없으며 실패와 고난 속에 스스로 자멸한다. 부부간에도 생리사별이 있게 되는 등 형액, 변고 등의 신고가 많다.

▌5획(吉): 통어격(通御格) 성공운(成功運)

덕망이 있고 예의 바르며 지덕이 겸비된 성품으로 중추적 위치에서 중인(衆人)을 지도하고 통솔하는 통치자의 수이다. 대외 활동이 원만하여 만인에게 인정받으며 가정에서는 부부, 자손이 화합되어 재록, 명예, 권세가 겸비된 행운의 수이다.

▌6획(吉): 계승격(繼承格) 덕후운(德厚運)

확고한 신념과 백절불굴의 노력으로 조업이나 사회적 대업을 계승성취하여 부귀 영달하는 수이다. 풍부한 감정 때문에 자칫 호색(好色)함을 경계하여야 하며 노력이 뒤따르지 못할 시는 호운도 허사가 되기 쉬우므로 유의해야 한다.

▌7획(吉): 독립격(獨立格) 발달운(發達運)

마음이 넓고 포용력이 있으며 용맹스럽고 강직한 성품에 독립심이 있어 자수성가의 수이다. 어떠한 난관도 굴하지 아니하고 초지일관으로 목적한 바를 관철하여 위업을 달성해낸다. 부부가 백년해로하고 자손마저 영달하는 등 번영과 번창을 이룬다.

▌8획(吉): 발달격(發達格) 전진운(前進運)

겉모습은 다정다감하나 속은 강직한 외유내강의 성품으로 의지가 굳고 전진하려는 진취력이 강해 목적한바 반드시 달성하는 수이다. 미래가 확실하게 보장되어 있고 부부해로 속에 영특한 자손을 보게 되는 등 대내외적 활동에 많은 결실을 본다.

▌9획(凶): 궁박격(窮迫格) 불행운(不幸運)

경제적 안정과 사회적 위치가 결핍되어 있고 인덕이 없으며 부부운마저 불길해 생리사별을 겪게 되고 병약, 관재, 구설, 조난, 단명의 수이다. 특히 여성은 배우자와 자손으로 인하여 많은 근심을 겪게 되고 파란 만장한 삶을 살게 된다.

▌10획(凶): 공허격(空虛格) 단명운(短命運)

포부와 이상은 원대하나 일에 일관성이 없어 좋은 계획을 세워 놓고도 흐지부지되기 십상이다. 우유부단한 면이 있어 기회가 주어져도 이를 놓치는 안타까움이 있다. 부부간에도 이상의 차이로 이별수가 있으며 형액, 불구, 질병, 단명 등의 흉수이다.

▌11획(吉): 신성격(新星格) 흥가운(興家運)

명석한 두뇌에 이지적인 사고력과 진취적인 기상은 소기의 목적을 위하여 매진하는 형으로 뜻한바 목적달성은 물론 사회적으로도 상당한 권위와 명예를 얻어 부귀 안락 한다. 봄을 만나 만물에 꽃이 피는 형상으로 매사가 순조롭게 창성, 발전하는 수이다.

▌12획(凶): 박약격(薄弱格) 고수운(孤愁運)

매사에 신중한 면은 있으나 소극적이고 의지가 박약하며 현실성이 부족한 일을 곧잘 생각하는 등 실속이 없다. 마치 뿌리를 깊이 내리지 못한 나약한 나무가 바람에 쓰러지듯 한다. 허영심이 많고 성실성이 부족한 수로 평소 생활에 적극성을 가져야 한다.

▌13획(吉): 지모격(智謀格) 지달운(智達運)

명석한 두뇌에 지혜 또한 출중하며 시대의 흐름을 꿰뚫어보는 안목으로 입신양명하는 수이다. 어려운 경지에 처해도 능히 해결하는 수단과 지략이 출중하며 개척정신이 풍부하다. 대외적으로 뜻을 세우면 반드시 성공하고 대내적으로는 행복을 누린다.

▌14획(凶): 이산격(離散格) 파괴 운(破壞運)

매사에 꼼꼼하고 슬기롭고 의협심이 강하며 풍류적 기질도 있으나 일생을 통해 관재, 구설의 풍파가 많다. 가정운을 파(破)해 부부 애정이 불길하고 고독, 번민, 병약, 불구 등 대흉수를 일으키며 말년이 고독하고 흉하게 된다.

▌15획(吉): 통솔격(統率格) 복수운(福壽運)

지덕(知德)을 겸비하였으며 인망이 두텁고 신뢰와 존경을 받는다. 항상 재물이 풍성하여 어려움이 닥친다 해도 스스로 비켜가는 등 좋은 복을 지니고 있다. 남성은 문무(文武)를 겸비한 관운에 서광이 있으며 여성은 부덕(夫德)을 겸비한 현모양처로 만복 대길할 수이다.

▌16획(吉): 덕망격(德望格) 재부운(財富運)

강함과 부드러움을 동시에 지니고 있으며 뛰어난 재능과 원만한 인품의 소유자로 주위로부터 인망도 두텁고 재력도 풍부하니 대업을 성취하여 부귀공명 하는 수이다. 특히 여성은 남편 덕을 볼 수 있고 남편을 출세시켜 행복한 가정을 일구어낸다.

▌17획(吉): 용진격(勇進格) 건창운(健暢運)

어떠한 난관도 굴하지 않는 불굴의 기상 속에 맡은 바 업무를 반드시 성취하고야 마는 끈기와 책임감이 있는 수이다. 특히 관록 운이 강하고 해외 운이 좋아 외국에서 명예와 부를 얻는 경우가 많다. 여성은 고집은 강하나 품행이 우아하고 자태가 고상한 면이 있다.

▌18획(吉): 발전격(發展格) 융창운(隆昌運)

의지가 강하고 사물에 밝아 기회를 잘 포착해서 점차 발전해나가는 수이다. 큰 뜻으로 계획을 세워 포부와 이상을 달성하고 만사가 순탄히 진행되어 일신이 영달한다. 원형이정 4격의 배합이 좋으면 출중한 인물이 되지만 배합이 나쁘면 불의의 재난을 당하는 수가 있다.

▌19획(凶): 고난격(苦難格) 병액운(病厄運)

천재적인 재능을 갖추었으나 때를 만나지 못한 영웅호걸처럼 하는 일마다 중도에 실패와 좌절이 많다. 육친과 가족이 무덕하여 이별하기 쉬우며 질병, 형액, 객사, 조난 과 단명의 암시가 있다.

▌20획(凶): 허망격(虛妄格) 단명운(短命運)

노력한 일이 수포로 돌아가 좋은 두뇌와 자질이 상실되는 수이다. 한시도 마음 편한 날 없이 파란곡절이 교차하고 가정운을 적막하게 한다. 이 수가 있으면 불량배나 화류계로 흘러가기 쉽다는 암시가 있으므로 피하는 것이 좋다.

▌21획(吉): 수령격(首領格) 견실운(堅實運)

의지견고하며 탁월한 지모와 덕량과 용기의 삼덕을 고루 갖추고 있다. 솔직 담백하고 매사에 의욕적이고 진취적이며 자립으로 큰일을 일으켜 성공할 수 있는 수이다. 특히 리더십이 뛰어나 만인의 존경을 받으며 지도자적 인물이 된다.

▌22획(凶): 중절격(中折格) 박약운(薄弱運)

외모가 준수하고 타고난 재능은 있지만 무엇을 하든지 그 노력에 비해 결과가 허무하다. 매사 실패, 조난, 역경 등의 흉이 이어지며 부부 갈등, 이별 등 괴로움의 연속이다. 학생의 경우 학업이 중단되기 쉽고 마음의 방황을 많이 겪게 되는 등 전체 운을 하락하게 한다.

▌23획(吉): 공명격(功名格) 융창운(隆昌運)

지덕과 문무가 겸비된 성품에 호랑이가 날개를 달은 격으로 큰 뜻을 품고 기상을 펼치니 반드시 대업을 이루어 부귀영화를 누린다. 명석한 두뇌와 적극적인 행동이 젊은 나이에 입신양명의 길에 들게 하며 만인이 앙시하고 나라가 인정하는 높은 위치의 자리에 오르는 대길수이다.

▌24획(吉): 입신격(立身格) 축재운(蓄財運)

온화한 성품으로 남과의 인화력이 두터워 주변의 신망을 한 몸에 얻는다. 지모, 재략의 출중함과 불굴의 노력으로 점진적인 성공을 이루어 대업을 완수하고 그 공명이 천하에 알려지는 수이다. 독립심이 강하고 외유내강한 성품으로 실속을 추구하여 원하는 목표를 달성한다.

▌25획(吉): 건창격(健暢格) 복수운(福壽運)

영민하고 의지 견고한 성실노력형이며 섬세하고 명랑한 면이 있어 대인관계도 원만하다. 재략과 지모가 뛰어나며 불요불굴의 노력으로 자수성가하여 대업을 이룬다. 수리의 원형이정 4격이 양호하고 이수가 정격에 있으면 대권을 잡을 수도 있다.

▌26획(凶): 영웅격(英雄格) 만달운(晩達運)

육친의 덕이 없어 홀로 고난의 길을 걸어야 하며 노력을 엄청나게 해도 돌아오는 공덕과 대가는 별로 없어 고생이 많다. 특히 인간관계에 장애가 많아 좌절과 불운이 연속되며 가정적으로도 배우자와 자녀를 극하게 하는 등 안정되지 못한 생활을 영위해 나간다.

▌27획(凶&中吉): 중단격(中斷格) 중절운(中折運)

강인한 정신력으로 매사 노력하지만 모든 일이 자신의 뜻대로 따라 주지 않고 오히려 시비구설에 휘말려 좌절한다. 지나친 자신의 우월감으로 인하여 곤란한 경우를 종종 당하게 되며 대인관계에 잦은 마찰로 고민이 많다.

▌28획(凶): 조난격(遭難格) 파란운(波瀾運)

평온한 바다를 항해하던 배가 갑자기 사나운 풍랑을 만나 좌초, 침몰하는 격으로 매사 어려운

세파에 시달린다. 현실과 이상의 차이가 커 뜻대로 되는 일이 없고 모든 것이 도로무공으로 제자리걸음 상태에 놓인다. 가정적으로도 액운이 많고 항상 일신이 고달프다.

▌29획(吉&中吉): 성공격(成功格) 풍재운(豊才運)

타고난 기운과 뛰어난 지혜가 조화를 이루고 있으며 명석한 두뇌 또한 뒷받침해주고 있어 별 어려움 없이 성공을 거두게 된다. 처세술 또한 남달리 뛰어남은 물론 원대한 포부와 높은 기상을 마음껏 펼치니 반드시 부와 권세를 누리며 나라의 막중한 과업을 달성하게 된다.

▌30획(凶&中吉): 부침격(浮沈格) 불측운(不測運)

헛된 망상에 사로잡히기도 하고 결실을 거두기 힘든 일에 매달리거나 요행을 바라기도하며 쓸데없는 투기에 전념하는 경향이 있다. 신분에 넘치는 야망을 꿈꾸며 그 욕심을 이루려고 수단과 방법을 가리지 않는 등 일확천금을 바라는 마음이 도를 넘어 패가망신의 지경에까지 이르기도 한다.

▌31획(吉): 융창격(隆昌格) 흥가운(興家運)

의지가 굳고 사물을 명확하게 판단하는 통찰력이 뛰어나며 지(智)·인(仁)·용(勇)의 삼덕을 구비하여 지도자적 자질이 있다. 명예와 재물을 동시에 얻는 복수쌍전의 수로 어떠한 일에 도전을 하여도 알찬결실을 맺고 만인의 존경을 받는다.

▌32획(吉): 순풍격(順風格) 왕성운(旺盛運)

성품이 온화하고 친화성이 두터워 어려운 일에 처하여도 타인의 도움을 받아 능히 극복해나가는 수이다. 왕성한 활동력과 외유내강의 처세술로 인덕을 쌓아 나가니 우연한 요행과 뜻밖의 행운을 맞아 파죽지세로 대성공을 거두어 부귀 번영한다.

▌33획(吉): 승천격(昇天格) 왕성운(旺成運)

지모가 준수하고 재덕을 갖추고 있으며 적극적인 생각과 행동으로 어떠한 난관도 극복하는 수이다. 재능과 지모가 출중하며 자존심이 강하여 자립대성의 대망이 있어 명성과 권위를 차지한다. 용이 승천하는 형세로 부귀, 번영하고 가정적으로도 행복한 부부생활을 한다.

▌34획(凶): 변란격(變亂格) 파멸운(破滅運)

요행으로 일시적 성공을 얻기도 하지만 예기지 않는 난관이 속출하여 불행해진다. 모든 일에 흉운이 작용하여 실패가 거듭되며 부부간에도 이별수가 있는 등 항시 불행이 끊이지 않는 극단의 악운을 초래하는 대흉수이다.

▌35획(吉): 태평격(太平格) 안강운(安康運)

원만한 대인관계로 주위 사람들에게 신망이 두터우며 타고난 지모와 지략이 뛰어나 사회적으로도 큰 발전을 이룬다. 가정생활이 원만하고 부부운이 좋아 서로를 아끼고 사랑해주니 자손에게까지 그 영화로움이 미친다.

▌36획(凶): 실패격(失敗格) 파란운(波瀾運)

명석한 두뇌와 뛰어난 활동력이 있어도 운이 따라 주질 않아 파란곡절 많은 삶을 영위하게 하는 수이다. 특히 금전 때문에 근심과 걱정이 떠나질 않으며 가정운도 쇠약하다. 특히 여성은 한 남성과 백년해로가 어렵고 두 번째, 세 번째 결혼도 실패하는 경향이 많다.

▌37획(吉): 인덕격(人德格) 출세운(出世運)

의지가 매우 강하고 옳은 일에 충실하며 결단력과 과감한 추진력을 타고 났으니 반드시 젊은 나이에 대지대업을 성취하게 된다. 지모와 지략이 출중하고 매사에 열성적인 투지로 시작과 끝을 분명히 함으로 일찍이 부와 명예를 얻어 행복한 삶을 영위해 나간다.

▌38획(吉&中吉): 문예격(文藝格) 평범운(平凡運)

명석한 두뇌로 지혜가 특출하고 이지적인 면을 지닌 성격으로 자신의 컨디션을 조절하는 능력이 뛰어나다. 매사에 온순한 태도로 임하며 긍정적인 사고로 노력을 기울이니 반드시 뜻한 바대로 소원을 성취하게 된다. 특히 여자는 현부인이 될 수 있는 대길수이다.

▌39획(吉): 장성격(將星格) 부영운(富榮運)

재모가 뛰어나고 이지가 발달하였으며 인격과 위풍이 당당하다. 고상한 성격에 위품이 있고 대중을 통솔할 줄 아는 리더십 또한 갖추었다. 사회성이 강하여 어떠한 난관도 돌파하고 파죽지세로 크게 성공하여 권위와 덕망이 사해에 떨치고 부귀영예를 누리는 길수이다.

▌40획(凶): 무상격(無常格) 파란운(波瀾運)

두뇌 회전이 빨라 임기응변에 능하고 매사 이론적이나 변화무쌍한 운세로 안정이 결여되어 있다. 좌충우돌하는 성품으로 주변에 사람이 없으며 하는 일마다 실패가 반복된다. 가족과의 이별, 불구, 단명, 횡액 등의 흉수이다.

▎41획(吉): 대공격(大功格) 고명운(高名運)

천하를 경륜할 수 있는 지모가 비상하여 순풍에 돛을 단 듯 매사가 순조롭다. 타고난 지혜와 견고한 의지로 대업을 수행하여 부귀공명 하는 수이다. 가정적으로도 대부 득달하여 재물이 흥왕하고 부부지간에 정이 돈독해 백년해로한다.

▎42획(凶): 고행격(苦行格) 수난운(受難運)

완고한 성품에 다재다능하나 하는 일마다 고난·고초가 겹쳐 생활에 안정성이 결여되어 있다. 부부운마저 분파되어 가족상별, 부부 생리사별이 있고 질병, 불구, 객사, 단명, 조난 등의 액운이 따르는 등 한평생 모든 일이 불성되는 수이다.

▎43획(凶): 성쇠격(盛衰格) 산재운(散財運)

겉보기엔 화려하고 실속 있게 보이나 내면은 속빈 강정마낭 허실로 가득 차 있다. 재운이 따르지 않아 항시 경제적 고충을 당하고 불의의 재앙으로 인해 고생에 고생을 거듭한다. 특히 정신착란, 노이로제 등으로 인해 방랑자 같은 생활을 하는 수가 많다.

▎44획(凶): 파멸격(破滅格) 분산운(分散運)

아이디어, 창의력은 갖추었으나 매사 모래 위에 성을 쌓듯 기초불안과 환경적 조건의 불성으로 일시에 패망하는 수이다. 가정적으로도 부부이별, 가족우환 등의 액운이 있고 병난, 불구, 단명, 돌발적 사고에 의하여 삶이 처참하게 마감되는 등 대단한 악운을 겪게 한다.

▎45획(吉): 대지격(大智格) 현달운(顯達運)

천하를 경륜할 수 있는 지모가 비상하여 순풍에 돛을 단 듯 매사가 순조롭다. 인덕이 있어 동서남북에서 귀인이 들어와 한평생 도움을 주니 부러울 것이 없는 수이다. 가정적으로도 배우자 덕과 자녀 덕으로 가세가 중흥한다.

▎46획(凶): 미운격(未運格) 비애운(悲哀運)

포부와 이상이 광대하고 유재유능하나 의지가 박약하고 융통성이 없어 매사 막힘이 많다. 심리적 갈등과 기초운이 불안정해 하는 일마다 실패와 좌절을 겪게 되고 객지에서 전전긍긍하다 말년이 비참하게 되는 등 대내외적으로 액운이 많은 수이다.

▌47(吉): 출세격(出世格) 전개운(展開運)

영웅호걸이 때를 만나고 초목이 봄을 만나 날개를 활짝 펴는 격으로 나라에 큰 공을 세워 권세와 부를 이루어내는 수이다. 가정적으로 훌륭한 배우자의 음덕으로 가산이 늘어나고 부부가 백년해로 하며 태평성대가 자손만대까지 전해질 정도의 대길운이다.

▌48획(吉): 유덕격(有德格) 영달운(榮達運)

지모, 재능, 덕망을 두루 갖추고 있어 만인의 추앙을 받는다. 매사 성실히 임하고 당장의 이익보다는 먼 앞날을 내다보는 식견이 있으며 매우 유능한 역량을 발휘한다. 하늘이 내려 준 풍부한 재물과 긴 수명은 선망의 대상이 되는 대길수이다.

▌49획(凶&中吉): 은퇴격(隱退格) 변화운(變化運)

재지와 수완은 비상하나 운세는 상반되어 성공과 실패를 반복하는 수이다. 작은 성공으로 안정을 찾았을 때 은퇴하여 관리하는 것이 좋다. 잦은 주거, 직업변동으로 불안한 생활이 계속되며 가정적으로도 부부간에 이별수를 겪게 되는 등 많은 시련을 겪는다.

▌50획(凶): 부몽격(浮夢格) 불행운(不幸運)

의지가 박약하고 자립정신이 부족하며 어떠한 일을 하던 운이 따르지 않아 미래가 불투명하다. 항시 경제적 고충과 주위환경의 불안으로 가족이 모여 살지 못하고 부부 애정마저 박약하여 이별수가 있으며 특히 여성은 독신생활을 하는 수가 많다.

▌51획(凶): 만성격(晩成格) 성패운(盛敗運)

강건한 기상과 정직한 품성이 있으나 워낙 파란변동이 심한 인생살이에 흥망성쇠가 걷잡을 수 없이 일어난다. 초년에는 조상의 음덕으로 행복과 명성을 얻는 경우도 있으나 만년에는 반드시 부침, 좌절 실패의 어려움이 따르는 수이다.

▌52획(吉): 약진격(躍進格) 시승운(時乘運)

의지견고하고 기략이 뛰어나므로 어떤 일을 해도 성공하는 수이다. 활동적이고 진취적인 성품에 경영하는 일들이 해가 거듭할수록 배가성장을 이루니 그 명성이 온 세상에 가득하다. 특히 여성은 온순한 성품과 부덕으로 가운을 일으켜 세운다.

▌53획(凶): 내허격(内虛格) 장해운(障害運)

육친무덕하고 삶에 굴곡이 많아 진퇴가 확실치 않으며 많은 악운 속에 부부 생리사별, 횡액, 수술, 조난 등을 당하기 쉽다. 특히 겉과 속이 판이하게 다른 생활로 내면에 허실이 가득 차 있으며 평생 금전 한 푼 못 모아 두는 등 재물과 인연이 전혀 없다.

▌54획(凶): 무공격(無功格) 절망운(絕望運)

모든 추진하는 일에 마가 끼어 불화와 쟁투가 많고 신액마저 겹쳐 공을 이루지 못하며 근심, 고난이 끊일 사이 없이 이어지니 가세가 몰락한다. 가정운이 불길해 부부 인연에 이별수가 있으며 형액, 단명, 불구, 폐질 등이 일어나는 흉한 수이다.

▌55획(凶&中吉): 미달격(未達格) 불안운(不安運)

인내력이 부족하고 급한 성격에 모든 일을 계획하고 진행하는 과정에 판단 착오로 실패가 잦다. 운세의 부침이 심한 수로 성공하여 영달을 누리는 듯하다 곧바로 실패하는 등 안정이 결여되어 있다. 실패를 반복하지 않으려면 돌다리도 두드려 보고 건너가는 지혜가 필요하다.

▌56획(凶): 한탄격(恨歎格) 패망운(敗亡運)

용기와 진취성이 결핍되어 무엇을 하고자 하는 의욕이 없다. 무미건조한 생활 속에 금전적 고충을 당하며 재액, 손실 그리고 불행이 겹쳐 허무한 인생살이를 한다. 모든 일이 불성되는 운세 속에서 하늘과 땅을 보고 탄식하는 수이다.

▌57획(吉): 봉시격(逢時格) 시래운(時來運)

강건한 의지와 노력으로 기회 포착을 잘해 성공이 기약되는 수이다. 원만한 처세술로 주변에 협조자가 많아 나를 도와주며 손대는 일마다 재물이 터지고 뜻하는 일마다 초과달성하여 만사형통한다. 가정적으로도 부부 유정하니 만복이 깃들고 자손까지 부귀영화를 누린다.

▌58획(吉&中吉): 후영격(後榮格) 만달운(晚達運)

처음엔 곤고하나 인내와 노력으로 결국 자립 대성하여 번영한다. 실패를 거울삼아 큰 성공을 누린다는 칠전팔기의 암시가 있다. 특히 여성은 자태가 고울 뿐 아니라 심성마저 유덕해 가정에 행운을 불러오며 남편과 자손을 창성하게 만든다.

▌59획(凶): 재화격(災禍格) 실의운(失意運)

의지가 약하고 인내력과 용기가 없어 모든 일이 불성되고 재화가 속출하는 수이다. 역경 속에

서 재난이 이어 닥치니 재산을 탕진하고 손실·파산 등 액난이 겹쳐 어려움을 겪는다. 특히 여자는 첫 결혼에 실패하기 쉬우며, 남녀 모두 배우자 덕이 없어 고독하다.

▍60획(凶): 동요격(動搖格) 재난운(災禍運)

주관이 확실치 않고 변덕이 심하여 한 가지 일도 끝장을 보지 못한다. 정신력이 약하고 판단력이 부족하여 앞날을 기약할 수 없는 수이다. 부부지간에 서로 원수가 되어 등을 돌리는 격으로 이별수가 있으며 자녀운마저 쇠약하다.

▍61획(吉): 영화격(榮華格) 재리운(財利運)

강인한 정신력과 출중한 재능으로 자신의 신념을 굽히지 않고 불도저처럼 밀고 나가는 저력으로 매사에 임하니 자연적으로 업무에 발전이 온다. 어디를 가나 능력을 인정받으며 가정적으로도 화합하며 부귀영화가 말년까지 지속되는 길수이다.

▍62획(凶): 고독격(孤獨格) 쇠퇴운(衰退運)

분수 밖의 일을 자주 도모하여 실속 없는 환경을 만들고 자기 꾀에 자신이 넘어가는 식으로 너무 기교를 부리다 업무를 망친다. 경제적 고충으로 편안한 날이 없으며 부부간에 불화와 불만으로 이별을 겪게 되고 말년에는 병고로 고통 받는 수이다.

▍63획(吉): 순성격(順成格) 성공운(成功運)

주도면밀한 성품에 두뇌회전이 명석하고 포용력과 처세술이 뛰어나 동서남북으로 귀인의 협조를 얻는다. 손대는 일마다 운이 따라 재물과 명예를 얻으며 가정적으로도 가도가 중흥되며 부부 애정마저 각별해 대내외적으로 무궁한 발전을 이루는 길수이다.

▍64획(凶): 침체격(沈滯格) 쇠멸운(衰滅運)

두뇌는 명석하나 그 재능을 써먹지 못하고 하는 일마다 불황과 침체가 거듭되어 재산상의 손실을 겪게 된다. 신체손상, 병난, 조난 등의 암시가 있으며 특히 여성은 배우자와의 인연이 없어 거의 독신인 자가 많다.

▍65획(吉): 휘양격(輝陽格) 흥가운(興家運)

한낮의 해는 가장 강렬하고 온 천지를 비추듯이 금옥이 집안에 가득하고 사회적으로는 중심적인 위치에서 중인(衆人)을 지도하게 된다. 만사가 여의하고 가운 또는 융창하여 부귀영예가 따르니 일생동안 편안하고 그 여경이 자손에게까지 이른다.

▌66획(凶): 우매격(愚昧格) 쇠망운(衰亡運)

천성은 영민하고 업무처리 능력이 능숙하며 재지다모하나 내우외환이 교대로 닥쳐와 재능을 펴 보지도 못하고 비운을 맞게 된다. 부부간에 성격과 이상의 차이로 갈등이 심화되고 매사 진퇴양난 속에 항시 번민하며 수난이 겹쳐지는 흉수이다.

▌67획(吉): 천복격(天福格) 자래운(自來運)

강함과 부드러움이 겸비된 외유내강의 성품에 추진력이 돋보이는 수이다. 기업경영자는 하는 사업이 순조로워 큰 어려움 없이 축재한다. 가운이 번창하고 부부운도 길상을 이루어 평생 동안 행운과 행복을 누린다.

▌68획(吉): 명지격(名智格) 흥가운(興家運)

근면성실하고 주관이 뚜렷하며 매사 일처리에 빈틈이 없다. 꾀하고 도모하는 일이 날로 발전하여 성공을 이루는 수로 만인의 신망을 얻고 부귀를 누린다. 가정적으로도 화평한 부부애를 과시하며 자손마저 귀하게 된다.

▌69획(凶): 종말격(終末格) 고통운(苦痛運)

시작은 그럴듯하나 점차 운이 쇠퇴하여 파란이 돌출하는 수이다. 상하좌우에 의지할 대상이 전혀 없어 고독하다. 가족이 뿔뿔이 흩어져 사는 등 부부융화와 가족이 화합 되지 못하며 병약, 고난, 자살, 단명을 부르는 악운 중의 악운의 수이다.

▌70획(凶): 암난격(暗難格) 멸망운(滅亡運)

암울한 성품에 자신감이 결여되어 있고 근심, 걱정거리가 떠나지 않는 흉수이다. 아무리 몸부림을 쳐봐도 더 큰 수렁으로 빠져 들어가니 뾰족한 대책이 없다. 부부운마저 악인연을 만나 서로 원수처럼 생활한다.

▌71획(吉&中吉): 만달격(晚達格) 발전운(發展運)

착실한 성품에 용모가 준수하고 사교적이며 신의가 있다. 손대는 일마다 성공하며 날로 발전한다. 사회적으로는 덕망과 능력을 인정받으며 가정적으로도 다복하고 부부애로 가득 차 있어 대내외적 안정을 이루는 수이다.

▌72획(凶): 상반격(相伴格) 후곤운(後困運)

처음엔 뜻한 바대로 업무가 원활히 진행되어 순탄한 삶을 영위하나 중반부터 돌발적 사고와 재

406

난으로 그동안 쌓아 올린 공든 탑이 일시에 무너져 몰락하며 가정마저 붕괴되는 수이다. 전반은 행복하나 후반이 불행해지는 수로 말년이 허망하다.

▮73획(吉&中吉): 평길격(平吉格) 평복운(平福運)

부질없이 허둥대지 말고 주변 형세의 흐름을 잘 살펴서 자연의 섭리에 순응하라는 수이다. 뜻은 원대하지만 지략과 실천력이 부족하여 대성은 어려워도 작은 성공은 이룬다. 특히 여성은 알뜰하고 남편 덕이 있으며 훌륭한 인물의 자손을 둔다.

▮74획(凶): 우매격(愚昧格) 미로운(迷路運)

다방면으로 재주는 풍부하나 부침과 동요가 많아 재능이 사멸되고 일을 행함에 실패가 많다. 뜻하지 않는 불의의 사고로 웅지를 펴 볼 수도 없는 운이 야기되며 한평생을 무위도식하게 되는 등 변란, 변고, 횡액, 조난, 불구 등을 부르는 흉수이다.

▮75획(中吉): 정수격(靜守格) 평화운(平和運)

분수를 알고 적절히 처신해야 자신의 명예와 지위를 안전하게 지킬 수 있는 수이다. 영달의 운기를 지니고 있으나 넘어야 할 벽이 많아서 우여곡절을 겪는다. 전혀 새로운 사업 분야로 진출하면 부귀영화가 따른다는 암시가 있다.

▮76획(中吉): 선곤격(先困格) 후성운(後盛運)

중년까지는 감당하기 어려울 정도로 좌절, 실패, 형액, 이별 등의 흉운이 몰아닥치는 수이다. 이러한 고난을 극복해나간다면 점차 생활의 기초가 확립되어 추진하는 일도 발전하고 서서히 금전운도 상승하여 중년부터는 대내외적 안정을 이룬다.

▮77획(凶&中吉): 전후격(前後格) 길흉운(吉凶運)

인생전반은 비교적 발달이 용이하여 길운으로 볼 수 있으나 인생 후반은 점차적으로 운이 기울어지기 시작하여 비참한 생활을 면하기가 어렵다. 이 수는 무엇인가 될듯하면서도 잘 안 되는 경향이 있는 수로 확신이 서면 과감히 밀어 붙여야 한다.

▮78획(凶&中吉): 선길격(先吉格) 평복운(平福運)

섬세한 성품으로 재치와 수완에 능하지만 실천력이 부족하여 목적 달성이 용이하지 않다. 매사 소극적으로 대처하다 운세를 쇠퇴하게 하며 금전적 고충을 겪고 인간적 갈등을 일으키게 한다. 가정적으로 이별수는 없으나 부부간에 이상이 달라 언쟁이 심하고 자손 덕도 없다.

▎79획(凶): 종극격(終極格) 부정운(不正運)

정신이 혼미하고 자립이 불능하며 병란과 신고가 겹쳐 활동을 제대로 못하는 형상이라 매사 퇴보한다. 직업이 변변찮아 경제적 고충을 겪게 되며 부부운마저 불길해 생리사별이 있게 되고 교통사고, 횡액, 조난, 단명 등의 흉수로 말년이 편치 않다.

▎80획(凶): 종멸격(終滅格) 운둔운(隱遁運)

고집이 강해 대인과 융화하기 어려우며 운세마저 밝은 태양에 먹구름이 끼는 형상이니 뜻하는 일이 제대로 성사됨이 없이 흐지부지 끝나버린다. 중년 초에 중병을 얻어 단명할 수 있으므로 각별히 건강에 유의해야 하는 수이다.

▎81획(吉): 환원격(還元格) 성대운(盛大運)

9×9의 최극수(最極數)이다. 마지막이라 다시 1로 환원되는 일도광명의 수로 운기가 왕성하여 매사 겹경사가 발생한다. 무(無)에서 1이 시생하는 암시가 있어 운명적으로 1획 수리와 그 뜻이 비슷하다. 재기를 노릴 때 사업성공의 수로 적합하다.

82획수 이상의 수는 그 수에 80을 뺀 수를 적용하면 된다. 예를 들어 87획수라면 87-80은 7이므로 7획 수리로 보면 되는 것이다.

 **삼원오행의 길흉**

1) 木

○ 木木木(吉) 입신출세운(立身出世運)

기초운이 좋아 안정적이고 매사가 순조로우며 향상, 발전하는 운이다. 대인관계가 원만하고 하는 일마다 뜻대로 성취되며 자손운과 재물운도 순탄하여 사회적으로나 가정적으로 행복을 누린다.

○ 木木火(吉) 발전상승운(發展尙昇運)

하는 일마다 순조롭게 발전하여 목적을 달성하고 부귀공명 하는 수이다. 침착한 성품으로 매사 착실히 발전하나 신경이 예민하고 도량이 좁은 것이 단점이다. 애정운과 부부운이 매우 복되고 길하다.

○△ 木木土(吉&中吉) 고난평길운(苦難平吉運)

도모하는 일마다 고난이 따라 일의 진행이 순조롭지는 못하지만 힘겹게 이루어내는 끈질긴 근성을 지니고 있는 수이다. 친절하고 다정다감한 성품에 사교술이 뛰어나 주변 사람들의 호감을 독차지한다.

× 木木金(凶) 성쇠부침운(成衰浮沈 運)

진취적인 기상은 있으나 운세가 불안하여 성쇠의 굴곡이 많다. 한곳에 정착하지 못하고 떠돌아다녀 안정된 생활이 어렵다. 교통사고와 신경성 및 호흡기 질환에 유의해야 한다.

○ 木木水(吉) 타관열정운(他關熱情 運)

재지가 뛰어나고 이해력이 풍부하지만 타지로 떠나 있을 때 비로소 열정적으로 노력하는 운이다. 재물과 명예 운은 보통 이상이나 외부내빈형으로 만족스럽지 못하다. 말년행복을 위해서는 건강에 각별히 유의해야 한다.

◎ 木火木(大吉) 봉비 만리운(鳳飛萬里運)

무에서 유를 창조하듯 일사천리로 성공하여 큰 부를 이룬다. 조상의 음덕이 있고 자녀 또한 효도하며 부부 화합 속에 입신출세하여 만인의 부러움을 사게 된다. 지위와 재산이 안정되어 행복하며 복록이 무궁하다.

○△ 木火火(吉&中吉) 조급열정운(躁急熱情運)

인내력이 부족하며 불같이 급한 성격에 실수가 많다. 허영과 사치를 즐기는 등 다소 비현실적이다. 단 수리획수의 4격이 모두 길수로 구성되어 있으면 흉이 사라지고 좋은 운으로 전화위복되어 근근득실하다 말년에 발복한다.

◎ 木火土(大吉) 점진공명운(漸進功名運)

예의가 있고 의리를 중히 여겨 대인관계에 처세술이 뛰어나다. 부모나 윗사람의 도움으로 점차 발전하여 성공을 이루어내는 점진공명운이다. 좋은 가정환경 덕택에 부귀영화와 복록을 누린다.

× 木火金(凶) 풍파공허운(風波空虛運)

두뇌 회전이 빠르고 수완이 뛰어나나 감정의 동요가 심하여 주변 환경에 안정이 결여되어 있다. 선친의 덕이 있다면 일시적인 성공은 있겠으나 믿었던 사람의 배신으로 곧 실패하게 된다. 가정적으로 불화하며 풍파가 많다.

× 木火水(凶) 질병재액운(疾病災厄運)

처세술이 원만치 못해 대인관계에 실패가 잦고 일시적인 성공은 있으나 뜻밖의 재난으로 그 성공이 오래 지속되지 못한다. 잦은 변동으로 주거가 안정되지 못하고 중년 이후 질병으로 고생한다.

△ 木土木(中吉) 무친자성운(無親自成運)

부모 형제의 덕이 없어 타향에서 고독하게 지내며 부부인연도 박하고 자녀 덕도 없다. 어려운 환경 속에 피나는 노력으로 자수성가하여 작은 성공은 이룬다. 건강은 위장병과 신경쇠약을 유의해야 한다.

○△ 木土火(吉&中吉) 평길발전운(平吉發展運)

초년에 어려움이 많지만 심지가 굳고 인내력이 있어 모진 세파를 잘 이겨나간다. 온유하고 신사적인 매너로 지혜로운 처신을 하는 성격이다. 초년의 어려움을 잘 극복하고 중년이후 자수성가하여 여생을 행복하게 보낸다.

○△ 木土土(吉&中吉) 인내성공운(忍耐成功運)

온화한 성격에 심지가 깊어 동요되는 마음 없이 묵묵히 전진하는 스타일로 충분히 인내하면서 목적달성을 하는 운이다. 다소 기(氣)가 약해 자기주장을 내세우지 못하고 양보, 후퇴하는 경우가 많은 것이 단점이다.

△ 木土金(中吉) 희득비실운(喜得悲失運)

소극적인 성격으로 실천력이 부족하여 좋은 기회를 놓치는 경우가 많다. 어려운 환경 이지만 적기에 방향전환을 함으로써 소기의 목적을 달성하는 운이다. 조상의 음덕은 없으나 자손 복은 갖추었다.

× 木土水(凶) 조업파란운(祖業波瀾運)

의지가 약하고 인내력이 없으며 대인관계가 원만하지 못하여 물려준 조업도 오래 지속하지 못하는 운이다. 매사에 많은 노력을 기울여 시작해도 중도에 불의의 재난으로 업무에 좌절을 겪어 하는 일마다 실패로 끝난다.

× 木金木(凶) 암야행인운(暗夜行人運)

어두운 밤길을 걷는 것처럼 불안하고 암막하다. 대인관계의 처세가 부족하며 실천력이 없고 자립심이 약하다. 호흡기 및 뇌질환을 유의해야 하며 특히 교통사고 등 연장사고수로 인한 신경손상이 있을 수 있다.

× 木金火(凶) 병액신고운(病厄辛苦運)

분수를 모르고 언행을 경솔히 하는 경향이 있으며 각종 재난이 연속적으로 일어나 일신이 고달 프다. 노력의 대가가 없으며 조금 벌어 많이 쓰게 되는 경우처럼 금전적으로 애로가 많다. 부부간 에 무정하여 말년이 고독하고 쓸쓸하다.

○△ 木金土(吉&中吉) 초실후득운(初失後得運)

초년운이 불평불만으로 가득 차 한걸음도 앞으로 나가지 못하다 장, 중년 이후 소기의 목적을 달성한다. 원형이정의 수리획수가 모두 길수로 구성되어 있어야 발복하는 운이다. 가정이 화목하 고 자녀 복이 있다.

× 木金金(凶) 언행난쟁운(言行難爭運)

안하무인적인 언행으로 시비구설을 달고 다닌다. 인덕이 없다보니 애써 타인을 도와주어도 도 리어 흉이 되어 돌아온다. 불의의 재난 속에 금전적 재수가 불안하며 가정불화와 액난의 이중고 가 겹쳐 어려움을 겪는다.

× 木金水(凶) 만사좌절운(萬事挫折運)

선천적으로 기초가 불안하고 성공운이 약하여 열심히 노력하여도 일에 능률이 오르기는커녕 도로무공이 되니 만사 좌절하는 운이다. 부부운도 좋지 않아 가정에 파란이 많고 특히 자식으로 인하여 고생한다.

○ 木水木(吉) 발전성공운(發展成功運)

온후한 성품에 주변 사람들과의 유대관계가 좋아 신망을 얻으며 순조롭게 발전한다. 작은 고난 의 산을 넘으면 무릉도원이 펼쳐지는 운이다. 조상과 자손 덕은 다소 부족하지만 부부운은 좋다.

× 木水火(凶) 속성속패운(速成速敗運)

바탕운이 불안하여 돌발적인 재난이나 몰락을 당할 수 있으며 파란곡절이 많은 가시밭길 같은 인생여정을 겪게 된다. 잦은 주거 및 직업 변동으로 안정된 생활이 어렵다. 가정적으로도 부부간 의 이별수, 처자를 극하는 비운을 암시한다.

411

× 木水土(凶) 외화내빈운(外華內貧運)

겉보기에는 화려하나 내면이 불안정하여 갈수록 어려움을 겪는 수이다. 대인관계가 원만치 못하여 하는 일마다 막힘이 많다. 부부 사이에도 애정화합을 못하고 서로의 불신이 깊어 의처, 의부 하는 등 풍파가 많다.

○ 木水金(吉) 재명성취운(財名成就運)

지덕이 겸비된 고결한 성품에 외교수완이 특출하고 진취적이며 합리적인 사고방식을 갖고 있다. 기초운이 튼튼하여 어렵지 않게 대업을 성취하며 대내외적으로 안락한 생활을 영위하는 운이다.

△ 木水水(中吉) 이기부침운(利己浮沈運)

일시적인 성공은 있으나 이기적이고 무리한 욕심 때문에 곧 좌절과 실패가 찾아와 곤고해진다. 경제적 갈등과 주거 및 직업 불안으로 항시 고단한 삶이 영위된다. 가정적으로 사소한 근심거리가 떠나질 않고 부부간에도 시비와 언쟁이 심하다.

2) 火

○ 火木木(吉) 순탄대로운(順坦大路運)

지모와 재략이 출중하고 활동력이 왕성하며 주위 사람에게 신망을 얻는다. 기초운이 튼튼하고 귀인의 도움으로 순조롭게 발전하며 성공한다는 순탄대로 운이다. 가정적으로도 부부화합하고 자녀가 효도하며 행복 장수한다.

○ 火木火(吉) 부귀장수운(富貴長壽運)

두뇌가 명석하고 성품이 온유하며 예절이 밝다. 초년에는 조상 덕으로 기초를 다지며 결혼해서는 배우자 덕으로 가정생활이 행복하다. 일생을 별다른 재난 없이 부귀장수 하는 욱일승천의 길운이다.

× 火木土(凶) 선길 후흉운(先吉後凶運)

순조로운 항해를 하다가도 의외의 복병을 만나 급전직하로 몰락하는 비운이 따른다. 항시 웃는 얼굴과 주위를 즐겁게 하는 재능이 있어 대인관계에서는 인정을 받지만 남녀 모두 이성운이 다양해 호색으로 인한 구설에 주의해야 한다.

× 火木金(凶) 시종병액운(始終病厄運)

진취적인 기상은 있으나 신경이 극도로 예민하고 지구력이 약하다. 일의 시작은 좋으나 항상 끝마무리가 나빠 성공을 기대하기가 힘들다. 주변 환경이 좋지 않고 주거가 불안하여 이동수가 잦으며 직업 또한 자주 변동돼 안정된 생활이 결여된다.

◎ 火木水(大吉) 천지인화운(天地人和運)

대외적으로 활동력이 강하고 불굴의 기상으로 일에 추진력이 왕성하며 대인관계가 원활하고 근면성실하다. 부모의 덕, 배우자의 덕, 자손의 덕 등 삼덕을 겸비하였다. 부귀영달 속에 가정이 화목하고 부부애가 충만하여 수복 강령하는 대길운이다.

○ 火火木(吉) 왕성융창운(旺盛隆昌運)

순풍에 돛단배 격으로 운세의 흐름이 매끄러워 뜻과 소망이 순조롭게 발전 성취된다. 매사 속결하여 큰 업적을 왕성융창하게 이루어내며 다정한 부부금슬로 백년해로하고 자손 번영으로 일생 동안 의기충천하고 평안을 누릴 수 있는 운이다.

× 火火火(凶) 급진불안운(急進不安運)

천성이 불과 같고 급하고 용맹스러우나 인내력이 결핍되어 있고 대인관계에 융화력이 부족하고 주도면밀하지 못해 노력한 만큼의 소득과 대가가 없다. 하는 일마다 수포로 돌아가 좌절과 실패 속에 번민이 많으며 가정운마저 박약하여 부부간 풍파가 많다.

○ 火火土(吉) 수양화합운(修養和合運)

온화하고 중후한 성품에 활달하고 명랑한 처세술로 대인관계에 신임을 얻고 식록이 무궁하며 꾀하는 일마다 전진과 발전적 도약으로 내실을 다진다. 몸과 마음을 잘 다스리니 자연히 가정이 화목하고 자손이 효도한다.

× 火火金(凶) 유시무종운(有始無終運)

원대한 계획을 세우고 혼자의 힘으로 고군분투하나 노력에 결실이 없고 실패만 거듭되니 금전적인 고충이 따른다. 부부간에도 시간이 흐를수록 성격적 갈등이 심해져 불화하며 이별수까지 있다.

× 火火水(凶) 재명풍파운(財命風波運)

일시적인 성공은 있겠으나 불의의 재화로 한순간에 물거품이 된다. 파란곡절 속에 일신이 고달 프며 실속 없는 생활로 좌절과 실패가 거듭된다. 가정에서도 부부간에 불화가 끊이질 않아 불행을 달고 사는 운이다.

△× 火土木(中吉&凶) 선길후쇠운(先吉後衰運)

부모의 덕으로 초년에는 무탈하게 잘 지내다가 중년 이후부터 운기가 쇠퇴하여 곤고를 겪는다. 업무에 재산상의 고충이 커 항시 금전적 갈등이 속출한다. 주거 변동과 직업 변화가 많아 정착된 생활이 유지되기 어렵다.

○ 火土火(吉) 상하조력운(上下助力運)

온화한 기품과 여유 있는 마음 자세, 지혜와 덕망이 겸비된 성품에 원만한 처세로 상하 불문 인기가 많다. 대내외적으로 도움 주는 이가 많아 어떠한 어려움도 쉽게 해결된다. 가정적으로도 부부금슬이 좋으며 백년해로한다.

○ 火土土(吉) 온후음덕운(溫厚陰德運)

선조나 윗사람의 도움이 있다. 노력형으로 굴곡 없는 평탄한 안정 속에 상당한 지위와 명예를 얻어 사회적으로 신망을 얻고 출세가도를 달린다. 부부의 정이 유달리 좋아 가정생활이 행복하다.

◎ 火土金(大吉) 부귀평범운(富貴平凡運)

상당한 사회적 위치기반으로 성공의 발판이 구축되어 순조롭게 대지대업을 완수하고 재물과 명성을 얻는다. 가정적으로 만복 대길한 운세 속에 현명한 배우자를 만나 부부 백년해로하고 자식이 크게 성공하여 효도하는 운이다.

× 火土水(凶) 망망대해운(茫茫大海運)

외유내강한 성품에 지혜와 지모는 있으나 금전운세가 박약하여 노력만큼의 보람을 얻지 못하고 애써 가꾼 결실마저 상실하는 급변의 고충이 많다. 인덕이 없으며 의외의 돌발적 재난과 평지풍파로 업무에 실패를 거듭하는 흉수이다.

×× 火金木(大凶) 개화풍란운(開花風亂運)

성사직전에 좌절하거나 실패를 맛보는 격이다. 주거가 자주 바뀌며 직업이나 직장의 변화가 심하여 금전적 고충을 겪게 된다. 배우자와의 의견 대립과 가정불화로 부부지간에 반목이 지속되어 삶이 외롭다.

×× 火金火(大凶) 만사좌절운(萬事挫折運)

자포자기를 잘하며 쉽게 좌절하는 수이다. 독불장군식으로 아집이 강하면서도 침울한 성품으로 대인관계에서의 처세와 운용의 묘가 부족하다. 경제적으로 어려움을 겪으며 부부간에 정이 없어 가정이 적막하다.

×△ 火金土(凶&中吉) 선곤후길운(先困後吉運)

초년의 갖은 시련을 극복하면 중년 이후 좋은 시절이 오는 경우도 있다. 전체적으로 보면 성공운이 부족하여 마음에 고통과 번민이 많다. 상하조력자가 없어 업무에 발전적 성장 속도가 느리며 실속이 결여된 생활을 하게 된다.

× 火金金(凶) 재난연속운(災難連續運)

결단력이 강하고 매사에 적극적이며 진취적인 기상을 갖추었다. 다재다능하나 운세의 흐름은 매우 유동적이라 매사 뜻대로 되는 일이 없다. 뜻밖의 재난과 불상사의 연속으로 고초를 당하며 직업과 주거가 자주 이동, 변화한다.

× 火金水)凶) 파란만장운(波瀾萬丈運)

발전의 계기를 맞이하여도 지속되지 못하고 중도 좌절하는 운이다. 가정적으로도 부부지간에 정이 박약하여 배우자가 곁에 있어도 전혀 도움이 되지 못하고 고독하다. 뇌출혈 및 심장질환에 각별히 유의해야 한다.

× 火水木(凶) 재난곤고운(災難困苦運)

일시적인 성공은 있으나 곧 실패와 좌절이 엄습해와 모든 것이 수포로 돌아가는 운이다. 가정적으로도 반목이 심화되어 부부간에 불평, 불만으로 가득 차 피곤한 관계가 지속되며 이별수까지 가는 운이다.

× 火水火(凶) 재난이별운(災難離別運)

활동적이나 하는 일마다 실패의 연속으로 한 가지 일도 제대로 성취되는 것이 없다. 경제적 고충, 주거 불안, 직업 불안정 등의 파란곡절 속에 부평초 같은 삶이 영위된다. 재난이 연속적으로 들어와 이별하는 운으로 평소 신용 위주의 생활을 해야 한다.

×× 火水土(大凶) 풍파연속운(風波連續運)

주위의 덕망과 신임이 박약하며 모든 일이 궤멸되어 결실이 없다. 애정운마저도 엄처엄부를 만나 가정이 피곤하고 불화합하며 조난, 병사, 단명 등의 불길운으로 정신적 갈등이 많다.

✕ 火水金(凶) 외화내빈운(外華內貧運)

지혜가 출중하고 용감하며 지나칠 정도로 자신감이 충천하나 매사에 불평불만이 많고 하는 일마다 결실 없이 실패만 거듭한다. 주거환경과 직업이 자주 변해 금전적으로 안정을 이루지 못하고 가정적으로도 불협화음이 많다.

✕ 火水水(凶) 무덕병액운(無德病厄運)

두뇌가 명석하고 총명하지만 자존심이 매우 강하고 지나치게 자신을 과신한 나머지 실패가 많다. 주변에 도움 주는 이가 없어 무덕하고 오랜 지병으로 고생하는 등 인생살이에 좌절과 장애를 많이 겪는다.

3) 土

△✕ 土木木(中吉&凶) 외화내곤운(外華內困運)

외유내강한 기질로 자부심이 강하고 매사에 적극적이고 노력 형이나 스스로 노력한 만큼의 대가가 없다. 겉보기에는 좋아도 속이 비어 있어 외화내빈한 삶을 살게 되며 특히 금전적 고통이 심하다.

○△ 土木火(吉&中吉) 역경발전운(逆境發展運)

초년에는 고생하나 점진적으로 발전의 기초가 마련되어 순조로운 성공이 이루어져 대내외적으로 만사가 형통한다. 명예와 재록을 겸비하고 안락한 가정생활로 부부간에 다정해 백년해로할 수 있으며 자손들도 효도한다.

✕ 土木土(凶) 노공무상운(努功無常運)

꾀하는 일마다 불안정하여 발전이 퇴보되고 모든 일에 실패가 거듭되며 순조롭지 못한 삶으로 일생을 뜬구름 같은 세월로 보내기 쉽다. 부부간에도 이상차이로 언쟁이 잦아 마음에 갈등이 심하다.

✕✕ 土木金(大凶) 수하배신운(手下背信運)

부운지격이라 하여 매사 뜬구름처럼 안정이 결여되어 있으며 아랫사람에게 배신을 당하여 실패하는 수이다. 자기위주의 안일만을 추구하는 활동을 전개해 나가다가 실패를 거듭하고 주거와 직업이 자주 바뀌며 금전적 고충이 심하다.

× 土木水(凶) 병액신고운(病厄辛苦運)

정직하고 의협심이 강하며 매사 노력형이나 대인관계에 융화력이 부족하다. 초년 병마에 고초를 겪다 중년이후 어느 정도 회복된다. 뜻밖의 난관에 봉착해 뜻을 이루기가 힘들고 일생동안 파란곡절이 교차되는 기구한 운명적 운세다.

○ 土火木(吉) 귀인공명운(貴人功名運)

명랑하고 활동적이며 지혜와 재주가 출중하다. 맡은 분야에 실력을 인정받아 사회생활이 순조로우며 상하의 협조로 신망과 명예를 얻는다. 노력한 것 이상의 결실을 얻는 등 재물이 사방에서 들어와 가운이 융창해진다.

○ 土火火(吉) 호기성공운(好機成功運)

타인의 도움으로 크게 성공하여 세상에 이름을 떨치는 수이다. 상하좌우의 협조로 순조로운 항해가 지속되며 기대이상의 성과를 거둔다. 가정적으로도 현명한 배우자를 만나 가세가 중흥하는 운이다.

○ 土火土(吉) 성실발전운(誠實發展運)

부지런하고 성실하여 점진적으로 발전하는 수이다. 대인관계가 원만하고 사회성이 좋아 소기의 목적을 성취하여 부귀 공명한다. 가정적으로는 현명한 배우자를 만나 총명한 2세를 보게 되니 대길한 운세가 자손에까지 이어진다.

× 土火金(凶) 만난자성운(萬難自成運)

초기에는 타고난 활동성으로 발전하다 일시에 불의의 재난과 인내 부족으로 좌절의 실패를 맛보게 된다. 인덕이 없어 주위 사람들에게 배신당하는 일이 많고 생활상에 급변, 급화가 많아 전체적으로 안정감이 결여되어 있다.

× 土火水(凶) 이산풍파운(離散風波運)

신경이 지나치게 예민하고 고집이 강한 반면에 의지가 박약하다. 무슨 일이든 처음엔 순탄히 잘 진행되다가 뜻하지 않은 재난이 들이닥쳐 중도하차하는 운이다. 가정적으로는 손재, 불화, 질병, 급사 등의 액운이 이어져 고초가 많다.

× 土土木(凶) 외화내허운(外華內虛運)

운세의 흐름이 일정치 않아 성공운을 지속적으로 지키지 못하고 곤궁에 빠지는 수이다. 특히 노력만큼의 결실이 없는 수로 하는 일은 많아도 돌아오는 소득과 공덕이 없어 경제적 고충이 따른다.

○ 土土火(吉) 과욕지화운(過慾之禍運)

성실하고 정직하며 온유 유덕한 성품에 한 가지 일에 뜻을 품으면 필히 성취하려는 집념이 강하다. 성공운이 다소 늦은 감이 있지만 과욕만 부리지 않는다면 대내외적으로 크게 발전한다.

○ 土土土(吉) 대기만성운(大器晩成運)

고집이 세고 고지식한 점이 있지만 운세를 개척해 나가는 추진력이 있다. 대인관계에서도 처세가 원만하여 사회적인 성공을 이루며, 가정적으로도 가운이 날로 번창하니 행복하고 안락한 생활을 영위한다.

○ 土土金(吉) 평길발전운(平吉發展運)

평탄하게 발전하여 재액을 잘 모면하는 수이다. 개성이 강하고 총명하여 사회적으로 두각을 나타내며 무슨 일을 하든 막힘이 없다. 가정적으로도 부부 애정이 유달리 좋아 잉꼬부부의 요건을 갖추었다.

× 土土水(凶) 고집불통운(固執不通運)

성격이 외골수로 완강하여 원만한 대인관계가 어렵다. 매사 하는 일마다 장애가 따르고 금전적 곤란이 가중되어 안정적 운세가 영위되지 않는다. 부부 사이에도 불화하며 가정에 우환이 있다.

×△ 土金木(凶&中吉) 상신하배운(上信下背運)

신경이 지나치게 예민하고 부정적인 사고방식을 갖고 있다. 감정이 예민하고 재치가 있으나 의심이 많고 소심하다. 겉보기에는 화려해 보이나 실질적인 내용은 허실에 가득 차 실속이 없다.

× 土金火(凶) 재기무력운(再起無力運)

하는 일마다 불의의 재난이 속출하여 경제적 고난이 따르며 주거 환경과 직업 변화가 많다. 가정적으로도 배우자의 방탕한 생활이나 배신으로 인해 곤액이 많아 부부간에 갈등과 이별수를 겪게 된다.

○ 土金土(吉) 상하협조운(上下協助運)

온화하고 고매한 성품에 정이 많고 상하의 신망을 얻어 뭇 사람의 존경을 받으며 어떤 일을 해도 주위에서 도와주는 이가 많다. 성공운이 활짝 열리고 노력한 것 이상의 성과로 목적한 바를 크게 성취한다.

○ 土金金(吉) 인화발전운(人和發展運)

지덕이 겸비된 인품으로 의지가 굳고 강건하여 하는 일마다 성공과 발전으로 대지대업을 성취한다. 다정한 부부애로 사랑이 충만하며 훌륭한 자손을 두는 수이다, 단. 언행에 따른 구설에 유의해야 한다.

○ 土金水(吉) 인화부침운(人和浮沈運)

인화와 순리에 힘쓰면 대성공을 거두지만 거만하게 굴면 급전직하로 변란에 빠지는 운이다. 남의 원한을 사지만 않는다면 순조로운 발전으로 성공한다. 가정적으로도 부부 백년해로하며 영특한 자손을 둔다.

× 土水木(凶) 재다노소운(才多努小運)

무슨 일이던 계획하고 추진하여도 궤도 이탈로 재앙이 생기고 금전적 고충 속에 중도좌절이 많아 시련을 겪는다. 가정적으로도 부부 사이에 불화가 많게 되며 항시 마음이 천리에 가 있듯 안정이 결여되고 좌우가 불안한 운이다.

× 土水火(凶) 호기불우운(好機不遇運)

매사가 중도 좌절하여 실패가 거듭되고 뜻하지 않는 재난으로 금전적 고통이 심하다. 가정적으로도 부부간 이상이 맞지 않아 싸움이 잦고 집안이 불안해지는 등 일신에 안정이 결여되어 파란이 많게 되고 호기를 놓쳐 허송세월을 보낸다.

×× 土水土(大凶) 사면초가운(四面楚歌運)

활동력이 결핍되어 찬스를 놓치기 쉽다. 무슨 일이든 처음은 잘되어 나가나 끝이 흐지부지 끝나 업무에 매듭을 짓지 못한다. 주거 환경과 직업이동이 잦아 대외적으로 안정유지가 힘들며 어느 것 하나 마음먹은 대로 진행되는 일이 없다.

× 土水金(凶) 노대성소운(努大成小運)

기초운이 불안하여 하는 일에 장애가 따르고 번민과 고통이 왔다 갔다 하는 생활을 한다. 가정적으로도 부모형제의 덕이 박약하고 인덕도 없어 고독하며 부부간에도 성격 차이로 이별수가 있는 등 파란이 많다.

×土水水(凶) 만사귀공운(萬事歸空運)

외유내강한 성품에 마음은 착하나 운세가 안정되지 못하고 변화무쌍하다. 실패 후에 성공하고 성공 후에 또다시 실패하는 등 길과 흉이 매번 교차하여 종국에는 손에 쥔 것 하나 없이 원점으로 되돌아간다.

4) 金

×金木木(凶) 병액고난운(病厄苦難運)

심신이 허약하고 무력하여 각종질병과 재액으로 허송세월한다. 신경이 예민하고 의심이 많아 좋은 기회가 와도 찬스를 잡지 못하는 수이다. 가정적으로도 부부간에 의견 대립으로 풍전등화와 같은 생활을 한다.

×金木火(凶) 다사다난운(多事多難運)

하는 일이 중도에 수포로 돌아가 성공을 기약할 수 없으며 의외의 급난과 급화를 만나 모처럼 이룬 기반도 일시에 풍비박산난다. 가정적으로도 불화하여 갈등과 이별수가 있으며 고통 속에 파란이 중첩되는 운이다.

×金木土(凶) 심신과로운(心身過勞運)

기복이 심한 사회생활로 인하여 스트레스가 중첩되어 신경쇠약 등 병액으로 고생하는 수이다. 가정적으로도 가산이 줄어들고 불의의 재화로 자손에게까지 우환이 따르는 등 모진세파를 맞는다.

×金木金(凶) 중도좌절운(中途挫折運)

예민하고 까다로우며 의지력과 인내력이 약하고 고집이 강하다. 주변 환경이 열악하고 안정이 결여되어 있어 장래가 불투명하다. 돈이 모아지지 않는 등 노력만큼의 결실이 없어 경제적으로도 어려움을 겪는다.

△×金木水(中吉&凶) 선풍후승운(先風後昇運)

정이 많고 감정이 풍부하며 의지가 강하여 한 번 추진한 일은 끝까지 전력투구하는 집념과 끈기가 있다. 운기가 일정치 못하고 유동적이라 노력과 정성의 효과가 미진하며 중도좌절에 허망할 뿐이다.

× 金火木(凶) 욕구불만운(欲求不滿運)

대인관계가 원만하며 활동적이나 고집이 강하다. 여성은 풍류 적이고 매력이 많은 특징이 있다. 하는 일마다 금전적 고충으로 중도에 실패가 많아 좌절하게 되고 매사에 실속이 없어 불안정하다.

× 金火火(凶) 적응부실운(適應不實運)

다재다능하지만 좋은 기회를 맞이하기 힘들다. 급한 성격으로 고집이 강하고 언변은 좋으나 과장된 허세가 많다. 매사 극단적이라 성공의 기반을 확고히 세우기 어려우며 중도에 좌절, 실패가 많다.

× 金火土(凶) 부덕이산운(父德離散運)

무엇하나 이루어 놓은 것은 없고 물려받은 것도 지키기가 어렵다. 말재주는 뛰어나 처음에는 호감을 사지만 시간이 지날수록 주변에 사람이 없다. 하는 일마다 실패의 고난이 가중되고 모든 것이 퇴보한다.

× 金火金(凶) 내외상전운(內外相戰運)

이기적인 면이 많아 자기 위주의 처세를 해 대인관계가 좋지 않다. 겉보기에는 평화롭게 보이나 실질적인 내면은 실속이 없다. 중도 좌절되는 일이 다반사고 하루 벌어 하루 쓰는 식으로 항시 금전적 여유가 없다.

×× 金火水(大凶) 재액질병운(災厄疾病運)

운세의 흐름이 일정치 않아 기초운이 불안하고 하는 일마다 불의의 재난으로 경제적 침체를 겪는 등 어려움이 많다. 가정적으로도 배우자가 병약하여 질병으로 고생하거나 서로의 생각과 의견이 달라 다툼이 잦은 운이다.

× 金土木(凶) 가정풍파운(家庭風波運)

매사에 저돌적으로 업무를 추진해 나가나 기초 환경이 불안하고 인덕이 없으며 금전 운이 항시 불안정해 성공의 문턱에서 좌절을 겪게 된다. 항상 분주하고 바쁘나 실속이 결여되어 있으며 노력만큼의 결실이 없으니 매사 헛농사 짓는 격이다.

○ 金土火(吉) 일사천리운(一事千里運)

인자하고 온후한 성품에 성실하고 포용력을 갖추었다. 결단성이 있고 지혜가 출중하여 능히 목적한 바를 달성하고 부귀, 안정을 누린다. 사회적 신망도 높으며 가정적으로도 건실한 배우자의 덕으로 재물을 쌓아 부귀영화를 누린다.

○ 金土土(吉) 목적달성운(目的達成運)

인격이 출중하고 지혜가 풍부하며 온후하고 성실하다. 승부욕이 강하고 과단성이 있는 성품으로 처세가 원만하여 사회활동이 순조롭다. 성공운이 순풍에 돛단 듯 이어져 대지대업을 완수하여 명예도 얻고 재산도 늘어나는 입신양명의 운이다.

○ 金土金(吉) 재물횡재운(財物橫財運)

매사에 신용 제일주의자로 신의가 있고 감성이 예민하고 활달한 성품으로 사회적 적응력이 뛰어나다. 주변여건이 나를 이롭게 만들고 성공운을 순탄하게 하여 권세와 명망을 얻을 수 있다.

× 金土水(凶) 돌발재난운(突發災難運)

일시적으로 성공하여 기고만장하지만 뜻하지 않은 돌발적 재난으로 공든 탑이 일거에 무너지는 수이다. 직업과 주거 환경이 자주 바뀌어 불안정하다. 금전적으로 어려움이 많으며 하는 일마다 구설 풍파가 따른다.

× 金金木(凶) 강약불협운(强弱不協運)

강직하며 고집이 세고 고지식한 면이 있다. 겉보기에는 화려하나 내면적 실속이 결여되어 있고 하는 일마다 경제적인 고충이 따른다. 일신상에 파란과 재액으로 수심이 많으며 특히 간장 질환에 유의해야 한다.

× 金金火(凶) 언행편협운(言行偏狹運)

한쪽만 바라보는 편협된 시각으로 불화를 조장하는 수이다. 일의 시작은 좋으나 지구력이 부족하여 마무리가 약하다. 가정적으로도 불화가 많아 생리사별의 슬픔이 있게 되고 자손 덕도 박약하다.

○ 金金土(吉) 대지대업운(大志大業運)

처세가 원만하고 수완이 뛰어나 목적한바 큰 업적을 성취하여 명예, 권세, 재물을 얻는다. 가정적으로도 좋은 인연을 만나 부부 자식 간에 화목하고 태평하여 행복한 삶을 창출해내는 다복한 운이다.

× 金金金(凶) 재승박덕운(才勝薄德運)

지혜가 출중하고 유능한 재질도 있으나 자존심도 강하며 융통성이 부족하다. 삶의 과정에 많은 역경이 도사리고 있어 고난과 신고가 많은 수이다. 육친과의 불화로 고독하며 재산보전 또한 어렵다.

○ 金金水(吉) 일취월장운(日就月將運)

의지력이 강하고 기백과 용맹성이 있어 하루가 다르게 발전하는 수이다. 기초운이 튼튼하고 상하 좌우에서 나를 돕는 격이라 사회적으로 두각을 나타낼 수 있으며 특히 중년 이후에 큰 재물을 모아 부귀공명 한다.

○ 金水木(吉) 은덕성공운(恩德成功運)

조상의 은혜와 윗사람의 도움으로 성공하는 수이다. 온화하고 생각이 깊으며 두뇌가 명석하지만 활동력이 다소 부족한 것이 흠이다. 매사 행운이 따라 별 노력 없이도 재운이 상승하고 명예 또한 향상된다.

× 金水火(凶) 유업산재운(遺業散財運)

재지와 수완이 뛰어나며 노력형이나 업무를 진행해 나가는 과정에 장애가 속출하여 목적한 바를 이루지 못하는 수이다. 가정적으로도 부모, 배우자, 자식 간에 알력과 갈등으로 애로가 많다.

× 金水土(凶) 불의재난운(不意災難運)

초년에 잘 나가다 불의의 일격으로 재기가 어려운 수이다. 대인관계에 실패하여 금전적 고충이 많다. 인연 아닌 인연을 만나 생활이 고통스럽고 자식마저 불효, 불충하는 등의 쇠퇴한 악운이다.

◎ 金水金(大吉) 순풍발전운(順風發展運)

이지적 사고방식에 융통성이 좋고 재치가 있어 하고자 하는 일이 순풍에 돛단 듯 일사천리로 이루어지는 수이다. 대외적으로도 안정되어 출세가 보장되며 만인의 존경과 추앙을 받는다.

○ 金水水(吉) 태평성세운(太平盛世運)

주변 사람들의 신망을 얻어 일취월장하고 부귀와 명예를 동시에 얻는 등 크게 대성하는 수이다. 가족 간에도 정이 깊어 화합이 잘된다. 자기실력을 과신해 상대를 얕잡아 보다가 호되게 당한다.

5) 水

○ 水木木(吉) 선곤후길운(先困後吉運)

노력형으로 자립심이 강하고 두뇌 회전이 명석하다. 초년에 다소 부진하다가 장년 이후 마음먹은 대로 업무가 진행, 발전되어 나간다. 상하좌우 주변 사람의 신임을 두텁게 얻어 입신양명하니 재복과 권위가 하늘에 닿는다.

◎ 水木火(大吉) 점진공명운(漸進功名運)

판단력이 뛰어나 기회 포착을 잘한다. 주변 사람들의 도움으로 점차 순조롭게 발전하여 공명을 얻는 수이다. 중년이후 순탄한 사회적 기반이 구축되어 크게 성공하며 명예와 재물도 함께 얻는다.

○△ 水木土(吉&中吉) 선길후평운(先吉後平 運)

조상의 음덕으로 초년에는 유복하고 장년이후에도 큰 재앙이나 고초 없이 무난한 삶이 영위된다. 가정적으로도 부부금슬 좋고 우환질고 없이 평범한 생활을 유지하는 수이다. 특히 풍부한 감성과 깊은 이해심을 갖추었다.

△ 水木金(中吉) 성쇠부침운(盛衰浮沈運)

지모가 출중하고 온화하며 활동적인 성품으로 일시적이나마 순조롭게 발전한다. 전체적으로 보면 동분서주 바쁘게 움직이지만 금전적 고충과 하는 일마다 관재구설이 있게 되는 등 모든 면에서 쇠퇴하는 운이다.

○ 水木水(吉) 춘풍개화운(春風開花運)

초지일관하는 마음과 부단한 노력으로 자립대성을 일구어내는 수이다. 명예와 재산을 겸득하니 부러울 것이 없다. 가정적으로도 부모 형제의 덕을 볼 수 있고 부부지간에 뜻이 잘 맞아 가세가 번창한다.

× 水火木(凶) 허무유랑운(虛無流浪運)

정상일보직전에 수포로 돌아가는 허망한 수이다. 대인관계에서도 상하좌우 불신과 불미스러운 일이 많이 발생하여 인생이 부평초 같다. 수리4격이 모두 흉수이면 급변, 급사의 흉조가 따를 수 있다.

×× 水火火(大凶) 재액급락운(災厄急落運)

두뇌가 명석하고 정직하며 예의는 바르나 신경이 예민하고 급하다. 무슨 일을 하던 시작은 있으나 끝이 없는 수로 경제적 안정을 기대할 수 없다. 육친무덕으로 배우자 및 자식과의 인연 줄이 약하다.

× 水火土(凶) 다재급변운(多災急變運)

처음엔 그럴 듯하게 진행되다가 곧 판단착오와 기회포착 미숙으로 일이 중도에 좌절, 실패하고 불의의 재화와 재난이 따르는 수이다. 가정적으로도 부부지간에 항시 서로를 미워하거나 원망한다.

× 水火金(凶) 병액재난운(病厄災難運)

부지런히 노력해도 실속이 없고 인덕이 부족하여 주위 사람들로부터 구설과 모함을 받으며 하는 일에 장애와 고난이 많다. 가정적으로도 배우자와의 성격차이로 불화하며 자손 덕도 기대할 수 없다.

×× 水火水(大凶) 병액단명운(病厄短命運)

재난으로 단명하거나 졸지에 급사하는 경우가 많은 수이다. 독불장군식의 행동거지에 나약한 면까지 있는 등 종잡을 수 없는 성격으로 사회적으로 고립되어 어려움이 많다. 순환기와 심장질환에 각별히 유의해야 한다.

× 水土木(凶) 장해빈발운(障害頻發運)

편협된 시각으로 사물을 바라보니 일상생활에 트러블이 많이 일어나는 수이다. 손대는 일마다 뜻하지 않던 장애가 빈발하여 성공이 어렵다. 경제적 곤란으로 가정생활이 원만하지 못하다.

× 水土火(凶) 낙마실족격(落馬失足運)

재치와 기량이 뛰어나고 자신감이 만만하나 자기분수를 모르고 허영심이 많은 수이다. 성공의 기초가 마련되는 데 문제점이 속출하여 좌절한다. 경제적 불안정으로 가정생활이 어려우며 단명의 우려가 있다.

△ 水土土(中吉) 심신과로운(心身過勞運)

능수능란한 수완과 승부욕을 갖추었으나 쓸데없는 허영심으로 재화와 역경을 스스로 자초하여 심신이 고달프다. 초년의 역경을 극복하고 중년 이후에 어느 정도 회복되면서 안정을 이룬다.

△ 水土金(中吉) 말년회복운(末年回復運)

자존심이 강하고 신용도 있으며 유재유능하나 소극적이며 지나치게 고지식하다. 초년의 실패로 어려움을 겪다 차츰 회복되는 수이다. 대체로 안정 발전하여 평범한 생활을 누릴 수 있지만 목적이 크면 성공하기 어렵다.

× 水土水(凶) 과욕재난운(過慾災難運)

겉은 부드러우나 속은 매우 강직한 성품에 자존심이 강하고 허세가 있다. 일시적으로 성공을 거두어도 과욕을 부리다 일시에 무너지는 수이다. 특히 투기적인 한탕주의에 빠지면 평생 고생한다.

× 水金木(凶) 가정풍파운(家庭風波運)

지모가 출중하고 적극적이며 활동적이나 결단력이 약하다. 육친이 불화하는 수로 가정에 근심이 끊이질 않는다. 성공운이 불확실해 업무에 좌절이 많고 생각지도 않는 환경변동으로 안정된 생활이 어렵다.

× 水金火(凶) 병난신고운(病難辛苦運)

활동성은 좋지만 언행이 일치하지 못하여 신뢰를 잃어버리는 수이다. 기초운이 부족하여 뜻대로 이루어지는 일이 하나도 없으며 금전 지출이 많아 경제적으로 불안정하다. 대장 및 호흡기 질환에 유의해야 한다.

○ 水金土(吉) 두령통솔운(頭領統率運)

총명한 두뇌에 이상이 건전하고 활동적이며 융화력과 친화력이 뛰어나다. 원만한 처세로 상하의 믿음이 두터워 명예와 인기를 한 몸에 얻는 수이다. 가정생활이 원만하고 건강 장수한다.

○ 水金金(吉) 재지우수운(才智優秀運)

적극성을 갖춘 활동적인 성격으로 기백이 넘치며 추진력이 있다. 재능과 지혜가 뛰어나 크게 성공하는 수이다. 작은 것이 큰 것으로 돌아오는 운으로 대성의 길이 활짝 열리며 가정적으로도 육친 간 화목하다.

○ 水金水(吉) 사회봉사운(社會奉仕運)

온화하고 공손한 성품에 두뇌가 명석하고 포부가 원대하여 매사 발전적 운세로 부귀와 명예를 크게 떨친다. 사회적 입지가 견고하고 출세운이 순조로우며 가정적으로도 부부 화합하여 행복한 일생을 보낸다.

○ 水水木(吉) 고목생화운(枯木生花運)

지모가 출중하고 활달한 성품에 고집과 자존심이 강하다. 꾸준한 노력으로 점진적 발전을 이루어 성공하는 수이다. 직업의 안정으로 사회적 기반이 튼튼히 구축되고 가정적으로도 부부 화합하여 행복을 누린다.

× 水水火(凶) 과신급변운(過信急變運)

자신의 재능을 과신하다 의외의 재화로 상황이 급변하는 수이다. 사회적으로 작은 성공을 이루더라도 건강에 실패하여 그 동안의 노력이 물거품이 되는 경우가 많으며 가정적으로도 배우자의 병고로 불행하다.

× 水水土(凶) 매사장애운(每事障碍運)

한 가지 일이 해결되면 다른 곳에 문제가 발생하여 발목을 잡는 수이다. 재치와 기량이 뛰어나고 총명하나 자만심이 강하고 조급한 것이 흠이다. 동분서주하며 열심히 노력하지만 무엇 하나 이루지를 못한다.

○ 水水金(吉) 노력발전운(努力發展運)

천성이 성실하고 부지런하여 꾸준히 발전한다. 유통이나 무역 등으로 크게 성공하여 재물과 명예를 얻을 수이다. 가정적으로도 부부 화합하고 자손이 기쁨을 안겨주는 등 복록이 무궁하여 대발복한다.

△× 水水水(中吉&凶) 한수범람운(寒水汎濫運)

자신의 꾀에 스스로 넘어가 실패하는 수로 평소에 수신제가해야 한다. 절제와 자제력 부족으로 고초를 겪는다. 초년에는 비교적 선전하나 중년 이후 변고가 들이닥쳐 좌절하며 가정적으로도 파란곡절이 많아 편치를 않다.

03 이름자 모음

【男】

㉠ 가람 가령 강규 강륜 강률 강명 강모 강민 강백 강빈 강율 강태 강택 강필 건도 건률 건민 건우 건표 경규 경도 경률 경록 경륜 경모 경무 경빈 경태 경표 경필 공명 교묵 교민 교빈 규빈 규강 규람 규민 규백 규범 규비 규빈 규태 쾌빈 기남 기륜 기륭 기림 기문 기민 기백 기태

㉡ 남기 남익 남혁 남호 노온 노윤

㉢ 다겸 다교 다나 다란 다론 다률 다안 다연 다영 다예 다온 다윤 다율 다은 다인 다임 다의 다하 다현 다혜 다희 다호 다환 단아 단우 담희 대규 대영 대용 대원 대현 대협 대형 대호 대훈 덕원 덕우 덕용 도겸 도담 도은 도윤 도임 도희 도아 도유 도이 도우 도현 도형 도훈 도의 동건 동관 동광 동권 동규 동길 동륜 동률 동연 동영 동오 동우 동운 동윤 동안 동하 동해 동헌 동현 동호 동화 동후 두연 두영 두언 두원 두하 두헌 두현 두호 두홍 두희 두인

㉣ 량현 로운 로한 루이 리우

㉤ 무빈 명준 민건 민결 민겸 민교 민기 민서 민슬 민재 민준

㉥ 부겸 부규 부민

㉦ 서우 서준 서진 서찬 서한 서현 서호 서홍 서후 선빈 선우 성린 성모 성원 세람 세연 세와 세완 세온 세욱 세용 세준 세찬 세하 세한 솔민 수안 수호 슬우 슬찬 승민 승빈 승운 승우 승유 승윤 승재 승채 승찬 승효 승환 승훤 시목 시우 시원 시온 시윤 시율 시호 시후 시헌 시현

㉧ 아륜 안률 안율 안준 여찬 예성 예승 예준 예찬 예한 예훈 연담 연오 연우 연준 연찬 연호 연후 영후 요담 요산 용신 용운 용원 용준 용하 우석 우인 우주 우진 우찬 욱준 유노 유석 유준 유찬 유하 유흔 유현 윤찬 윤후 원률 원율 원욱 윤철 윤우 윤준 윤후 윤혁 율립 은성 은엽 은율 은준 은찬 은후 의준 의찬 은휘 이담 이로 이수 이안 이윤 이재 이정 이준 이찬 이한 이현 인성 인우 인혁

㉨ 재민 재원 재율 재인 재하 재희 제현 재휘 정빈 정우 정의 종현 주안 주원 주율 주한 주현 준서 준민 준성 준영 준용 준혁 준하 준후 지민 지석 지섭 지엽 지완 지원 지우 지율 지한 지헌 지환 지호 지효 지후 지훈 진성 진현 진후

㉪ 채람 채민 채운 찬민 찬빈 찬석 찬솔 찬승 찬우 찬유 찬율 찬의 찬인 찬형 찬후 찬휘 청록 청민 청율

㉫ 태건 태겸 태람 태안 태양 태영 태윤 태율 태이 태인 태하 태한 태홍 태휘

㉬ 하랑 하서 하승 하윤 하율 하음 하준 해준 한서 한승 한율 한결 한음 현민 현서 현솔 현수 현슬 현우 현준 형인 호성 호연 호운 호은 호윤 호재 호준 호진 호율 홍석 효재 한서 휘서 휘소

휘승 휘윤 휘율 휘준 휘찬 희성 희찬

【女】

ㄱ 가람 가령 교림 교빈 규린 규비 규빈 기림

ㄴ 나경 나래 나연 나영 나우 나율 나희 나혜 나온 노아 노온 노윤

ㄷ 다겸 다교 다나 다란 다론 다률 다안 다연 다영 다예 다온 다윤 다율 다은 다인 다임 다의 다
하 다현 다혜 다희 단아 담희 도겸 도담 도은 도윤 도임 도희 도아 도유 도이

ㄹ 라원 라인 라온 라은 라임 라희 래아 려원 려인 로사 로안 로이 로하 루나 루다 루아 루이 루
하 리나 리안 리원 리율 리향 리하 린하 린아

ㅁ 미강 미교 미전 민결 민교 민서 민설 민슬 민하

ㅂ 별하 보겸 비가 비주

ㅅ 상정 서린 서빈 서아 서안 서연 서영 서윤 서율 서이 서인 서임 서음 서진 서하 서현 서화 서
혜 서흔 서희 선민 선율 선향 설아 세나 세아 세안 세원 세온 세전 세진 세정 세하 세현 세
희 선빈 설연 성연 성현 소담 소미 소민 소연 소유 소율 소은 소이 소하 소호 솔미 솔비 솔
지 솔채 솔하 송인 수민 수빈 수아 수안 수연 수윤 수잔 수진 슬아 승주 시아 시연 시영 시
예 시온 신비 승아 승은

ㅇ 아나 아랑 아륜 아리 아린 아영 아윤 아원 아람 아론 아승 아인 아임 아현 안나 안율 여린 여
원 연두 연서 연오 연우 연진 연홍 연후 영인 영채 예나 예담 예라 예람 예랑 예린 예림 예론
에서 예설 예술 예원 예주 예지 에아 예온 예율 예은 예인 예임 예하 예흔 요나 온유 용전 우
진 유나 유노 유라 유리 유린 유담 유빈 유슬 유안 유은 유이 유주 유진 유하 유현 윤담 윤서
윤설 윤솔 윤아 윤영 윤채 윤하 윤지 윤희 은결 은교 은담 은서 은성 은유 은률 은서 은소 은
슬 은설 은율 은조 은효 의연 이나 이노 이람 이랑 이량 이로 이설 이소 이슬 이안 이연 이은
이재 이현 인서 인영 인예 인휘

ㅈ 자빈 자인 자은 재유 재인 재이 재임 제연 제이 제희 정서 정안 정우 정빈 주미 주언 주예 지
민 지빈 지승 지아 지안 지온 지우 지유 지윤 지원 지은 지인 지현 지효 진유 차민 차연 차희
채니 채린 채빈 채서 채아 채안 채원 채유 채은 ㅊ채음 채이 채인 채희 초아 초연 초은 초이

ㅌ 태람 태리 태린 태림 태령 태안 태연 태은 태유 태율 태이

ㅎ 하담 하라 하람 하랑 하령 하루 하름 하린 하림 하민 하슬 하연 하윤 하율 하온 하은 하음 하
임 하진 해리 해인 한결 한새 한슬 한아 한이 한지 현서 현슬 현슬 현영 해나 해담 해린 해아
혜단 혜담 혜라 혜률 혜린 혜림 혜아 혜안 혜연 혜영 혜율 혜인 혜지 혜진 혜휘 호서 호연 호
전 효람 효린 효림 효섬 효아 효우 효원 효이 효인 효은 효주 휘랑 휘소 휘영 휘주 희서 희나
희윤 희진

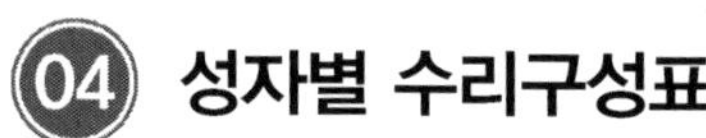

성자별 수리구성표

성씨 별	수리구성	삼원오행		4격 수리			
	성과이름	이형원	천인지	원격	형격	이격	정격
2획 성 乃(내) ㅏ(복) 又(우) 入(입) 丁(정)	2 3 3	土土土	木土土	6	5	5	8
	2 3 13	土土土	木土土	16	5	15	18
	2 13 3	土土土	木土土	16	15	5	18
	2 4 9	木土火	木土火	13	6	11	15
	2 9 4	土木火	木木火	13	11	6	15
	2 4 11	火土土	木土土	15	6	13	17
	2 11 4	土火土	木火土	15	13	6	17
	2 4 19	木土火	木土火	23	6	21	25
	2 19 4	土木火	木木火	23	21	6	25
	2 5 6	金金木	木金木	11	7	8	13
	2 6 5	金金木	木金木	11	8	7	13
	2 5 11	火金土	木金土	16	7	13	18
	2 11 5	金火土	木火土	16	13	7	18
	2 5 16	金金木	木金木	21	7	18	23
	2 16 5	金金木	木金木	21	18	7	23
	2 6 9	木金土	木金土	15	8	11	17
	2 9 6	金木土	木木土	15	11	8	17
	2 6 15	金金木	木金木	21	8	17	23
	2 15 6	金金木	木金木	21	17	8	23
	2 6 23	土金水	木金水	29	8	25	31
	2 23 6	金土水	木土水	29	25	8	31
	2 9 14	土木火	木木火	23	11	16	25
	2 14 9	木土火	木土火	23	16	11	25
	2 9 22	火木木	木木木	31	11	24	33

성씨 별	수리구성	삼원오행		4격 수리			
	성과이름	이형원	천인지	원격	형격	이격	정격
2획 성	2 22 9	木火木	木火木	31	24	11	33
	2 13 16	金土水	木土水	29	15	18	31
	2 16 13	土金水	木金水	29	18	15	31
	2 13 22	火土土	木土土	35	15	24	37
	2 22 13	土火土	木火土	35	24	15	37
	2 14 15	金土水	木土水	29	16	17	31
	2 15 14	土金水	木金水	29	17	16	31
	2 14 19	木土火	木土火	33	16	21	35
	2 19 14	土木火	木木火	33	21	16	35
	2 14 23	土土金	木土金	37	16	25	39
	2 23 14	土土金	木土金	37	25	16	39
	2 15 16	金金木	木金木	31	17	18	33
	2 16 15	金金木	木金木	31	18	17	33
	2 15 22	火金金	木金金	37	17	24	39
	2 22 15	金火金	木金金	37	24	17	39
	2 16 19	木金土	木金土	35	18	21	37
	2 19 16	金木土	木木土	35	21	18	37
	2 16 21	火金金	木金金	37	18	23	39
	2 21 16	金火金	木火金	37	23	18	39
	2 16 23	土金水	木金水	39	18	25	41
	2 23 16	金土水	木土水	39	25	18	41
3획 성	3 2 13	土土土	火土土	15	5	16	18
干(간)弓(궁)大(대)	3 13 2	土土土	火土土	15	16	5	18
凡(범)山(산)也(야) 于(우)	3 3 12	土土土	火土土	15	6	15	18

성씨 별	수리구성	삼원오행		4격 수리			
	성과이름	이형원	천인지	원격	형격	이격	정격
3획 성 千(천)	3 12 3	土土土	火土土	15	15	6	18
	3 3 18	木土木	火土木	21	6	21	24
	3 18 3	土木木	火木木	21	21	6	24
	3 4 4	金金金	火金金	8	7	7	11
	3 4 14	金金金	火金金	18	7	17	21
	3 14 4	金金金	火金金	18	17	7	21
	3 5 8	木金火	火金火	13	8	11	16
	3 8 5	金木火	火木火	13	11	8	16
	3 5 10	火金土	火金土	15	8	13	18
	3 10 5	金火土	火火土	15	13	8	18
	3 8 10	火木金	火木金	18	11	13	21
	3 10 8	木火金	火火金	18	13	11	21
	3 8 13	土木木	火木木	21	11	16	24
	3 13 8	木土木	火土木	21	16	11	24
	3 8 21	火木水	火木水	29	11	24	32
	3 21 8	木火水	火火水	29	24	11	32
	3 10 22	土火木	火火木	32	13	25	35
	3 22 10	火土木	火土木	32	25	13	35
	3 20 12	土火木	火火木	32	23	15	35
	3 12 20	火土木	火土木	32	15	23	35
	3 13 22	土土土	火土土	35	16	25	38
	3 22 13	土土土	火土土	35	25	16	38
	3 14 15	金金水	火金水	29	17	18	32
	3 15 14	金金水	火金水	29	18	17	32

성씨 별	수리구성	삼원오행		4격 수리			
	성과이름	이형원	천인지	원격	형격	이격	정격
3획 성	3 14 18	木金木	火金木	32	17	21	35
	3 18 14	金木木	火木木	32	21	17	35
	3 14 21	火金土	火金土	35	17	24	38
	3 21 14	金火土	火火土	35	24	17	38
	3 15 20	火金土	火金土	35	18	23	38
	3 20 15	金火土	火火土	35	23	18	38
	3 18 20	火木金	火木金	38	21	23	41
	3 20 18	木火金	火火金	38	23	21	41
4획 성 공(孔)공(公)금(今) 문(文)모(毛)목(木) 방(方)변(卞)부(夫) 왕(王)원(元)윤(尹) 윤(允)오(午)인(仁) 재(才)천(天)태(太) 파(巴)편(片)	4 2 9	火土木	火土木	11	6	13	15
	4 9 2	土火木	火火木	11	13	6	15
	4 2 11	土土火	火土火	13	6	15	17
	4 11 2	土土火	火土火	13	15	6	17
	4 2 19	火土木	火土木	21	6	23	25
	4 19 2	土火木	火火木	21	23	6	25
	4 3 4	金金金	火金金	7	7	8	11
	4 4 3	金金金	火金金	7	8	7	11
	4 3 14	金金金	火金金	17	7	18	21
	4 14 3	金金金	火金金	17	18	7	21
	4 4 7	木金木	火金木	11	8	11	15
	4 7 4	金木木	火木木	11	11	8	15
	4 4 9	火金火	火金火	13	8	13	17
	4 9 4	金火火	火火火	13	13	8	17
	4 4 13	金金金	火金金	17	8	17	21
	4 13 4	金金金	火金金	17	17	8	21

성씨 별	수리구성	삼원오행		4격 수리			
	성과이름	이형원	천인지	원격	형격	이격	정격
4획 성	4 4 21	土金土	火金土	25	8	25	29
	4 21 4	金土土	火土土	25	25	8	29
	4 7 14	金木木	火木木	21	11	18	25
	4 14 7	木金木	火金木	21	18	11	25
	4 9 12	土火木	火火木	21	13	16	25
	4 12 9	火土木	火土木	21	16	13	25
	4 9 20	火火水	火火水	29	13	24	33
	4 20 9	火火水	火火水	29	24	13	33
	4 11 14	金土土	火土土	25	15	18	29
	4 14 11	土金土	火金土	25	18	15	29
	4 11 20	火土木	火土木	31	15	24	35
	4 20 11	土火木	火火木	31	24	15	35
	4 12 13	金土土	火土土	25	16	17	29
	4 13 12	土金土	火金土	25	17	16	29
	4 12 17	木土水	火土水	29	16	21	33
	4 17 12	土木水	火木水	29	21	16	33
	4 12 19	火土木	火土木	31	16	23	35
	4 19 12	土火木	火火木	31	23	16	35
	4 12 21	土土火	火土火	33	16	25	37
	4 21 12	土土火	火土火	33	25	16	37
	4 13 20	火金火	火金火	33	17	24	37
	4 20 13	金火火	火火火	33	24	17	37
	4 14 17	木金木	火金木	31	18	21	35
	4 17 14	金木木	火木木	31	21	18	35

성씨 별	수리구성	삼원오행		4격 수리			
	성과이름	이형원	천인지	원격	형격	이격	정격
4획 성	4 14 19	火金火	火金火	33	18	23	37
	4 19 14	金火火	火火火	33	23	18	37
	4 14 21	土金土	火金土	35	18	25	39
	4 21 14	金土土	火土土	35	25	18	39
	4 17 20	火木金	火木金	37	21	24	41
	4 20 17	木火金	火火金	37	24	21	41
	4 20 21	土火木	火火木	41	24	25	45
	4 21 20	火土木	火土木	41	25	24	45
5획 성 공(功)구(丘)감(甘) 백(白)사(史)석(石) 신(申)소(召)옥(玉) 전(田)점(占)태(台) 평(平)피(皮)홍(弘) 현(玄)을지(乙支)	5 2 6	木金金	土金金	8	7	11	13
	5 6 2	金木金	土木金	8	11	7	13
	5 2 11	土金火	土金火	13	7	16	18
	5 11 2	金土火	土土火	13	16	7	18
	5 2 16	木金金	土金金	18	7	21	23
	5 16 2	金木金	土木金	18	21	7	23
	5 3 8	火金木	土金木	11	8	13	16
	5 8 3	金火木	土火木	11	13	8	16
	5 10 3	金土火	土土火	13	15	8	18
	5 3 13	金金土	土金土	16	8	18	21
	5 6 10	土木土	土木土	16	11	15	21
	5 10 6	木土土	土土土	16	15	11	21
	5 6 12	金木金	土木金	18	11	17	23
	5 12 6	木金木	土金金	18	17	11	23
	5 6 18	火木火	土木火	24	11	23	29
	5 18 6	木火火	土火火	24	23	11	29

성씨 별	수리구성	삼원오행		4격 수리			
	성과이름	이형원	천인지	원격	형격	이격	정격
5획 성	5 8 8	火火土	土火土	16	13	13	21
	5 8 10	土火金	土火金	18	13	15	23
	5 10 8	火土金	土土金	18	15	13	23
	5 8 16	木火火	土火火	24	13	21	29
	5 16 8	火木火	土火火	24	21	13	29
	5 8 24	水火木	土火木	32	13	29	37
	5 24 8	火水木	土水木	32	29	13	37
	5 12 12	金金火	土金火	24	17	17	29
	5 12 20	土金木	土金木	32	17	25	37
	5 20 12	金土木	土土木	32	25	17	37
	5 13 20	土金火	土金火	33	18	25	38
	5 20 13	金土火	土土火	33	25	18	38
	5 16 16	木木木	土木木	32	21	21	37
6획 성 광(光)규(圭)길(吉) 노(老)모(牟)미(米) 백(百)박(朴)선(先) 서(西)안(安)이(伊) 인(印)임(任)재(在) 주(朱)전(全)	6 5 10	土木土	土木土	15	11	16	21
	6 10 5	木土土	土土土	15	16	11	21
	6 5 12	金木金	土木金	17	11	18	23
	6 12 5	木金金	土金金	17	18	11	23
	6 5 18	火木火	土木火	23	11	24	29
	6 18 5	木火火	土火火	23	24	11	29
	6 7 10	土火金	土火金	17	13	16	23
	6 10 7	火土金	土土金	17	16	13	23
	6 7 11	金火金	土火金	18	13	17	24
	6 11 7	火金金	土金金	18	17	13	24
	6 7 18	火火土	土火土	25	13	24	31

성씨 별	수리구성	삼원오행		4격 수리			
	성과이름	이형원	천인지	원격	형격	이격	정격
6획 성	6 18 7	火火土	土火土	25	24	13	31
	6 7 25	木火木	土火木	32	13	31	38
	6 25 7	火木木	土木木	32	31	13	38
	6 9 9	土土金	土土金	18	15	15	24
	6 9 23	水土木	土土木	32	15	29	38
	6 23 9	土水木	土水木	32	29	15	38
	6 10 15	木土土	土土土	25	16	21	31
	6 15 10	土木土	土木土	25	21	16	31
	6 10 19	土土水	土土水	29	16	25	35
	6 19 10	土土水	土土水	29	25	16	35
	6 10 23	水土火	土土火	33	16	29	39
	6 23 10	土水火	土水火	33	29	16	39
	6 11 18	火金水	土金水	29	17	24	35
	6 18 11	金火水	土火水	29	24	17	35
	6 12 17	火金水	土金水	29	18	23	35
	6 17 12	金火水	土火水	29	23	18	35
	6 12 19	土金木	土金木	31	18	25	37
	6 19 12	金土木	土土木	31	25	18	37
	6 12 23	水金土	土金土	35	18	29	41
	6 23 12	金水土	土水土	35	29	18	41
	6 15 17	火木木	土木木	32	21	23	38
	6 17 15	木火木	土火木	32	23	21	38
	6 17 18	火火土	土火土	35	23	24	41
	6 18 17	火火土	土火土	35	24	23	41

성씨 별	수리구성	삼원오행		4격 수리			
	성과이름	이형원	천인지	원격	형격	이격	정격
7획 성	7 1 10	金金木	金金木	11	8	17	18
강(江)군(君)보(甫)	7 10 1	金金木	金金木	11	17	8	18
성(成)송(宋)신(辛)	7 4 4	木木金	金木金	8	11	11	15
여(呂)여(余)여(汝)	7 4 14	木木金	金木金	18	11	21	25
연(延)오(吳)위(位)	7 14 4	木木金	金木金	18	21	11	25
이(李)지(池)정(廷)	7 6 10	金火土	金火土	16	13	17	23
차(車)하(何)효(孝)	7 10 6	火金土	金金土	16	17	13	23
	7 6 11	金火金	金火金	17	13	18	24
	7 11 6	火金金	金金金	17	18	13	24
	7 8 8	土土土	金土土	16	15	15	23
	7 8 10	金土金	金土金	18	15	17	25
	7 10 8	土金金	金金金	18	17	15	25
	7 8 16	火土火	金土火	24	15	23	31
	7 16 8	土火火	金火火	24	23	15	31
	7 8 17	火土土	金土土	25	15	24	32
	7 17 8	土火土	金火土	25	24	15	32
	7 8 24	木土木	金土木	32	15	31	39
	7 24 8	土木木	金木木	32	31	15	39
	7 9 8	土土金	金土金	17	16	15	24
	7 8 9	土土金	金土金	17	15	16	24
	7 9 16	火土土	金土土	25	16	23	32
	7 16 9	土火土	金火土	25	23	16	32
	7 9 22	水土木	金土木	31	16	29	38
	7 22 9	土水木	金水木	31	29	16	38

성씨 별	수리구성		삼원오행		4격 수리			
	성과이름	이형원	천인지	원격	형격	이격	정격
7획 성	7 10 14	木金火	金金火	24	17	21	31
	7 14 10	金木火	金木火	24	21	17	31
	7 10 22	水金木	金金木	32	17	29	39
	7 22 10	金水木	金水木	32	29	17	39
	7 11 14	木金土	金金土	25	18	21	32
	7 14 11	金木土	金木土	25	21	18	32
	7 14 17	火木木	金木木	31	21	24	38
	7 17 14	木火木	金火木	31	24	21	38
	7 14 18	土木木	金木木	31	21	25	39
	7 18 14	木土木	金土木	31	25	21	39
	7 14 24	木木金	金木金	38	21	31	45
	7 24 14	木木金	金木金	38	31	21	45
	7 16 16	火火木	金火木	32	23	23	39
	7 16 22	水火金	金火金	38	23	29	45
	7 22 16	火水金	金水金	38	29	23	45
	7 17 24	木火木	金火木	41	24	31	48
	7 24 17	火木木	金木木	41	31	24	48
	7 18 6	火土火	金土火	24	25	13	31
	7 6 18	土火火	金火火	24	13	25	31
8획 성 공(空)계(季)경(庚) 경(京)구(具)기(奇) 김(金)맹(孟)명(明) 문(門)	8 3 5	火木金	金木金	8	11	13	16
	8 5 3	木火金	金火金	8	13	11	16
	8 3 10	金木火	金木火	13	11	18	21
	8 10 3	木金火	金金火	13	18	11	21
	8 3 13	木木土	金木土	16	11	21	24

성씨 별	수리구성	삼원오행		4격 수리			
	성과이름	이형원	천인지	원격	형격	이격	정격
8획 성	8 13 3	木木土	金木土	16	21	11	24
방(房)봉(奉)사(舍)	8 3 21	水木火	金木火	24	11	29	32
상(尙)석(昔)송(松)	8 21 3	木水火	金水火	24	29	11	32
승(昇)승(承)심(沈)	8 5 8	土火火	金火火	13	13	16	21
악(岳)임(林)장(長)	8 8 5	火土火	金土火	13	16	13	21
종(宗)주(周)창(昌)	8 5 10	金火土	金火土	15	13	18	23
탁(卓)화(和)	8 10 5	火金土	金金土	15	18	13	23
	8 5 16	火火木	金火木	21	13	24	29
	8 16 5	火火木	金火木	21	24	13	29
	8 5 24	木火水	金火水	29	13	32	37
	8 24 5	火木水	金木水	29	32	13	37
	8 7 8	土土土	金土土	15	15	16	23
	8 8 7	土土土	金土土	15	16	15	23
	8 7 9	金土土	金土土	16	15	17	24
	8 9 7	土金土	金金土	16	17	15	24
	8 7 10	金土金	金土金	17	15	18	25
	8 10 7	土金金	金金金	17	18	15	25
	8 7 16	火土火	金土火	23	15	24	31
	8 16 7	土火火	金火火	23	24	15	31
	8 7 17	土土火	金土火	24	15	25	32
	8 17 7	土土火	金土火	24	25	15	32
	8 7 24	木土木	金土木	31	15	32	39
	8 24 7	土木木	金木木	31	32	15	39
	8 8 9	金土金	金土金	17	16	17	25

성씨 별	수리구성		삼원오행		4격 수리			
	성과이름	이형원	천인지	원격	형격	이격	정격
8획 성	8 9 8	土金金	金金金	17	17	16	25
	8 8 13	木土木	金土木	21	16	21	29
	8 13 8	土木木	金木木	21	21	16	29
	8 8 15	火土火	金土火	23	16	23	31
	8 15 8	土火火	金火火	23	23	16	31
	8 8 17	土土土	金土土	25	16	25	33
	8 17 8	土土土	金土土	25	25	16	33
	8 8 21	水土水	金土水	29	16	29	37
	8 21 8	土水水	金水水	29	29	16	37
	8 8 23	木土木	金土木	31	16	31	39
	8 23 8	土木木	金木木	31	31	16	39
	8 8 25	火土火	金土火	33	16	33	41
	8 25 8	土火火	金火火	33	33	16	41
	8 9 15	火金火	金金火	24	17	23	32
	8 15 9	金火火	金火火	24	23	17	32
	8 9 16	火金土	金金土	25	17	24	33
	8 16 9	金火土	金火土	25	24	17	33
	8 9 24	木金火	金金火	33	17	32	41
	8 24 9	金木火	金木火	33	32	17	41
	8 10 13	木金火	金金火	23	18	21	31
	8 13 10	金木火	金木火	23	21	18	31
	8 10 15	火金土	金金土	25	18	23	33
	8 15 10	金火土	金火土	25	23	18	33
	8 10 21	水金木	金金木	31	18	29	39

성씨 별	수리구성	삼원오행		4격 수리			
	성과이름	이형원	천인지	원격	형격	이격	정격
8획 성	8 21 10	金水木	金水木	31	29	18	39
	8 10 23	木金火	金金火	33	18	31	41
	8 23 10	金木火	金木火	33	31	18	41
	8 10 27	土金金	金金金	37	18	35	45
	8 27 10	金土金	金土金	37	35	18	45
	8 13 16	火木水	金木水	29	21	24	37
	8 16 13	木火水	金火水	29	24	21	37
	8 13 24	木木金	金木金	37	21	32	45
	8 24 13	木木金	金木金	37	32	21	45
	8 15 16	火火木	金火木	31	23	24	39
	8 16 15	火火木	金火木	31	24	23	39
	8 15 24	木火水	金火水	39	23	32	47
	8 24 15	火木水	金木水	39	32	23	47
	8 16 17	土火火	金火火	33	24	25	41
	8 17 16	火土火	金土火	33	25	24	41
	8 16 21	水火金	金火金	37	24	29	45
	8 21 16	火水金	金水金	37	29	24	45
	8 16 23	木火水	金火水	39	24	31	47
	8 23 16	火木水	金木水	39	31	24	47
9획 성 강(姜)남(南)단(段) 류(柳)사(思)선(宣) 성(星)신(信)언(彦) 위(韋)	9 4 12	木火土	水火土	16	13	21	25
	9 12 4	火木土	水木土	16	21	13	25
	9 4 20	水火火	水火火	24	13	29	33
	9 20 4	火水火	水水火	24	29	13	33
	9 6 9	金土土	水土土	15	15	18	24

성씨 별	수리구성	삼원오행		4격 수리			
	성과이름	이형원	천인지	원격	형격	이격	정격
9획 성 유(兪)우(禹)정(貞) 준(俊)추(秋)태(泰) 편(扁)표(表)하(河) 함(咸)	9 9 6	土金土	水金土	15	18	15	24
	9 6 23	木土水	水土水	29	15	32	38
	9 23 6	土木水	水木水	29	32	15	38
	9 6 26	土土木	水土木	32	15	35	41
	9 26 6	土土木	水土木	32	35	15	41
	9 7 8	金土土	水土土	15	16	17	24
	9 8 7	土金土	水金土	15	17	16	24
	9 7 16	土土火	水土火	23	16	25	32
	9 16 7	土土火	水土火	23	25	16	32
	9 7 22	木土水	水土水	29	16	31	38
	9 22 7	土木水	水木水	29	31	16	38
	9 8 8	金金土	水金土	16	17	17	25
	9 8 15	火金火	水金火	23	17	24	32
	9 15 8	金火火	水火火	23	24	17	32
	9 8 16	土金火	水金火	24	17	25	33
	9 16 8	金土火	水土火	24	25	17	33
	9 8 24	火金木	水金木	32	17	33	41
	9 24 8	金火木	水火木	32	33	17	41
	9 9 14	火金火	水金火	23	18	23	32
	9 14 9	金金火	水火火	23	23	18	32
	9 12 12	木木火	水木火	24	21	21	33
	9 12 20	水木木	水木木	32	21	29	41
	9 20 12	木水木	水水木	32	29	21	41
	9 14 15	火火水	水火水	29	23	24	38

성씨 별	수리구성	삼원오행		4격 수리			
	성과이름	이형원	천인지	원격	형격	이격	정격
9획 성	9 15 14	火火水	水火水	29	24	23	38
	9 14 24	火火金	水火金	38	23	33	47
	9 24 14	火火金	水火金	38	33	23	47
	9 15 24	火火水	水火水	39	24	33	48
	9 24 15	火火水	水火水	39	33	24	48
	9 16 16	土土木	水土木	32	25	25	41
	9 16 22	木土金	水土金	38	25	31	47
	9 22 16	土木金	水木金	38	31	25	47
	9 16 23	木土水	水土水	39	25	32	48
	9 23 16	土木水	水木水	39	32	25	48
	9 24 24	火火金	水火金	48	33	33	57
10획 성 강(剛)고(高)골(骨)궁 (宮)구(俱)계(桂)기(起) 당(唐)마(馬)방(芳)서 (徐)석(席)소(素)손(孫) 원(袁)예(芮)은(殷)조 (曺)진(晋)진(眞)창(倉) 하(夏)홍(洪)화(花)	10 5 6	土土木	水土木	11	15	16	21
	10 6 5	土土木	水土木	11	16	15	21
	10 5 8	金土火	水土火	13	15	18	23
	10 8 5	土金火	水金火	13	18	15	23
	10 6 7	金土火	水土火	13	16	17	23
	10 7 6	土金火	水金火	13	17	16	23
	10 6 15	土土木	水土木	21	16	25	31
	10 15 6	土土木	水土木	21	25	16	31
	10 6 19	水土土	水土土	25	16	29	35
	10 19 6	土水土	水水土	25	29	16	35
	10 6 23	火土水	水土水	29	16	33	39
	10 23 6	土火水	水火水	29	33	16	39
	10 6 25	土土木	水土木	31	16	35	41

성씨 별	수리구성	삼원오행		4격 수리			
	성과이름	이형원	천인지	원격	형격	이격	정격
10획 성	10 25 6	土土木	水土木	31	35	16	41
	10 7 8	金金土	水金土	15	17	18	25
	10 8 7	金金土	水金土	15	18	17	25
	10 7 14	火金木	水金木	21	17	24	31
	10 14 7	金火木	水火木	21	24	17	31
	10 7 22	木金水	水金水	29	17	32	39
	10 22 7	金木水	水木水	29	32	17	39
	10 8 13	火金木	水金木	21	18	23	31
	10 13 8	金火木	水火木	21	23	18	31
	10 8 15	土金火	水金火	23	18	25	33
	10 15 8	金土火	水土火	23	25	18	33
	10 8 21	木金水	水金水	29	18	31	39
	10 21 8	金木水	水木水	29	31	18	39
	10 8 23	火金木	水金木	31	18	33	41
	10 23 8	金火木	水火木	31	33	18	41
	10 11 14	火木土	水木土	25	21	24	35
	10 14 11	木火土	水火土	25	24	21	35
	10 13 22	木火土	水火土	35	23	32	45
	10 22 13	火木土	水木土	35	32	23	45
	10 13 25	土火金	水火金	38	23	35	48
	10 25 13	火土金	水土金	38	35	23	48
	10 14 15	土火水	水火水	29	24	25	39
	10 15 14	火土水	水土水	29	25	24	39
	10 14 21	木火土	水火土	35	24	31	45

성씨 별	수리구성	삼원오행		4격 수리			
	성과이름	이형원	천인지	원격	형격	이격	정격
10획 성	10 21 14	火木土	水木土	35	31	24	45
	10 14 23	火火金	水火金	37	24	33	47
	10 23 14	火火金	水火金	37	33	24	47
	10 15 22	木土金	水土金	37	25	32	47
	10 22 15	土木金	水木金	37	32	25	47
	10 15 23	火土金	水土金	38	25	33	48
	10 23 15	土火金	水火金	38	33	25	48
11획 성 강(康)강(强)국(國) 마(麻)매(梅)반(班) 방(邦)빈(彬)상(常) 설(卨)양(梁)어(魚) 어(御)위(尉)이(異) 장(張)장(將)장(章) 조(曹)주(珠)최(崔) 표(票)필(畢)해(海) 허(許)호(胡)호(扈)	11 2 5	土火金	木火金	7	13	16	18
	11 5 2	火土金	木土金	7	16	13	18
	11 2 22	火火火	木火火	24	13	33	35
	11 22 2	火火火	木火火	24	33	13	35
	11 4 14	土土金	木土金	18	15	25	29
	11 14 4	土土金	木土金	18	25	15	29
	11 4 20	木土火	木土火	24	15	31	35
	11 20 4	土木火	木木火	24	31	15	35
	11 6 7	金金火	木金火	13	17	18	24
	11 7 6	金金火	木金火	13	18	17	24
	11 6 12	火金金	木金金	18	17	23	29
	11 12 6	金火金	木火金	18	23	17	29
	11 6 18	水金火	木金火	24	17	29	35
	11 18 6	金水火	木水火	24	29	17	35
	11 7 14	土金木	木金木	21	18	25	32
	11 14 7	金土木	木土木	21	25	18	32
	11 10 14	土木火	木木火	24	21	25	35

성씨 별	수리구성	삼원오행		4격 수리			
	성과이름	이형원	천인지	원격	형격	이격	정격
11획 성	11 14 10	木土火	木土火	24	25	21	35
	11 12 12	火火火	木火火	24	23	23	35
	11 13 24	土火金	木火金	37	24	35	48
	11 24 13	火土金	木土金	37	35	24	48
	11 20 21	木木木	木木木	41	31	32	52
	11 21 20	木木木	木木木	41	32	31	52
12획 성 경(景)구(邱)동(童) 민(閔)빙(憑)상(象) 선(善)소(邵)순(舜) 순(荀)순(順)승(勝) 안(雁)요(堯)운(雲) 유(庾)일(壹)정(程) 증(曾)지(智)팽(彭) 필(弼)하(賀)황(黃) 대실(大室)동방(東方) 소실(小室)이선(以先)	12 3 20	木土火	木土火	23	15	32	35
	12 20 3	土木火	木木火	23	32	15	35
	12 4 9	木土火	木土火	13	16	21	25
	12 9 4	土木火	木木火	13	21	16	25
	12 4 13	土土金	木土金	17	16	25	29
	12 13 4	土土金	木土金	17	25	16	29
	12 4 17	水土木	木土木	21	16	29	33
	12 17 4	土水木	木水木	21	29	16	33
	12 4 19	木土火	木土火	23	16	31	35
	12 19 4	土木火	木木火	23	31	16	35
	12 4 21	火土土	木土土	25	16	33	37
	12 21 4	土火土	木火土	25	33	16	37
	12 4 25	金土水	木土水	29	16	37	41
	12 25 4	土金水	木金水	29	37	16	41
	12 5 6	金金木	木金木	11	17	18	23
	12 6 5	金金木	木金木	11	18	17	23
	12 5 12	火金金	木金金	17	17	24	29
	12 12 5	金火金	木火金	17	24	17	29

성씨 별	수리구성	삼원오행		4격 수리			
	성과이름	이형원	천인지	원격	형격	이격	정격
12획 성	12 5 20	木金土	木金土	25	17	32	37
	12 20 5	金木土	木木土	25	32	17	37
	12 6 11	火金金	木金金	17	18	23	29
	12 11 6	金火金	木火金	17	23	18	29
	12 6 17	水金火	木金火	23	18	29	35
	12 17 6	金水火	木水火	23	29	18	35
	12 6 19	木金土	木金土	25	18	31	37
	12 19 6	金木土	木木土	25	31	18	37
	12 6 23	土金水	木金水	29	18	35	41
	12 23 6	金土水	木土水	29	35	18	41
	12 9 12	火木木	木木木	21	21	24	33
	12 12 9	木火木	木火木	21	24	21	33
	12 9 20	木木水	木木水	29	21	32	41
	12 20 9	木木水	木木水	29	32	21	41
	12 11 12	火火火	木火火	23	23	24	35
	12 12 11	火火火	木火火	23	24	23	35
	12 12 13	土火土	木火土	25	24	25	37
	12 13 12	火土土	木土土	25	25	24	37
	12 12 17	水火水	木火水	29	24	29	41
	12 17 12	火水水	木水水	29	29	24	41
	12 12 21	火火火	木火火	33	24	33	45
	12 21 12	火火火	木火火	33	33	24	45
	12 13 20	木土火	木土火	33	25	32	45
	12 20 13	土木火	木木火	33	32	25	45

성씨 별	수리구성	삼원오행		4격 수리			
	성과이름	이형원	천인지	원격	형격	이격	정격
13획 성	13 3 8	木土木	火土木	11	16	21	24
가(賈)금(琴)렴(嗟)	13 8 3	土木木	火木木	11	21	16	24
로(路)목(睦)신(新)	13 3 22	土土土	火土土	25	16	35	38
아(阿)양(楊)욱(郁)	13 22 3	土土土	火土土	25	35	16	38
자(慈)장(莊)초(楚)	13 4 4	金金金	火金金	8	17	17	21
영고(令孤)사공(司空)	13 4 12	土金土	火金土	16	17	25	29
	13 12 4	金土土	火土土	16	25	17	29
	13 4 20	火金火	火金火	24	17	33	37
	13 20 4	金火火	火火火	24	33	17	37
	13 5 20	火金土	火金土	25	18	33	38
	13 20 5	金火土	火火土	25	33	18	38
	13 8 8	木木土	火木土	16	21	21	29
	13 8 10	火木金	火木金	18	21	23	31
	13 10 8	木火金	火火金	18	23	21	31
	13 8 16	水木火	火木火	24	21	29	37
	13 16 8	木水火	火水火	24	29	21	27
	13 8 24	金木木	火木木	32	21	37	45
	13 24 8	木金木	火金木	32	37	21	45
	13 10 22	土火木	火火木	32	23	35	45
	13 22 10	火土木	火土木	32	35	23	45
	13 12 12	土土火	火土火	24	25	25	37
	13 12 20	火土木	火土木	32	25	33	45
	13 20 12	土火木	火火木	32	33	25	45
	13 16 16	水水木	火水木	32	29	29	45

성씨 별	수리구성	삼원오행		4격 수리			
	성과이름	이형원	천인지	원격	형격	이격	정격
13획 성	13 16 19	木水土	火水土	35	29	32	48
	13 19 16	水木土	火木土	35	32	29	48
	13 19 20	火木水	火木水	39	32	33	52
	13 20 19	木火水	火火水	39	33	32	52
14획 성 국(菊)기(箕)단(端) 배(裵)봉(鳳)신(愼) 실(實)영(榮)온(溫) 조(趙)화(華)공손(公孫) 서문(西門)	14 3 4	金金金	火金金	7	17	18	21
	14 4 3	金金金	火金金	7	18	17	21
	14 3 15	水金金	火金金	18	17	29	32
	14 15 3	金水金	火水金	18	29	17	32
	14 3 18	木金木	火金木	21	17	32	35
	14 18 3	金木木	火木木	21	32	17	35
	14 3 21	土金火	火金火	24	17	35	38
	14 21 3	金土火	火土火	24	35	17	38
	14 4 7	木金木	火金木	11	18	21	25
	14 7 4	金木木	火木木	11	21	18	25
	14 4 11	土金土	火金土	15	18	25	29
	14 11 4	金土土	火土土	15	25	18	29
	14 4 17	木金木	火金木	21	18	31	35
	14 17 4	金木木	火木木	21	31	18	35
	14 4 19	火金火	火金火	23	18	33	37
	14 19 4	金火火	火火火	23	33	18	37
	14 4 21	土金土	火金土	25	18	35	39
	14 21 4	金土土	火土土	25	35	18	39
	14 7 10	火木金	火木金	17	21	24	31
	14 10 7	木火金	火火金	17	24	21	31

성씨 별	수리구성	삼원오행		4격 수리			
	성과이름	이형원	천인지	원격	형격	이격	정격
14획 성	14 7 11	土木金	火木金	18	21	25	32
	14 11 7	木土金	火土金	18	25	21	32
	14 7 17	木木火	火木火	24	21	31	38
	14 17 7	木木火	火木火	24	31	21	38
	14 7 18	木木土	火木土	25	21	32	39
	14 18 7	木木土	火木土	25	32	21	39
	14 7 24	金木木	火木木	31	21	38	45
	14 24 7	木金木	火金木	31	38	21	45
	14 9 9	火火金	火火金	18	23	23	32
	14 9 15	水火火	火火火	24	23	29	38
	14 15 9	火水火	火水火	24	29	23	38
	14 9 24	金火火	火火火	33	23	38	47
	14 24 9	火金火	火金火	33	38	23	47
	14 10 11	土火木	火火木	21	24	25	35
	14 11 10	火土木	火土木	21	25	24	35
	14 10 15	水火土	火火土	25	24	29	39
	14 15 10	火水土	火水土	25	29	24	39
	14 10 21	土火木	火火木	31	24	35	45
	14 21 10	火土木	火土木	31	35	24	45
	14 10 23	金火火	火火火	33	24	37	47
	14 23 10	火金火	火金火	33	37	24	47
	14 17 21	土木金	火木金	38	31	35	52
	14 21 17	木土金	火土金	38	35	31	52
	14 19 19	火火金	火火金	38	33	33	52

성씨 별	수리구성	삼원오행		4격 수리			
	성과이름	이형원	천인지	원격	형격	이격	정격
15획 성	15 3 3	金金土	土金土	6	18	18	21
가(價)갈(葛)경(慶)	15 3 14	水金金	土金金	17	18	29	32
곽(郭)광(廣)구(歐)	15 14 3	金水金	土水金	17	29	18	32
노(魯)덕(德)동(董)	15 3 20	土金火	土金火	23	18	35	38
만(滿)만(萬)묵(墨)	15 20 3	金土火	土土火	23	35	18	38
엽(葉)유(劉)표(標)	15 6 10	土木土	土木土	16	21	25	31
한(漢)사마(司馬)	15 10 6	木土土	土土土	16	25	21	31
	15 6 17	木木火	土木火	23	21	32	38
	15 17 6	木木火	土木火	23	32	21	38
	15 6 18	火木火	土木火	24	21	33	39
	15 18 6	木火火	土火火	24	33	21	39
	15 8 8	火火土	土火土	16	23	23	31
	15 8 9	火火金	土火金	17	23	24	32
	15 9 8	火火金	土火金	17	24	23	32
	15 8 10	土火金	土火金	18	23	25	33
	15 10 8	火土金	土土金	18	25	23	33
	15 8 16	木火火	土火火	24	23	31	39
	15 16 8	火木火	土木火	24	31	23	39
	15 8 24	水火木	土火木	32	23	39	47
	15 24 8	火水木	土水火	32	39	23	47
	15 9 14	水火火	土火火	23	24	29	38
	15 14 9	火水火	土水火	23	29	24	38
	15 9 23	金火木	土火木	32	24	38	47
	15 23 9	火金木	土金木	32	38	24	47

성씨 별	수리구성	삼원오행		4격 수리			
	성과이름	이형원	천인지	원격	형격	이격	정격
15획 성	15 9 24	水火火	土火火	33	24	39	48
	15 24 9	火水火	土水火	33	39	24	48
	15 10 14	水土火	土土火	24	25	29	39
	15 14 10	土水火	土水火	24	29	25	39
	15 10 22	金土木	土土木	32	25	37	47
	15 22 10	土金木	土金木	32	37	25	47
	15 10 23	金土火	土土火	33	25	38	48
	15 23 10	土金火	土金火	33	38	25	48
	15 14 18	火水木	土水木	32	29	33	47
	15 18 14	水火木	土火木	32	33	29	47
	15 14 23	金水金	土水金	37	29	38	52
	15 23 14	水金金	土金金	37	38	29	52
	15 16 17	木木火	土木火	33	31	32	48
	15 17 16	木木火	土木火	33	32	31	48
	15 17 20	土木金	土木金	37	32	35	52
	15 20 17	木土金	土土金	37	35	32	52
16획 성 곽(霍)노(盧)담(潭) 도(都)도(陶)도(道) 반(潘)용(龍)육(陸) 전(錢)제(諸)진(陳) 황보(皇甫)	16 5 8	火木火	土木火	13	21	24	29
	16 8 5	木火火	土火火	13	24	21	29
	16 5 16	木木木	土木木	21	21	32	37
	16 16 5	木木木	土木木	21	32	21	37
	16 7 8	火火土	土火土	15	23	24	31
	16 8 7	火火土	土火土	15	24	23	31
	16 7 9	土火土	土火土	16	23	25	32
	16 9 7	火土土	土土土	16	25	23	32

성씨 별	수리구성	삼원오행		4격 수리			
	성과이름	이형원	천인지	원격	형격	이격	정격
16획 성	16 7 16	木火火	土火火	23	23	32	39
	16 16 7	火木火	土木火	23	32	23	39
	16 7 22	金火水	土火水	29	23	38	45
	16 22 7	火金水	土金水	29	38	23	45
	16 7 25	木火木	土火木	32	23	41	48
	16 25 7	火木木	土木木	32	41	23	48
	16 8 9	土火金	土火金	17	24	25	33
	16 9 8	火土金	土土金	17	25	24	33
	16 8 13	水火木	土火木	21	24	29	37
	16 13 8	火水木	土水木	21	29	24	37
	16 8 15	木火火	土火火	23	24	31	39
	16 15 8	火木火	土木火	23	31	24	39
	16 8 17	火火土	土火土	25	24	33	41
	16 17 8	火火土	土火土	25	33	24	41
	16 8 21	金火水	土火水	29	24	37	45
	16 21 8	火金水	土金水	29	37	24	45
	16 8 23	水火木	土火木	31	24	39	47
	16 23 8	火水木	土水木	31	39	24	47
	16 9 16	木土土	土土土	25	25	32	41
	16 16 9	土木土	土木土	25	32	25	41
	16 9 22	金土木	土土木	31	25	38	47
	16 22 9	土金木	土金木	31	38	25	47
	16 9 23	水土木	土土木	32	25	39	48
	16 23 9	土水木	土水木	32	39	25	48

성씨 별	수리구성	삼원오행		4격 수리			
	성과이름	이형원	천인지	원격	형격	이격	정격
16획 성	16 13 16	木水水	土水水	29	29	32	45
	16 16 13	水木水	土木水	29	32	29	45
	16 13 19	土水木	土水木	32	29	35	48
	16 19 13	水土木	土土木	32	35	29	48
	16 15 16	木木木	土木木	31	31	32	47
	16 16 15	木木木	土木木	31	32	31	47
	16 15 17	火木木	土木木	32	31	33	48
	16 17 15	木火木	土火木	32	33	31	48
	16 19 22	金土木	土土木	41	35	38	57
	16 22 19	土金木	土金木	41	38	35	57
17획 성 국(鞠)독(獨)사(謝) 상(嘗)손(遜)선(鮮) 양(陽)연(蓮)위(慰) 장(蔣)종(鍾)채(蔡) 촉(燭)추(鄒)택(澤) 한(韓)	17 4 4	木木金	金木金	8	21	21	25
	17 4 12	水木土	金木土	16	21	29	33
	17 12 4	木水土	金水土	16	29	21	33
	17 4 14	木木金	金木金	18	21	31	35
	17 14 4	木木金	金木金	18	31	21	35
	17 4 20	金木火	金木火	24	21	37	41
	17 20 4	木金火	金金火	24	37	21	41
	17 6 12	水火金	金火金	18	23	29	35
	17 12 6	火水金	金水金	18	29	23	35
	17 6 15	木火木	金火木	21	23	32	38
	17 15 6	火木木	金木木	21	32	23	38
	17 6 18	土火火	金火火	24	23	35	41
	17 18 6	火土火	金土火	24	35	23	41
	17 7 8	土火土	金火土	15	24	25	32

성씨 별	수리구성	삼원오행		4격 수리			
	성과이름	이형원	천인지	원격	형격	이격	정격
17획 성	17 8 7	火土土	金土土	15	25	24	32
	17 7 14	木火木	金火木	21	24	31	38
	17 14 7	火木木	金木木	21	31	24	38
	17 7 24	木火木	金火木	31	24	41	48
	17 24 7	火木木	金木木	31	41	24	48
	17 8 8	土土土	金土土	16	25	25	33
	17 8 16	火土火	金土火	24	25	33	41
	17 16 8	土火火	金火火	24	33	25	41
	17 12 12	水水火	金水火	24	29	29	41
	17 14 21	金木土	金木土	35	31	38	52
	17 21 14	木金土	金金土	35	38	31	52
	17 15 16	火木木	金木木	31	32	33	48
	17 16 15	木火木	金火木	31	33	32	48
	17 15 20	金木土	金木土	35	32	37	52
	17 20 15	木金土	金金土	35	37	32	52
18획 성 간(簡)구(瞿)안(顔) 위(魏)추(鞦)	18 3 14	木木金	金木金	17	21	32	35
	18 14 3	木木金	金木金	17	32	21	35
	18 3 20	金木火	金木火	23	21	38	41
	18 20 3	木金火	金金火	23	38	21	41
	18 5 6	火火木	金火木	11	23	24	29
	18 6 5	火火木	金火木	11	24	23	29
	18 6 7	土火火	金火火	13	24	25	31
	18 7 6	火土火	金土火	13	25	24	31
	18 6 11	水火金	金火金	17	24	29	35

성씨 별	수리구성	삼원오행		4격 수리			
	성과이름	이형원	천인지	원격	형격	이격	정격
18획 성	18 11 6	火水金	金水金	17	29	24	35
	18 6 15	火火木	金火木	21	24	33	39
	18 15 6	火火木	金火木	21	33	24	39
	18 6 17	土火火	金火火	23	24	35	41
	18 17 6	火土火	金土火	23	35	24	41
	18 6 23	木火水	金火水	29	24	41	47
	18 23 6	火木水	金木水	29	41	24	47
	18 7 14	木土木	金土木	21	25	32	39
	18 14 7	土木木	金木木	21	32	25	39
19획 성 감(鑑)관(關)방(龐) 설(薛)온(蒕)정(鄭) 남궁(南宮)재회(再會)	19 4 12	木火土	水火土	16	23	31	35
	19 12 4	火木土	水木土	16	31	23	35
	19 4 14	火火金	水火金	18	23	33	37
	19 14 4	火火金	水火金	18	33	23	37
	19 5 13	木火金	水火金	18	24	32	37
	19 13 5	火木金	水木金	18	32	24	37
	19 6 10	水土土	水土土	16	25	29	35
	19 10 6	土水土	水水土	16	29	25	35
	19 6 12	木土金	水土金	18	25	31	37
	19 12 6	土木金	水木金	18	31	25	37
	19 10 19	金水水	水水水	29	29	38	48
	19 19 10	水金水	水金水	29	38	29	48
	19 13 16	土木水	水木水	29	32	35	48
	19 16 13	木土水	水土水	29	35	32	48
	19 13 20	水木火	水木火	33	32	39	52

성씨 별	수리구성	삼원오행		4격 수리			
	성과이름	이형원	천인지	원격	형격	이격	정격
19획 성	19 20 13	木水火	水水火	33	39	32	52
	19 14 19	金火火	水火火	33	33	38	52
	19 19 14	火金火	水金火	33	38	33	52
	19 16 22	木土金	水土金	38	35	41	57
	19 22 16	土木金	水木金	38	41	35	57
	19 18 20	水金金	水金金	38	37	39	57
	19 20 18	金水金	水水金	38	39	37	57
20획 성 나(羅)석(釋)엄(嚴) 선우(鮮于)	20 3 12	木火土	水火土	15	23	32	35
	20 12 3	火木土	水木土	15	32	23	35
	20 3 15	土火金	水火金	18	23	35	38
	20 15 3	火土金	水土金	18	35	23	38
	20 3 18	金火木	水火木	21	23	38	41
	20 18 3	火金木	水金木	21	38	23	41
	20 4 9	水火火	水火火	13	24	29	33
	20 9 4	火水火	水水火	13	29	24	33
	20 4 11	木火土	水火土	15	24	31	35
	20 11 4	火木土	水木土	15	31	24	35
	20 4 13	火火金	水火金	17	24	33	37
	20 13 4	火火金	水火金	17	33	24	37
	20 4 17	金火木	水火木	21	24	37	41
	20 17 4	火金木	水金木	21	37	24	41
	20 4 21	木火土	水火土	25	24	41	45
	20 21 4	火木土	水木土	25	41	24	45
	20 5 12	木土金	水土金	17	25	32	37

성씨 별	수리구성	삼원오행		4격 수리			
	성과이름	이형원	천인지	원격	형격	이격	정격
20획 성	20 12 5	土木金	水木金	17	32	25	37
	20 5 13	火土金	水土金	18	25	33	38
	20 13 5	土火金	水火金	18	33	25	38
	20 5 27	金土木	水土木	32	25	47	52
	20 27 5	土金木	水金木	32	47	25	52
	20 9 12	木水木	水水木	21	29	32	41
	20 12 9	水木木	水木木	21	32	29	41
	20 11 21	木木木	水木木	32	31	41	52
	20 21 11	木木木	水木木	32	41	31	52
	20 12 13	火木土	水木土	25	32	33	45
	20 13 12	木火土	水火土	25	33	32	45
	20 13 19	水火木	水火木	32	33	39	52
	20 19 13	火水木	水水木	32	39	33	52
	20 15 17	金土木	水土木	32	35	37	52
	20 17 15	土金木	水金木	32	37	35	52
	20 18 19	水金金	水金金	37	38	39	57
	20 19 18	金水金	水水金	37	39	38	57
21획 성 고(顧)등(藤) 부정(負鼎)	21 3 8	水火木	木火木	11	24	29	32
	21 8 3	火水木	木水木	11	29	24	32
	21 3 14	土火金	木火金	17	24	35	38
	21 14 3	火土金	木土金	17	35	24	38
	21 4 4	土土金	木土金	8	25	25	29
	21 4 12	火土土	木土土	16	25	33	37
	21 12 4	土火土	木火土	16	33	25	37

성씨 별	수리구성	삼원오행		4격 수리			
	성과이름	이형원	천인지	원격	형격	이격	정격
21획 성	21 4 14	土土金	木土金	18	25	35	39
	21 14 4	土土金	木土金	18	35	25	39
	21 4 20	木土火	木土火	24	25	41	45
	21 20 4	土木火	木木火	24	41	25	45
	21 8 8	水水土	木水金	16	29	29	37
	21 8 10	木水金	木水金	18	29	31	39
	21 10 8	水木金	木木金	18	31	29	39
	21 8 16	金水火	木水火	24	29	37	45
	21 16 8	水金火	木金火	24	37	29	45
	21 10 14	土木火	木木火	24	31	35	45
	21 14 10	木土火	木土火	24	35	31	45
	21 11 20	木木木	木木木	31	32	41	52
	21 20 11	木木木	木木木	31	42	32	52
	21 12 12	火火火	木火火	24	33	33	45
	21 14 17	金土木	木土木	31	35	38	52
	21 17 14	土金木	木金木	31	38	35	52
	21 17 20	木金金	木金金	37	38	41	58
	21 20 17	金木金	木木金	37	41	38	58
22획 성 감(鑑)권(權)변(邊) 소(蘇)습(襲)은(隱)	22 3 10	木土火	木土火	13	25	32	35
	22 10 3	土木火	木木火	13	32	25	35
	22 3 13	土土土	木土土	16	25	35	38
	22 13 3	土土土	木土土	16	35	25	38
	22 7 9	木水土	木水土	16	29	31	38
	22 9 7	水木土	木木土	16	31	29	38

성씨 별	수리구성	삼원오행		4격 수리			
	성과이름	이형원	천인지	원격	형격	이격	정격
22획 성	22 7 10	木水金	木水金	17	29	32	39
	22 10 7	水木金	木木金	17	32	29	39
	22 7 16	金水火	木水火	23	29	38	45
	22 16 7	水金火	木金火	23	38	29	45
	22 9 16	金木土	木木土	25	31	38	47
	22 16 9	木金土	木金土	25	38	31	47
	22 9 26	金木土	木木土	35	31	48	57
	22 26 9	木金土	木金土	35	48	31	57
	22 10 13	土木火	木木火	23	32	35	45
	22 13 10	木土火	木土火	23	35	32	45
	22 10 15	金木土	木木土	25	32	37	47
	22 15 10	木金土	木金土	25	37	32	47
	22 10 25	金木土	木木土	35	32	47	57
	22 25 10	木金土	木金土	35	47	32	57
	22 16 19	木金土	木金土	35	38	41	57
	22 19 16	金木土	木木土	35	41	38	57